Theo Piegler (Hg.)
»Ich sehe was, was du nicht siehst«

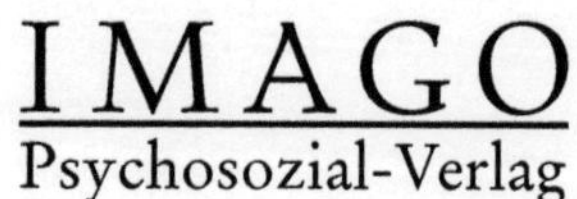
IMAGO
Psychosozial-Verlag

Theo Piegler (Hg.)

»Ich sehe was, was du nicht siehst«

Psychoanalytische Filminterpretationen

Mit Beiträgen von Klaus Augustin, Karl-Heinz Borns, Gabriele Hohage-Staudt, Susanne Kaut, Mathias Kohrs, Theo Piegler und Gabriele Ramin

Psychosozial-Verlag

Bibliografische Information der Deutschen Nationalbibliothek
Die Deutsche Nationalbibliothek verzeichnet diese Publikation
in der Deutschen Nationalbibliografie; detaillierte bibliografische Daten
sind im Internet über http://dnb.d-nb.de abrufbar.

Originalausgabe

E-Mail: info@psychosozial-verlag.de
www.psychosozial-verlag.de

Umschlagabbildung: Humphrey Bogart and Ingrid Bergman
in a scene from *Casablanca*, 1942 © ullstein bild, 2010
Umschlaggestaltung & Satz: Hanspeter Ludwig, Gießen
www.imaginary-art.net
ISBN 978-3-8379-2034-5

Inhalt

Einleitung

Theo Piegler

Durch technischen Fortschritt ermöglicht, leben wir heute in einem medial bestimmten Zeitalter. Die physiologische Basis der gewaltigen Wirkmächtigkeit des Medialen bilden unsere Spiegelneurone, die bei allem, was uns bewegt, aktiv werden. Drei Schlaglichter aus unterschiedlichen Zeiten, in welchen unterschiedliche Medien verfügbar waren und im gesellschaftlichen Kontext dominierten, sollen das illustrieren:

1. Im Herbst 1774 erschien, rechtzeitig zur Leipziger Buchmesse, Goethes Briefroman *Die Leiden des jungen Werthers*, der ihn über Nacht berühmt machte und zu seiner Zeit rasch zum meist gelesenen Buch dieses Autors avancierte. Der Roman handelt von der unglücklichen (platonischen) Liebe des jungen Rechtspraktikanten Werther zu einer bereits verlobten Frau namens Lotte. Das Ende ist tragisch: Werther, von der mittlerweile verheirateten Lotte in der Weise »erhört«, dass sie seine leidenschaftlichen Küsse erwidert, erschießt sich im Anschluss an diese Liebesbezeugung mit einer Pistole ihres Mannes, da in der damaligen Gesellschaftsordnung das Leben dieser Beziehung völlig unmöglich erschien. In der Folge kam es gehäuft zu Nachahmungstaten, was Goethe besonders seitens der Kirche viel Kritik bescherte und diesem Phänomen im letzten Jahrhundert den Namen Werther-Effekt einbrachte.

2. Im Vorfeld des Zweiten Weltkrieges strahlte der amerikanische Rundfunksender CBS am Vorabend von Halloween, am 30.10.1938, eine an die amerikanische Gegenwart adaptierte Hörspielfassung von H.G. Wells Roman *Krieg der Welten* aus. Orson Welles inszenierte das

Ganze ungeheuer authentisch. Er schrie ins Mikrofon: »Meine Damen und Herren, ich muss eine wichtige Durchsage machen: So unglaubhaft es scheinen mag, beides, die Beobachtungen der Wissenschaft ebenso wie die Beweiskraft dessen, was wir mit unseren Augen sehen, führt zu der unausweichlichen Annahme, dass jene fremden Wesen, die heute Nacht in den Jersey Farmlands gelandet sind, die Vorhut einer Invasionsarmee vom Planten Mars sind!« (Übers. d. Verf.) Vielen Zuhörern erschien es so, als fände die Invasion der Marsmenschen tatsächlich zum Zeitpunkt der Sendung statt. Eine Massenhysterie brach aus. Auf dem Land lebende Menschen flüchteten in ihren Autos in die Stadt, die Städter wiederum versuchten sich auf dem Land in Sicherheit zu bringen. Von sechs Millionen Zuhörern nahmen zwei Millionen das Ganze für bare Münze.

3. Im Januar 1981 sendete das ZDF die mehrteilige Problemserie *Tod eines Schülers*, in der sich der Protagonist, der Abiturient Claus Wagner, vor einen fahrenden Zug wirft. In den Beiträgen wurden dann in Rückblenden das Leben dieses Schülers sowie sein Umfeld dargestellt. In der Folge kam es zu einer Reihe von Selbstmorden nach dem im Film dargestellten Muster (vgl. das Kapitel über »Suizid im Film«).

Unendlich viele weitere Beispiele könnten die Wirkmächtigkeit von Medialem – in dem Kontext dieses Buches: von Film – illustrieren. In meinem ersten Buch *Mit Freud im Kino* habe ich das Ganze ausführlich dargestellt. Das Bindeglied zwischen gezeigtem Film und unserem Erleben sind psychische Prozesse, die am besten mithilfe der Psychoanalyse beschrieben und verstanden werden können. 2008 wurden Filme aus den zurückliegenden fünf Dezennien und unterschiedlichen Kulturkreisen vorgestellt, die in den zurückliegenden Jahren in Abendveranstaltungen der Akademie für Psychotherapie, Psychosomatik und Psychoanalyse Hamburg (APH) von mir vorgestellt und unter psychoanalytischem Aspekt interpretiert worden waren. Das große Interesse an jenem Buch und damit dem Thema »Film und Psychoanalyse«, das sich sowohl national als auch international in einer zunehmenden Zahl an Publikationen zu diesem Sujet widerspiegelt, hat weitere Filminterpreten der APH – alle in der Lehre ebenso wie in eigener Praxis tätige, erfahrene Psychoanalytiker und Psychotherapeuten – sowie mich selbst veranlasst, diesen Folgeband zu verfassen. Zugrunde liegen wiederum Filminterpretationen, die in unserer Hamburger Akademie in den letzten Jahren vorgestellt wurden und großen Anklang gefunden hatten.

Der Titel des vorliegenden Buches, *Ich sehe was, was du nicht siehst*, soll verdeutlichen, dass der psychoanalytische Blick gänzlich neue, oft faszinierende Perspektiven für das Verstehen von Filmen zu eröffnen vermag. Das Unbewusste wird ans Licht geholt. Die Covergestaltung visualisiert das Ganze: Filme – im Titelbild ist es die berühmte Szene »Sieh mir in die Augen, Kleines« aus *Casablanca* (USA 1943) mit Humphrey Bogart und Ingrid Bergman in den Hauptrollen – werden im Folgenden gleichsam aus Sigmund Freuds Blickwinkel – er ist auf dem Cover der Dritte im Bunde – bzw. dem zeitgenössischer Psychoanalyse betrachtet und analysiert.

Noch ein weiterer grundsätzlicher Gedanke, der natürlich eng mit der Wirkmächtigkeit, die ein Regisseur zu erzielen vermag, verbunden ist, sei erwähnt: Vorgeführter Kinofilm und seelisches Erleben des Zuschauers sind in einem Regelkreis miteinander verknüpft. Es werden nur solche Filme produziert, die wirtschaftlichen Erfolg versprechen und genau diese Filme sind es, die Zuschauer in ihren Bann ziehen und mit Auszeichnungen dekoriert werden. Individuelle Verfassung und soziale Situation der Zuschauer bestimmen ihren Filmkonsum, den die Filmindustrie bedient. Es ist kein Zufall, wenn in einer Zeit beängstigender wirtschaftlicher Rezession (2008f.) sowie großer Lebensunsicherheit Filme wie *The Dark Knight* (2008) oder *Slumdog Millionär* (2008) in den Kinos groß herauskommen, denn sie demonstrieren nicht nur, dass es noch viel schlimmer kommen könnte, sondern auch den Umgang mit dem Schrecken. Nach solchen Filmen kann man erleichtert nach Hause gehen. Sie erzeugen »kollektive Phantasien und Werte. Sie schaffen durch kathartische Kommunikation im Guten wie im Schlechten eine gemeinschaftliche Kultur« (Holm-Hadulla 2008, S. 244). So beeinflussen Filme nicht nur die Gesellschaft, sondern sind auch ein Spiegel derselben. Gleichzeitig sieht sich auch der je individuelle Zuschauer mit seinen äußeren und inneren Konflikten in ihren Protagonisten gespiegelt. Die im Zusammenhang damit sich vollziehenden Projektionen und Identifikationen hat Morin bereits 1958 beschrieben und treffend als »emotionale Partizipation« bezeichnet. Die regressionsfördernde Situation im Kino eröffnet dem Zuschauer Zugang zu einem kreativen Übergangsraum (Winnicott) oder, in der Nomenklatur Fonagys ausgedrückt, ein Eintauchen in die spielerische Sphäre des »Als-ob-Modus«. In diesen Vorgängen muss die psychisch aufbauende oder entlastende Funktion des Filmes gesehen werden. Dies kann Entwicklungsvorgänge anregen, gleichermaßen aber auch Abwehr sichern oder gar verstärken. Beredte Beispiele für Letzteres sind die romantischen Heimatfilme der Nachkriegszeit wie *Der Förster vom Silberwald* (1954), *Liane, das Mädchen aus dem Urwald* (1956) oder *Das Wirtshaus im Spessart* (1957). Charakteristikum dieser Filme ist, dass sie in Gegenden spielen, die vom Schrecken des Zweiten Weltkrieges verschont geblieben sind (vgl. Bliersbach 2009).

Nun zum Inhalt des Buches: In meinem ersten Beitrag über »Suizid im Film« geht es primär nicht um Psychoanalyse, wohl aber um ein abgewehrtes Thema. Der Aufsatz ist im Zusammenhang mit der weltweit ersten Ausstellung über »Suizid in der Kunst« mit dem Titel »Lebe wohl« (Kunsthaus Hamburg, 2007) entstanden. Die einleitenden Ausführungen, die ich gemacht habe, verdeutlichen den Kontext, in dem dieses Kapitel steht. Jeder US-Amerikaner ist heutzutage im Alter von 16 Jahren bereits 18.000 Mal Zeuge eines Mordes im Film geworden. Mit zunehmender Enttabuisierung autoaggressiver Handlungen steigt nun auch die Zahl der im Film dargestellten Suizidhandlungen rapide. Systemisch betrachtet muss man annehmen, dass diese den Umgang mit Aggressivität darstellenden Filme weniger Ausdruck zunehmender Verrohung unserer Gesellschaft sind, sondern ihnen vielmehr eine sichernde Schutzfunktion zukommt. Ähnliches ließ sich im Zusammenhang mit der Legalisierung der Pornografie in Dänemark vor einigen Jahrzehnten (1967) beobachten: Die Zahl der Sexualdelikte, sexuellen Missbrauch und sexuelle Belästigung betreffend, stieg nicht, sondern sank (Kutschinsky 1971). So scheint dem Film in unseren postmodernen Industriegesellschaften via »emotionaler Partizipation« eine entlastende, wenn nicht sogar Ventilfunktion zuzukommen. Die Rolle, die Geschichten und Märchen in der präcineastischen Zeit zukam, fällt heute dem Film zu. Freilich ist dies nur ein Aspekt in meinem »Film und Suizid«-Beitrag. Im Zentrum steht die filmische Darstellung des Suizids, wobei ich zahlreiche Facetten dieses in der Literatur hoffnungslos vernachlässigten Themas beleuchte.

Im Folgenden werden dann Filme der vergangenen 50 Jahre in chronologischer Reihenfolge besprochen. Den Auftakt macht Susanne Kaut mit Hitchcocks vor Spannung knisterndem Film *Das Fenster zum Hof* (1954), wobei schon der Titel ahnen lässt, dass der Schaulust in diesem Film eine zentrale Bedeutung zukommt. Einfühlsam enthüllt die Autorin die psychologische Dimension dieses Thrillers. Dann wendet sie sich dem wundervollen Filmklassiker *Das verflixte 7. Jahr* von Billy Wilder zu. Sie entführt uns nach Manhattan, wo in den Sommerferien jedermann flieht, um der Hitze zu entgehen, es sei denn, die Arbeit zwingt zum Bleiben. Der Protagonist ist einer der Zurückbleibenden, während seine Familie an dem hochsommerlichen Massenexodus teilnimmt. Dem Protagonist, voller Fantasien für seine Strohwitwerzeit, läuft zufällig Marilyn Monroe über den Weg. Die sich aus dieser Begegnung ergebenden Turbulenzen analysiert Kaut feinsinnig. Im nächsten Beitrag geht es um Ingmar Bergmans *Fanny und Alexander*. Es war der letzte und erfolgreichste Kinofilm des großen schwedischen Regisseurs. Sein eigener Kommentar zu diesem Werk: »[Es] ist die Zusammenfassung meines Lebens als Filmemacher.« Klaus Augustin enthüllt die psychologische Seite des dargestellten Dramas der schwedischen Theaterfamilie Ekdahl. Nun folgt ein Zeitsprung: Aus dem Uppsala von 1907 werden wir im nächsten Beitrag in die Zukunft katapultiert: in das Jahr 2029. Zu dieser Zeit spielt die Handlung des Filmes *Terminator*, wobei Arnold Schwarzenegger 1984 als Protagonist (»Terminator«) groß herauskam, auch wenn er nicht einmal 20 Sätze sprechen durfte. Karl-Heinz Borns analysiert diesen futuristischen Film, der als Meilenstein des Action-Genres in die Filmgeschichte eingegangen ist. Nicht weniger unheimlich ist *Mary Shelleys Frankenstein*, eine klassische Romanverfilmung. Die Verfasserin, Mary Shelley, hat schon mit zehn Jahren ihr erstes Buch geschrieben, brannte 16-jährig bei einer Reise in die Schweiz mit ihrem späteren Mann durch und verbrachte 19-jährig mit ihm und Lord Byron wiederum dort – und zwar am Genfer See – ihre Sommerferien. Da es permanent regnete, vertrieben sich die drei die Zeit mit dem Schreiben von Schauergeschichten, die sie sich gegenseitig vorlasen. So entstand der 1818 veröffentlichte Debütroman Mary Shelleys, *Frankenstein or The Modern Prometheus*. Gabriele Hohage-Staudt entdeckt in dem Monster erstaunlich menschliche Züge. Der nächste Beitrag, wiederum von Klaus Augustin, verschlägt die Leser auf den Mega-Luxusliner »Titanic«, wo sie dessen verhängnisvolle Jungfernfahrt im eisigen Nordmeer miterleben. *Titanic* ist ein Film der Superlative. Er gilt als der erfolgreichste Film aller Zeiten und steht ganz oben auf der Liste der oscarprämierten Streifen. Da es dem Regisseur, James Cameron, gelungen ist, den Zuschauer unmittelbar mit einzubeziehen, erlaubt der Film viele Interpretationsmöglichkeiten. Man kann eine Verbindung herstellen zwischen dem markerschütternden Trauma der technikbegeisterten Menschheit zu Beginn des 20. Jahrhunderts und diesem Film, der am Übergang von jenem Jahrhundert zum nächsten geschaffen wurde. Der Film ist gleichsam eine Behandlung dieses Jahrhunderttraumas. Der Kölner Psychoanalytiker Blothner schreibt, dass er die Unfassbarkeit des Traumas in den Halt einer Liebe verwandle (Blothner 1999, S. 297). Der psychologische Blickwinkel, den Klaus Augustin wählt, ist ein anderer, nicht weniger spannend und überzeugend. Für ihn stellt der Film eine Entwicklungsgeschichte dar. Er illustriert das mit einer Behandlungsfallvignette. Anschließend untersucht Gabriele Ramin das schaurige Familiendrama, das sich in Thomas Vinterbergs Film *Das Fest* bei der Feier des 60. Geburtstages des »Familienoberhauptes«, eines wohlhabenden Hoteliers, entfaltet. Ihre Analyse deckt schwere Traumatisierungen auf. Von Dänemark und Schweden geht es im nächsten Beitrag nach Mittelengland, wo Mitte der 1980er Jahre der traditionsreiche Bergbau sein Ende fand. In meiner Analyse des Filmes *Billy Elliot – I Will Dance* versuche ich die Entwicklung des Protagonisten psychologisch nachvollziehbar zu machen. Dabei gewinnt im Verständnis das Ballett *Schwanensee* eine zentrale Bedeutung. Das Besondere meiner sich anschließenden Interpretation des amüsanten ARD-Spielfilms *Küss mich, Tiger!* besteht darin, dass hier eine Komödie der Analyse unterzogen wird. Bisher gibt es kaum psychoanalytische Publikationen über dieses Filmgenre. Ich versuche in meinem Beitrag zu verdeutlichen, wie es gelingt, ein an sich trauriges Thema, nämlich eine schwere Krise des mittleren Lebensalters, komödiantisch zu wenden. Im nächsten Beitrag analysiert Mathias Kohrs die Verfilmung von Tolkiens Fantasy-Klassiker *Der Herr der Ringe*. In eindrucksvoller Weise gelingt es ihm, dieses Mammutwerk auf seinen psychologischen Gehalt zu durchleuchten und die zugrunde liegende Dynamik mit klaren Worten zu veranschaulichen. Auch Gabriele Ramin wagt sich in ihrem zweiten Beitrag an einen hochkomplexen Stoff. Sie untersucht Brian de Palmas Verfilmung von James Ellroys auf wahren Begebenheiten – einem mysteriösen Mord, der sich im Januar 1947 in

Los Angeles ereignete – beruhenden Roman *Die schwarze Dahlie*. Es gelingt ihr – scheinbar mühelos –, die sehr komplizierte Kriminalgeschichte dieses bestialischen Mordes an dem bildschönen, blutjungen Starlet Elizabeth Short, ihres Aussehens wegen »Black Dahlia« genannt, aufzuschlüsseln. Ihre Überlegungen lassen die ganze Psychopathologie des dramatischen Geschehens deutlich und verständlich werden. Im vorletzten Beitrag meldet sich noch einmal Mathias Kohrs zu Wort, diesmal mit seiner Interpretation der Romanverfilmung *Das Parfum – Die Geschichte eines Mörders*. Der sehr erfolgreiche Film beruht auf dem ebenso erfolgreichen, gleichnamigen Roman von Patrick Süskind. In dieser düsteren Geschichte, die im Frankreich des 18. Jahrhunderts spielt, wird das Leben des Parfumeurs Grenouille (frz. Frosch, Mensch aus der Gosse) nachgezeichnet, der in seinem Leben unbeirrt nur ein Ziel verfolgt: den Duft von Frauen als Parfum zu konservieren. Kohrs entschlüsselt gekonnt die dahinter stehende schwere Psychopathologie. Auch im letzten Film, der im Berlin unserer Tage spielt, werden junge Frauen benutzt. In Glownas verwunschenem *Haus der schlafenden Schönen* werden sie nachts narkotisiert und in nacktem Zustand alten Männern überlassen. Das klingt frivol. Doch in »Madames« morbidem Etablissement erweist sich Schlaf als des Todes Bruder. Ich versuche nicht nur die Psychodynamik des seltsamen Geschehens zu erhellen, sondern beleuchte auch den zugrunde liegenden archaischen Kontext.

Insgesamt umfasst die Psychodynamik der Filme dieses Buches vielfältigste Ausformungen menschlicher Existenz, im ungünstigsten Fall das ausweglose Verharren in schwerster Psychopathologie, im günstigsten erfolgreiche Reifungsschritte. Aber auch unausweichliches menschliches Schicksal hat seinen Platz. Diesen weit gespannten Möglichkeitsraum, der in unser aller Fantasiewelt angelegt ist, einmal gruselnd, ein andermal tief angerührt, zu betrachten, nachzufühlen und unter psychoanalytischem Aspekt schließlich zu verstehen, kann dazu genutzt werden, Zugang zu den eigenen Gefühlen, der eigenen Faszination oder Ablehnung zu finden, also in letzter Konsequenz zu sich selbst. Es ist eine spannende Entdeckungsreise, zu der diese Lektüre anregen möchte.

In diesem Sinne wünsche ich der Leserin/dem Leser im Namen aller Autorinnen und Autoren viel Freude bei der Lektüre. Sie wird Ihnen nicht nur die Welt des Filmes näher bringen wird, sondern auch die Welt des Unbewussten, zu der uns Sigmund Freud vor mehr als 100 Jahren die Pforte geöffnet hat.

Der Herausgeber
Hamburg, im Sommer 2009

Literatur

Bliersbach, Gerhard (2009): Geschichte des westdeutschen Nachkriegsfilms 1946–1963. Mainz (Bender Verlag, Publikation i. Vorber.).

Blothner, Dirk (1999): Erlebniswelt Kino. Über die unbewußte Wirkung des Films. Bergisch Gladbach (Verlagsgruppe Lübbe GmbH & Co. KG).

Holm-Hadulla, Rainer Matthias (2008): Leidenschaft: Goethes Weg zur Kreativität. Eine Psychobiographie. Göttingen (Vandenhoeck & Ruprecht).

Kutschinsky, Berl (1971): Pornografie und Sexualverbrechen. Das Beispiel Dänemark. Köln (Kiepenheuer & Witsch).

Morin, Edgar (1958): Der Mensch und das Kino. Stuttgart (Klett).

Piegler, Theo (2008): Mit Freud im Kino – Psychoanalytische Filminterpretationen. Gießen (Psychosozial-Verlag).

Suizid im Film – Eine schwindelerregende Brücke

Theo Piegler

1. Trailer

Auf der Internetseite http://www.finalcutdotcom.net werden unter dem Werbeslogan »Jeder hat das Recht auf 15 Minuten Berühmtheit« von einem Filmregisseur und seiner Freundin Suizidanten gesucht, denen angeboten wird, ihr Ende im Film festzuhalten und den Film ins Internet zu stellen. »Wenn sie sich töten wollen, dann schicken sie uns ein E-Mail. Wir werden sie filmen.« Und sie erhalten E-Mails. Erst eine, bald aber schon immer mehr. Eindringlich wird der Sturz aus einem leer stehenden Hochhaus gezeigt. Weitere Suizide folgen im Fünfminutentakt: der Doppelselbstmord zweier junger Frauen, die sich mit Tabletten und viel Wodka vergiften, nicht ohne sich zuvor einige Male zu übergeben. Erst nachdem offenkundig der Tod eingetreten ist, entfernt sich die Kamera langsam vom Ort des Geschehens. Das nächste ist ein bewusst gesetzter »goldener Schuss«, dann die Selbstertränkung mit Gewichten im Rucksack, die aufgeschnittene Pulsader in der Badewanne … Die verwackelten Bilder der Handkamera sowie der oft unzureichende Ton und das unstete Licht suggerieren Authentizität. Oder handelt es sich tatsächlich um ein »Snuff«-Video, in dem reale Suizidhandlungen gezeigt werden? Der 2001 vom bekannten TV-Regisseur Raoul Heimrich (ARD: *Marienhof*, ZDF: *Küstenwache*, RTL: *Alarm für Cobra 11*, *Der Clown* etc.) gedrehte Film *Suicide – Selbstmörder* wurde auf den International Independent Film Festivals in New York und Los Angeles als »Best Experimental Feature Film« ausgezeichnet. »Von stiller

Nachdenklichkeit bis hin zu blankem Entsetzen reichten die Reaktionen unter den Jugendschutzsachverständigen der Freiwilligen Selbstkontrolle der Filmwirtschaft (FSK)« nach der Filmvorführung im Rahmen der jährlichen Regionaltagung am 20. Januar 2005 im Konferenzsaal des Rundfunks Berlin-Brandenburg (Brinkmann 2005, S. 64).

2. Vorspann

Als der bekannte Literaturkritiker Marcel Reich-Ranicki im Februar 2007 die Ehrendoktorwürde der Berliner Humboldt-Universität verliehen bekam, wurde in der Laudatio von Peter Wapnewski die Äußerung des Geehrten zitiert, dass das Fundament aller großen Dichtung ein einziges Themenpaar sei: die Liebe und der Tod. Der Psychoanalytiker Michael Buchholz frohlockte ob dieser Aussage, dass damit von höchster literarischer Autorität die dualistische Trieblehre der Psychoanalyse (»Eros« und »Thanatos«), also das primäre Movens allen menschlichen Handelns, aufs Schönste beglaubigt worden sei (Buchholz 2007). Dass die Beschäftigung mit dem Tod, und hier speziell mit dem selbst gewählten, ein zentrales menschliches Thema ist, beweist die Tatsache, dass 60 bis 80% der gesamten Bevölkerung im Laufe ihres Lebens mindestens einmal mit dem Gedanken spielt, Suizid zu begehen (Brinkmann 2005, S. 64), ebenso wie die Angaben der Weltgesundheitsorganisation WHO, wonach alle 40 Sekunden irgendwo auf der Welt ein Suizid begangen wird (WHO 2002). Zurück zur Literatur: Sie ist nicht nur Ausdruck dessen, was Menschen bewegt, sondern gleichzeitig auch Bindeglied zwischen Mensch und Film. Schließlich basiert jeder Film auf einem Drehbuch. Film ist oft die Umsetzung von Literatur in bewegte Bilder (z.B. *Die Sanfte* von F. Dostojewski, 1968 von R. Bresson verfilmt), immer aber die Visualisierung von in bestimmter, oft künstlerischer Weise transponiertem innerem Erleben (z.B. *Das große Fressen*, 1973 unter der Regie von M. Ferreri). Bleyenberg (2001) vertritt die Ansicht, dass der Film für die Menschen in der Postmoderne das ist, was Sagen und Märchen – in ihrer unverfälschten Form[1] – für sie früher waren.

1 »Als im 14. Jahrhundert die Kirche verbreitete, dass Drachen und Kobolde nichts weiter als heidnischer Aberglaube seien, verkam das Märchen [allerdings ...] zum Kinderschreck« (Bleyenberg 2001).

Es dürfte nicht verwundern, dass die Beschäftigung mit dem Suizidthema so alt ist wie die Menschheit selbst. Das älteste erhalten gebliebene Dokument, das davon handelt, ist der ägyptische Papyrus Berlin 3024 (Haller 2004). Bekannt geworden ist dieses ca. 4.000 Jahre alte Schriftstück unter der Überschrift »Gespräch eines Lebensmüden mit seiner Ba«, wobei mit »Ba« die Seele gemeint ist. Psychoanalytisch ausgedrückt, könnte man vielleicht sagen, es ist der Dialog zwischen zwei inneren Instanzen, deren eine für das Leben plädiert, während die andere die Vorzüge des Todes und eines Lebens danach hervorhebt. Je nach Wertung suizidalen Handelns in einer Gesellschaft war und ist die Beschäftigung damit im öffentlichen Raum entweder verpönt bis tabuisiert oder ein Thema, welches Menschen bewegt und über das kommuniziert wird. Die WHO-Statistiken weisen auch heute noch Länder aus, in denen Tod durch Suizid nicht vorzukommen scheint. In erster Linie sind es islamische Länder und einige Staaten in der Karibik. Aber natürlich gibt es auch dort Ansätze, das Tabu zu überwinden. Im Iran hat sich 1997 der international bekannte Künstler und Regisseur A. Kiarostami in seinem Film *Der Geschmack der Kirsche* (1997) mit der Thematik auseinander gesetzt. Die im Kreis der Industrienationen geringste Hemmung dem Suizid gegenüber gibt es in Japan (Suizidrate: 23,8/100.000), wo schon immer nicht nur die Suizidrate kulturell bedingt (Kultur der Scham) – weit über jener vergleichbarer Länder lag und liegt (USA: 11/100.000), sondern auch die filmischen Darstellungen in Anlehnung an traditionelle Seppuku-Holzschnitte sich durch beispiellose Blutrünstigkeit auszeichnen (z. B. *Suicide Circle*, 2000).

Während bildnerische Kunst, Musik und Literatur auf eine jahrtausendealte Geschichte zurückblicken, waren die technischen Voraussetzungen für das Medium Film erst Ende des 19. Jahrhunderts entwickelt. Den ersten führten die Brüder Auguste und Louis Lumière im März 1895 im Grand Café in Paris vor. Der Film zeigte Arbeiter beim Verlassen der Lumière-Werke. Bereits sieben Jahre später entstand der erste Film mit einem Suizidthema, Edwin Porters *Burlesque Suicide* von eineinhalb Minuten Dauer. In der ersten Fassung sieht man einen depressiv drein blickenden Mann, vor ihm auf dem Tisch eine Pistole und ein Drink. Offensichtlich will er sich erschießen. Schließlich entscheidet er sich aber doch für den Drink und kippt ihn hinunter. In der zweiten Version droht derselbe Mann ebenfalls, dass er sich umbringen werde, richtet am Ende aber seinen Finger auf die Kamera bzw. das Publikum und bricht in Lachen über seinen Streich aus.

Führt man sich vor Augen, dass in der christlich geprägten Welt Suizid seit dem Verrat Jesu durch Judas, der sich nach seiner Untat selbst richtete, als schwere Sünde galt und in Großbritannien noch bis 1961 ein strafwürdiges Verbrechen darstellte, so kann man nachvollziehen, dass der Suizid im Film zwar von Anfang an Thema war (z.B. *Liebelei* von A. Schnitzler, verfilmt 1914 von der Nordisk Film Kompagni oder *Schloss Vogelöd* aus dem Jahre 1921, Regisseur: F.W. Murnau), aber über viele Dezennien hinweg doch eher zurückhaltend behandelt wurde. Noch 1970 führt Martin in ihren *Hollywood's Movie Commandments* mit Bezug auf Suiziddarstellungen aus, dass Suizidversuche in vielen Bundesstaaten der USA Straftaten seien und deshalb Suizid weder als Flucht vor Strafe noch in Form von Selbstjustiz dargestellt werden dürfe. Nur im Zusammenhang mit psychischer Krankheit könne Suizid gezeigt werden. Erst die immer weiter gehende Infragestellung traditioneller Werte führte in der Folgezeit zum schonungsloseren Umgang mit diesem Thema bis hin zu geradezu voyeuristischen Suizidinszenierungen (z.B. *Bitter Moon*, R. Polanski 1992; *Suicide – Selbstmörder*, R. Heimrich 2005; *Hostel*, E. Roth 2006; oder *2:37*, M. Thalluri 2006) und dem initial ausführlich beschriebenen Film *Suicide – Selbstmörder* (Heimrich 2005).

Es fällt auf, dass die Zahl der Filme, die Suizide beinhalten, seit Anfang des letzten Jahrhunderts rapide zugenommen hat und weiter zunimmt. Gould zitiert Jamieson (2002), der den Zeitraum von 1917 bis 2000 in den USA untersucht hat (Gould et al. 2003, S. 1276):

Der in Abbildung 1 sichtbar werdende Trend in den USA kann heute weltweit als repräsentativ gelten. In annähernd jedem zehnten Film spielt ein Suizid/-versuch eine Rolle. Das korreliert weder mit der Entwicklung der Suizidzahlen in den USA (1950: 7,6/100.000; 2002: 11,0/100.000) noch mit jener in Deutschland (1950: ca. 22,0/100.000; 2004: 13,0/100.000), wohl aber – man muss annehmen: eher zufällig – mit einem Ansteigen der globalen Suizidraten (Abb. 2). Das Feld ist insgesamt zu komplex, um eine umfassende und eindeutige Aussage über dieses Phänomen machen zu können. Gould stellt heraus, dass die Zahl der Suizidhandlungen im Film jene in der Wirklichkeit (bezogen auf Jugendliche und Jungerwachsene in den USA, die die Hauptgruppe der Kinogänger darstellen) deutlich übersteigt (Abb. 3), wobei die reale Zunahme der Suizidalität Jugendlicher nicht auf die USA beschränkt ist. Sie vertritt die Ansicht, dass die genannten Filme für Jugendliche eine besondere Attraktivität haben und sich die Filmindustrie auf diese Nachfrage eingestellt habe. Auf die daraus resultierenden Folgen für junge Menschen, die sich, adoleszenzbedingt, in einer labilen psychischen Verfassung befinden, wird an späterer Stelle noch näher einzugehen sein.

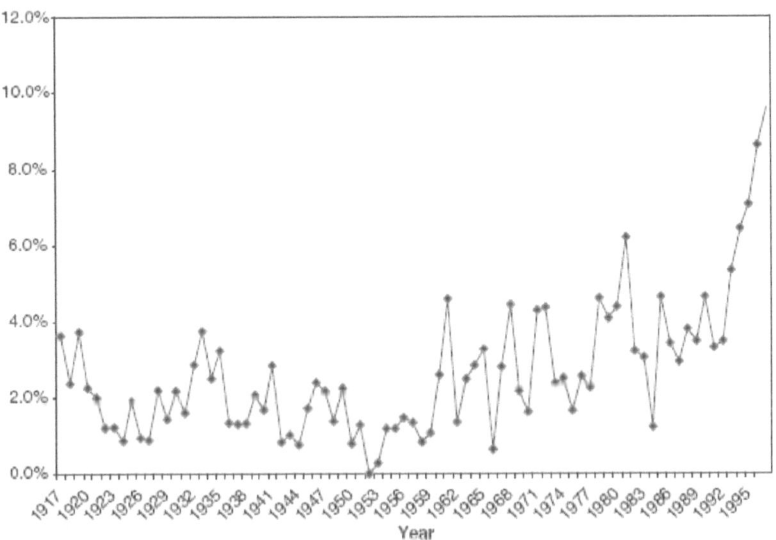

Abb. 1: Prozentualer Anteil von Filmen mit Suiziddarstellungen an der Gesamtzahl aller in den USA produzierten Filme

Das Ansteigen der Suizidalität Jugendlicher unter den weißen, städtisch lebenden jungen Einwohnern von Europa[2] und Nordamerika (Alsaker/Dick, zit. n. Winkel 2005, S. 58) kann darüber hinaus in Verbindung gebracht werden mit der zunehmenden Bedrohung unserer Welt, welche apokalyptische Ausmaße (globale Erwärmung, Artensterben, atomare

2 Dieser Trend trifft nicht auf Jugendliche und Jungerwachsene in der BRD zu, bei welchen die Suizidrate in den letzten Jahrzehnten permanent sinkt (Winkel 2005, S. 58).

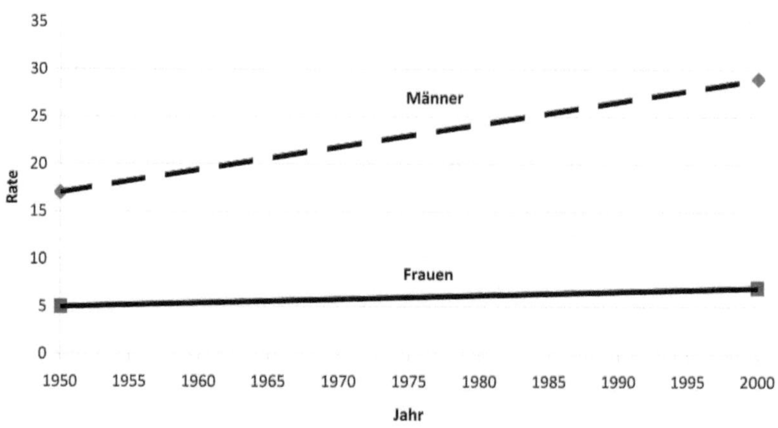

Abb. 2: Entwicklung der globalen Suizidraten (pro 100.000) von 1950 bis 2000 (vgl. WHO 2007)

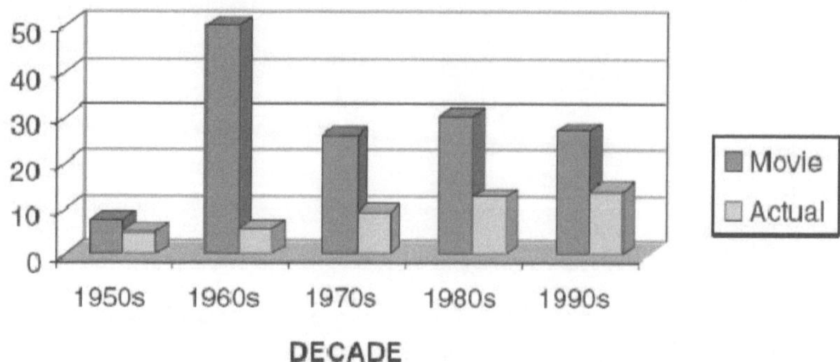

Abb. 3: Reale Suizidrate von jungen Menschen unter 25 Jahren im Vergleich zum Prozentsatz der Top-30-Filme, in denen sich unter 25-Jährige zu suizidieren versuchten oder suizidiert haben (pro Jahrzehnt und nur die USA betreffend; Gould et al. 2003, S. 1276)

Bedrohung, Genmanipulation, Raubtierkapitalismus der Postmoderne, globale wirtschaftliche Rezession etc.) angenommen hat (Klosinski 1999, S. 109–126), wobei die Erwachsenenwelt in unseren zunehmend heißer werdenden Gesellschaften (Erdheim 1984, S. 296) den Jugendlichen kein

Rüstzeug mehr zur Handhabung dieser Bedrohungen mit auf den Weg gibt. Verdrängtes drängt zur Wiederkehr. So könnte das beschriebene Phänomen Ausdruck jenes globalen »man-made« Aggressionspotenzials sein, das unser aller Vorstellungskraft übersteigt bzw. eine Projektion unserer Ängste davor verkörpern. Die Zunahme von Suiziddarstellungen im Film basiert aber sicher nicht nur darauf oder auf den für unterschiedliche Gesellschaften spezifischen Bedingungen und Veränderungen, sondern auch auf einer mit Säkularisierung einhergehenden Enttabuisierung und schamloser wirtschaftlicher Ausnutzung menschlichen Voyeurismus, bezogen auf Horror (*Hostel*, E. Roth 2005) und menschliche Grenzsituationen (*The Bridge*, E. Steel 2006).

Angesichts der geschilderten Fakten wirkt es wie ein Paradoxon, dass es bis zum heutigen Tag nur wenig Literatur zum Thema »Film und Suizid« gibt.

3. Dramaturgie

Ein Film wird nur dann zum Publikumsmagnet, wenn es dem Regisseur gelingt, Spannung zu erzeugen, zu erhalten und zu steigern. J. T. Schwab hat 2006 anhand idealtypischer Beispiele die dabei in Suizidfilmen zur Anwendung kommende Dramaturgie brillant typologisiert (Schwab 2006, S. 41–48).

Im Folgenden werden die wesentlichsten Aspekte dieser Kategorisierung nachgezeichnet: Suizid als »Motor« der Handlung, als »Katalysator« im Filmgeschehen, als »Terminator«, also gewissermaßen als Schlussakkord der Filmhandlung oder als »Indikator« für eine bedeutsame Filmaussage.

3.1. Suizid als Motor

Ein Beispiel hierfür liefert L. Scherfigs *Wilbur wants to kill himself* (2002). Schon während des Vorspanns versucht Wilbur sich umzubringen. Auch in der Folge unternimmt der Todtraurige einen Suizidversuch nach dem anderen und sein stets gut gelaunter Bruder Harbour rettet ihn ein ums andere Mal. Als Harbours Schwarm Alice mit Tochter Mary zu den ungleichen Brüdern in deren altes Buchantiquariat zieht, scheinen alle vier WG-Bewohner glücklich zu sein. Doch nun erkrankt Harbour tödlich. Im weiteren Verlauf werden Wilburs »Gesundung« in der Beziehung mit Mary sowie Harbours Scheitern und Sterben Schritt für Schritt aufgerollt. Die Suizidhandlungen Wilburs sind in diesem Film der »Motor«, der »point of attack« oder »Plot-Beginn«, der das zentrale Thema des Films etabliert. Schwab unterscheidet zwischen zwei dramaturgischen Grundtypen: Dem »therapeutischen Suizid« wie im beschriebenen Film Scherfigs, in dem in markanter Weise die auf den Ausgang des Films gerichtete Frage nach Wilburs weiterem Schicksal den Zuschauer fesselt – und dem »investigativen Suizid«. Der »therapeutische Suizid« kann in der geschilderten Form des »zu überwindenden Suizids« oder der des »zu verarbeitenden Suizids« inszeniert werden, Letzteres, wenn der Protagonist über den Suizid eines ihm nahe stehenden Menschen hinwegzukommen versucht. Als Teil der Trauerarbeit wird meist wie in *Der große Frust* (L. Kasdan 1983) in Rückblenden erzählt, wie es zu der Selbsttötung kam. Im genannten Film treffen sich nach dem Suizid eines ehemaligen Mitstudenten seine sieben im Erwachsenenalter übrig gebliebenen Kommilitonen und verbringen gemeinsam ein Wochenende in einer Hütte. Dort wird in ihren Erzählungen die Vergangenheit heraufbeschworen.

Ein Beispiel für den »investigativen Suizid« ist S. Coppolas nach einer wahren Geschichte entworfener Regiedebütfilm *The Virgin Suicides* (1999): Einige Jungen erleben, wie sich fünf attraktive Schwestern in ihrem Alter, also im Teenageralter, die in ihrer unmittelbaren Nachbarschaft wohnen, eine nach der anderen das Leben nehmen. Als Jugendliche können sie das Ungeheuerliche nicht fassen, aber es beschäftigt sie ohne Unterlass. Als Erwachsene versuchen sie, das Geheimnis im Rückblick zu lüften. Hier ist die Frage, die den Zuschauer an den Film fesselt, auf die Vorgeschichte gerichtet. »Investigativer« und »therapeutischer« Suizid gehen oft Hand in Hand: Um einen Suizid zu verarbeiten oder eine Suizidgefährdung zu überwinden, ist das Aufarbeiten der Umstände und Ursachen notwendig wie in *The Virgin Suicides*. Folglich zeichnet beide Typen eine mehr oder weniger stark ausgeprägte Why-Dramaturgie aus, die nach den Ursachen der Selbsttötung fragt. Eine ganz eigene

Ausprägung erfährt der »investigative Suizid« im »rekapitulierenden Suizid«, der idealtypisch in Form einer Rahmenhandlung (Suizid) und einer Binnenhandlung (Vorgeschichte) im Wesentlichen die Struktur eines Abschiedsbriefes umschreibt. Wie im *The Million Dollar Hotel* (W. Wenders 2000) beinhaltet die Dramaturgie dieser Filme oft einen Off-Erzähler. Im genannten Film begeht der Sohn eines vermögenden Medien-Moguls in einem heruntergekommenen Hotel in Los Angeles Selbstmord. Sein Vater will das nicht wahrhaben, es muss einfach Mord gewesen sein. Ein FBI-Ermittler wird eingeschaltet, dessen unkonventionelle Ermittlungen zu gravierenden Komplikationen führen, ehe zuletzt die Wahrheit ans Licht kommt und sich ein weiterer Suizid ereignet. Es ist auch möglich, dass ein Suizidversuch als solcher für den Zuschauer gar nicht zu erkennen ist, wie in einer der ersten Sequenzen in *Fight Club* (D. Fincher 1999), wo der Suizidant von seinem personifizierten »Alter Ego« zu einer Tötung seiner selbst verleitet wird. Eine andere Variante des »investigativen Suizids« ist der »initiierende Suizid«. In diesem Fall führt ein Suizid zur Investigation eines kriminellen Geschehens. Ein Beispiel ist der Thriller *Heißes Eisen* (F. Lang 1953). Hier stößt ein Sergeant, der den überraschenden Suizid eines Kollegen untersucht, auf eine Reihe von Ungereimtheiten. Offenbar arbeitete der Selbstmörder für eine Verbrecherorganisation. Als der Sergeant den Fall auf Weisung von oben abgeben muss, fühlt er sich in seinem Verdacht bestätigt und ermittelt insgeheim so lange ziemlich erfolglos weiter, bis ihn endlich ausgerechnet eine Gangsterbraut, die von ihrem kriminellen Freund sadistisch gefoltert und entstellt wurde, unterstützt. Ein anderes Genre sind Filme, in denen Angehörige Rache für einen Selbstmord nehmen wollen wie in dem Thriller *Die Hand an der Wiege* (C. Hanson 1992) oder Rache in Form eines Selbstmordes geübt werden soll wie in *Selbstmord auf Befehl* (S. Botsford 1996). Letztere Filmgeschichte ist ebenso einfach wie teuflisch: Entweder bringt sich die Anwältin Suzanne innerhalb von zwei Stunden selber um oder ihre kleine Tochter wird ermordet. Die Leiche der Haushälterin, die in der Wohnung liegt, unterstreicht die Ernsthaftigkeit der Aufforderung. Das Schaffen solcher ausweglos erscheinenden Situationen ist in Filmen dramaturgisch ein beliebtes Element zur Steigerung der Spannung (»twists and turns«). Im japanischen Samuraifilm ist die Rache für einen – oftmals erzwungenen – Suizid (»seppuku«) wie in *47*

Ronin (K. Ichikawa 1994) traditionell fest verankert. Der japanische Ehrenkodex räumt dem Besiegten die ritualisierte Selbsttötung ein, durch welche er der schmachvollen Tötung durch den Sieger entgeht und so seine und seiner Familie Ehre wieder herstellen kann.

3.2. Suizid als Katalysator

Wenn Suizidereignissen in der Dramaturgie eines Filmes die Funktion eines Katalysators zukommt, markieren sie als »plot point« grundsätzlich einen Wendepunkt, häufig sogar die entscheidende Wende (als »decisive turning points«) im Handlungsverlauf. Ursachen und mögliche Auswirkungen auf den Fortgang der Handlung liegen hier in der Regel nicht im Dunklen. Sowohl in Form des »abschreckenden Suizids« als auch in jener des »vorbildlichen Suizids« bereiten beide ein »happy ending« vor. Im Fall des »abschreckenden Suizids« signalisiert diese Tat einer bedeutsamen Bezugsperson dem Protagonisten, dass er sich auf dem falschen Weg befindet. Der Suizid führt zum Umdenken und löst einen Prozess der Läuterung aus wie etwa in dem Film *Im Auftrag des Teufels* (T. Hackford 1997): Ein junger, höchst erfolgreicher Strafverteidiger erhält ein äußerst lukratives Jobangebot aus New York. Er steigt dort in eine noble Anwaltskanzlei ein und avanciert bald zum Staranwalt. Seine junge Frau vernachlässigt er und sie verfällt zusehends. Schließlich behauptet sie, vom Leiter der international operierenden Kanzlei vergewaltigt worden zu sein. Daraufhin lässt ihr Mann sie in die Psychiatrie einweisen. Erst durch ihren Selbstmord kommt er zur Besinnung und es gelingt ihm, die wahre Identität seines Chefs aufzudecken.

Der »vorbildliche Suizid« markiert als Opferselbstmord einer Nebenfigur, was als »heroischer Suizid« dem Protagonisten in der Funktion als »Terminator« vorbehalten bleibt. Bevorzugt ist jener Typus in Katastrophenfilmen wie *Volcano* (M. Jackson 1997) anzutreffen, in welchem sich nach einem scheinbar harmlosen Erdbeben glühende Lavamassen durch die Straßen von Los Angeles wälzen und ein Helfer heroisch einen Mann vor der sich in die U-Bahn ergießenden Lava rettet, was er selbst – ihm wohl bewusst – mit dem Leben bezahlt. In solchen Filmen dient das Opfer des eigenen Lebens als Teil einer umfassenderen Rettungsaktion dem Protagonisten in seiner heroischen Symbolhaftigkeit als Vorbild oder ermöglicht sogar erst dessen Weiterleben. Dem steht der »retardierende Suizid« gegenüber, etwa wenn sich der Hauptverdächtige in einem Kriminalfall suizidiert, was als indirektes Schuldeingeständnis gewertet wird, sodass der Fall zu den Akten gelegt wird. Der Kommissar, der nicht überzeugt ist, muss fortan alleine oder sogar gegen den Widerstand der Vorgesetzten ermitteln, was die Aufklärung des Falles verzögert wie in *Es geschah am hellichten Tag* (L. Vajda 1958), wo es dem Kommissar in letzter Minute doch noch gelingt, den Mörder eines kleinen Mädchens zu finden und einen weiteren Kindesmord unter Einsatz seines Lebens zu verhindern.

3.3. Suizid als Terminator

Suizide am Ende von Filmen manifestieren für gewöhnlich den »decisive defeat« oder den »decisive victory« des Protagonisten als Ergebnis seines zentralen Konfliktes oder Problemlösungsprozesses, den sie zu einem endgültigen Ende führen. Formen des Suizids als »decisive defeat« sind der »melodramatische Suizid« wie im Film *Die Sünderin* (W. Forst 1951), dem großen Skandalfilm der Nachkriegszeit, wo eine durch die Kriegswirren zur Prostituierten gewordene junge Frau einem todkranken Maler, der ihre große Liebe ist, Sterbehilfe leistet und sich dann selbst mit Barbituraten vergiftet, um mit ihm noch im Tod vereint zu sein. Hier nimmt der Zuschauer intensiven Anteil am Scheitern der Protagonistin. Auch der »sozial anprangernde Suizid« kann am Ende eines Filmes stehen. Hier geht es weniger um persönliches Scheitern als vielmehr um ungerechte gesellschaftliche Rahmenbedingungen, die dies verursachen. Ein Paradebeispiel ist R. Oswalds Film *Anders als die anderen* (1919), wo soziale Ächtung (damaliger §175) einen Homosexuellen in den Freitod treibt. Beim »tragischen Suizid« ist nicht die Opferrolle das tragende Element, sondern das selbstbestimmte Handeln des Protagonisten. Ein gutes Beispiel sind Thelma und Louise im gleichnamigen Film (R. Scott 1991), die, als sie sich einer riesigen männlichen Polizeiübermacht gegenüber sehen, sich küssen und geradewegs auf den Rand des Grand Canyon zusteuern. Die letzte Filmsequenz zeigt, wie ihr Auto zum Sturzflug in den Gran Canyon ansetzt. Ihr Suizid gleicht einem finalen Triumph und verkörpert zugleich ein klares gesellschaftskritisches Signal.

Den Suizid als »decisive victory« gibt es in Form des finalen »heroischen Suizids«, bei welchem der Protagonist als Held durch seinen Tod den Sieg im Problemlösungsprozess davonträgt oder der Triumph des Protagonisten durch den Suizid des Agonisten besiegelt wird (»schurkischer Suizid«). Ein Beispiel für erstere Form ist der Film *Armageddon* (M. Bay 1998), in dem es gilt, die Gefahr eines Zusammenpralls eines riesigen Asteroiden mit der Erde zu verhindern. In einem dramatischen Wettlauf mit der Zeit opfert schließlich der Protagonist sein Leben – die rettende Atomsprengladung auf dem Asteroiden muss manuell gezündet werden – und rettet so nicht nur die Erde, sondern auch seine Gefährten. Ein Beispiel für den »schurkischen Suizid« findet sich in F. Coppolas bekanntem Mafiafilm *Der Pate – Teil 2* (1974). Der Schuldige richtet sich selbst, macht einen Prozess überflüssig und wendet dadurch Schaden von seinem Stand ab. Als Mischform zwischen »decisive defeat« und »decisive victory« sind der »symbolische Suizid« und der »imaginierte Suizid« einzuordnen. Hier mischen sich oft Fantasie und Wirklichkeit wie in *Buffalo 66* (V. Gallo 1998; Imagination) oder *Vanilla Sky* (C. Crowe 2001; symbolischer Schritt zurück ins reale Leben).

3.4. Suizid als Indikator

Suizidale Äußerungen oder Handlungen können im Film dramaturgisch auch als Indikatoren eingesetzt werden, um auf diese Weise Figuren oder Handlungsräume zu charakterisieren. So wird zum Beispiel im Film *9½ Wochen* (A. Lyne 1986) die Hauptfigur über Russisches Roulette eingeführt. Zu erwähnen ist noch der »vorausdeutende Suizid«, in dem eine Deadline gesetzt wird wie im Film *Wenn Lucy springt* (E. Schaeffer 1996). Hier haben eine Therapeutin und ein Maler, die sich eine Wohnung teilen, einen makabren Pakt geschlossen: Sollten sie an ihrem 30. Geburtstag noch immer nicht den Partner fürs Leben gefunden haben, wollen sie gemeinsam von der Brooklyn Bridge springen – und dieser Zeitpunkt rückt dramatisch näher und näher. Im Fall des »zurückverweisenden Suizids« bestimmt der vor Einsetzen der filmischen Handlung erfolgte

Suizid einer wichtigen Bezugsperson das Verhalten des Protagonisten. Ein Beispiel gibt *Color of Night* (R. Rush 1994). Die suizidale Patientin eines Psychotherapeuten springt gleich zu Beginn des Filmes durch ein großes Glasfenster seiner eleganten New Yorker Praxis in den Tod. Daraufhin beschließt der Protagonist des Filmes, einen Kollegen in Los Angeles zu besuchen. Er lernt dessen Fälle kennen, wobei ihm etwas Merkwürdiges auffällt. Damit nimmt das Geschehen seinen Lauf …

4. Botschaft

Filme – auch solche, in denen Suizide zu sehen sind – haben unterschiedliche Botschaften. Sie können pädagogische Ziele verfolgen wie *Bittere Tränen* (Y. Grimm 1999), als Dokumentarfilme angelegt sein (*The Bridge*, E. Steel 2006) oder – und das ist der weitaus häufigste Fall – Spielfilme sein, die, obgleich unterschiedlichen Genres vom Horrorfilm bis zum Melodram zuordenbar, Unterhaltungszwecken dienen (*Elf Uhr nachts*, J.-L. Godard 1965). Das schließt natürlich nicht aus, dass nicht auch gesellschafts- (Homosexualität: *Thelma & Louise*, R. Scott 1991, Globalisierung: *Babel*, A. Iñárritu 2006) oder zeitkritische Aussagen (Nationalsozialismus: *Der Untergang*, O. Hirschbiegel 2004) gleichzeitig intendiert sind. Suizidales Handeln wird dabei oft als ultimativer Nervenkitzel eingesetzt, der Emotionen wecken und Spannung erzeugen soll, so wie ein Mord, ein Blick ins Leichenschauhaus, sadistische Horrorszenen oder eine Sexszene.

Bequem und wohlbehütet im abgedunkelten Kinoraum im Sessel sitzend, weitgehend immobil und regrediert, liefert sich der Zuschauer dem Filmspektakel aus, wobei die bewegten Bilder des Filmes, im affektiven Gehalt durch Sprache und Musik noch unterstrichen, ihm eine fiktive Welt vorgaukeln. Dies erst recht heute, wo die Möglichkeiten, Fiktives mithilfe von Digitalisierung zu generieren, grenzenlos sind. Eines der ersten Beispiele war *Jurassic Park* von S. Spielberg (1993), ein Film, der durch seine höchst lebendigen und realistischen Dinosaurier, die über die Leinwand springen, besticht. Die von den Schauspielern vermittelten Emotionen aktivieren unmittelbar die korrespondierenden Spiegelneurone der Zuschauer. Wie im realen Leben steigt die Pulsfrequenz angesichts von Angst und Schrecken (Abb. 4) und in einer melodramatischen Liebesszene fließen die Tränen.

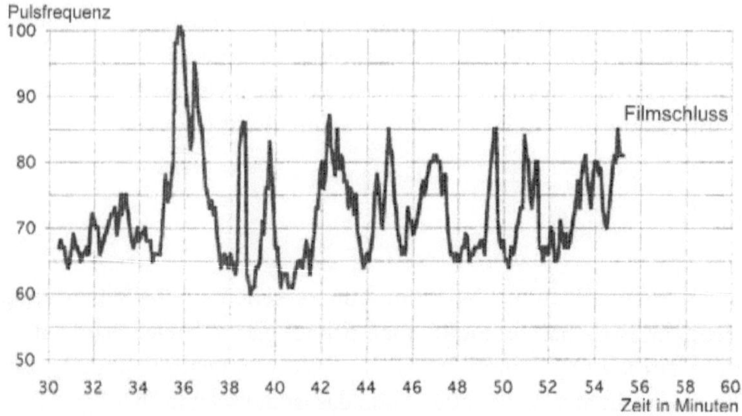

Abb. 4: Ausschnitt aus einer Pulsfrequenz-Kurve eines 15-jährigen Mädchens beim Betrachten des (gewaltfreien!) Thrillers Gesichter der Nacht *(F. Lubiato 1992). Ersichtlich sind die Pulsschwankungen und die Spitze beim ersten Schreckeffekt (36 Minuten nach Filmbeginn).*[3]

Identifiziert mit Personen des Films lebt, leidet und vermasselt oder meistert der Zuschauer selbst auch die nämlichen Situationen. Clevere Psychologen kamen in Anbetracht dieses intensiven Miterlebens schon auf die Idee, das Ganze in Form von Cinetherapie zu nutzen.

Filme sind immer Ausdruck der Gegebenheiten der Zeit und der Gesellschaft, in der sie entstehen, nie aber – ausgenommen Dokumentarfime – Eins-zu-eins-Abbildungen davon. Filme sind, so Salber (1990, S. 23), »Selbst-Darstellungen unserer Kultur«, die den kulturellen Wandel widerspiegeln und übergreifende Problemkonstellationen ebenso wie Lösungsstrategien behandeln. Filme sind insofern Seismografen für Entwicklungstendenzen der Kultur (Dahl 2004, S. 3). Drehbuch, Art der Inszenierung, das Spiel der Schauspieler und der Filmschnitt sind Verarbeitungsleistungen, die die Realität erheblich transformieren. So

3 Aus einer Untersuchung, die von »Clip Club« (www.clipclub.ch) 1993 in Zusammenarbeit mit Dr. Lorenz Böhlen und Ing. Daniel Leibundgut durchgeführt wurde. Publiziert von F. Lubiato (1997).

wird die reale Suizidhandlung einmal zum melodramatischen Im-Tode-vereint-Sein im Sinne von *Romeo und Julia*, ein andermal zur heroischen Tat von Menschen, die sich moralinsauren, repressiven gesellschaftlichen Bedingungen nicht zu unterwerfen bereit sind und den Tod vorziehen und dann wiederum ist die Darstellung depersonifiziert und dient allein dazu, den Voyeurismus des Zuschauers zu bedienen und ihn vor Schreck erschauern zu lassen, wenn der Suizidant ansetzt, vor eine Lok auf die Schienen zu springen, die Einstellungen zwischen immer näher kommender Lok und dem Gesicht des Suizidanten immer schneller wechseln, schließlich der Sprung erfolgt, man den Aufprall des Körpers hört und Blut und Organteile die am Bahnsteig Wartenden bespritzen wie in *Hostel* (E. Roth 2006). Natürlich gibt es auch sehr einfühlsame Nachzeichnungen des Geschehens, bei welchen es allein um das Verstehen des Unvorstellbaren geht so wie in *The Virgin Suicides*, wo in beklemmender Weise ein hypermoralisches religiöses Elternhaus in einer typisch amerikanischen, kleinbürgerlichen Vorstadt bei einer tiefsten narzisstischen Kränkung (erste Liebe) eine der Schwestern in den Tod treibt. Auffällig ist, dass suizidales Handeln im Film in der Regel mit dem beim Zuschauer ausgelösten Schock endet und diesen mit seinen Gefühlen allein lässt wie eine Nachrichtensendung, in der unmittelbar nach Mitteilung eines Suizids die Lottozahlen verlesen werden, ohne Gewähr natürlich. Gefühle von Erschütterung, Trauer oder gar Mitgefühl bei anderen Personen in folgenden Filmsequenzen sind in diesem Zusammenhang die Ausnahme, was mit der Praxis der Berichterstattung in anderen Medien korrespondiert. Nur bei herausragenden Todesfällen (Lady Diana) wird menschlicher verfahren. Feldmann (2002) bringt es auf den Nenner: »Die Medien vermitteln […] folgende Botschaft: Die Todesbetroffenheit ist [heute] irrelevant oder sie ist unsichtbar.« Dabei hat jeder US-Amerikaner im Alter von 16 Jahren durchschnittlich bereits 18.000 Morde im Fernsehen gesehen, ein deutscher Jugendlicher etwas weniger – und sicher auch Tausende von Suiziden, aber wahrscheinlich noch keinen einzigen realen Sterbe- und Trauerprozess (Feldmann 2002).

Drei besondere Formen von Suizidbotschaften sollen an dieser Stelle noch Erwähnung finden, und zwar deshalb, weil sie in der Vergangenheit keine oder allenfalls eine untergeordnete Rolle gespielt haben: Es sind dies Suizide in den heutigen postmodernen Horrorfilmen, die sich fast ausschließlich an ein jugendliches Publikum wenden, Filme über Selbstmordattentäter, die es in dieser Form früher nicht gab, und Filme über assistierten Selbstmord im Kontext mit der global zu beobachtenden zunehmenden Überalterung der Industriegesellschaften, die mit einer entsprechend steigenden Morbidität und im Einzelfall größter körperlicher, seelischer und sozialer Not einhergeht.

4.1. Horrorfilm

Seit 20 Jahren sind Horrorfilme wieder in Mode, besonders bei Jugendlichen. Der Film *Hostel* (E. Roth 2006) ist ein aktuelles Beispiel dafür (s. o.). Woher rührt diese Faszination am Grauen? Jugendliche erfahren in der Pubertät einen körperlichen Wachstumsschub, der aufgrund von Asymmetrien – die Körperteile wachsen nicht alle in der gleichen Geschwindigkeit – zu einer Art »Verzerrung« des Körperbildes führen kann. Die zentrale Körperfantasie des Jugendalters ist die des zerstückelten und zerrissenen Körpers. Die Entsprechung findet sich im Horrorfilm, »der [...] angefüllt [ist] mit Schreckensphantasien über aus den Fugen geratene Körper« (Reß 1990, S. 100f.). Auch die noch brüchige Identität junger Menschen ist Auslöser dafür, dass in der Fantasie das gesamte Ich, und damit auch der Körper, als zersplittert erlebt wird. Damit korrespondieren verschiedene Formen der Initiationsriten bei »Naturvölkern«, in denen Momente der Zerstückelung und der (körperlichen) »Versehrung« eine bedeutsame und prägende Rolle spielen (Mayer 2005). Psychoanalytisch gesehen spiegeln Horrorfilme die jugendliche Innenwelt und notwendige Entwicklungsaufgaben wider. Die Themen »Gewalt« und »Mord« oder »Suizid« verweisen auf den notwendigen Entwicklungsschritt, den jeder Jugendliche nachvollziehen muss: das Akzeptieren des partiellen Todes des kindlichen Ichs und die (schmerzhafte) Herausbildung eines Erwachsenen-Ichs.

Die Themen »Sexualität« und »soziales Zusammenleben« werden in den Horror- und Gewaltvideos in der Regel nur in pervertierter, unvollkommener Art präsentiert. Besonders Jugendliche, in ihrer noch brüchigen geschlechtlichen und sozialen Rolle, erkennen sich darin wieder. Es sind gerade die Horrorfilme, die die beiden dominierenden Gefühlsstimmungen junger Menschen ansprechen: das Gefühl der Allmacht (»einsamer Held bezwingt das Böse«) – in *Hostel* ist es der Protagonist, Paxton, der blutige Rache nimmt – und das Gefühl der Ohnmacht und Verzweiflung (»das Böse lauert überall und schlägt erbarmungslos zu«). Die filmsprachlichen Mittel verstärken die manifest und latent dargebotenen Botschaften. Mit der Filmrezeption werden eigene dunkle und aggressive Seiten ausgelebt, die meistens im realen Alltagsleben keinen Platz finden und unerwünscht sind. Die Rezeption von Horrorfilmen bietet darüber hinaus einen ungefährlichen Nervenkitzel. Als Betrachter kann man sich in seinen Körper- und emotionalen Reaktionen selbst spüren. Eigene intensive – auch unangenehme – Emotionen können kennengelernt und ein kontrollierter Umgang mit ihnen kann geübt werden. Fast immer ist der Horrorfilm-Abend ein soziales Geschehen, denn Horrorfilme werden von Jugendlichen vornehmlich in ihrer Peergruppe angeschaut und erhöhen im gemeinsamen Erleben die Gruppenbindung. Solche Abende haben auch den Charakter von Initiationsriten, sie stellen Mutproben dar. Häufig handelt es sich um indizierte oder zumindest erst ab 18 Jahren zugelassene Filme, und der Ruch des Verbotenen schwingt bei den »Sessions« mit. Bei drastischen Darstellungen von Gewalt, von zerfetzten und verstümmelten Körpern, von herausquellenden Eingeweiden usw. zeigt sich, wer den Anblick erträgt, wer sich abwenden oder gar den Gang zur Toilette tun muss.

Mit dem Ende der Kindheit wird man für sein Handeln verantwortlich. Man kann als Jugendlicher schuldig werden. Das »Essen vom Baum der Erkenntnis« zwingt dazu, zwischen rechtem und falschem Verhalten, zwischen »Gut« und »Böse« zu unterscheiden. Gerade diese Auseinandersetzung zwischen »Gut« und »Böse« stellt in Horrorfilmen ein wichtiges Thema dar und spiegelt somit entwicklungsrelevante Fragen. Die Auseinandersetzung mit den in Horrorfilmen behandelten Tabuthemen kann zur Provokation der »bürgerlichen Gesellschaft« mit deren Bedürfnis nach »harmlosen Geschichten« benutzt werden – etwa so, wie die frisch gestrichene weiße Wand eines öffentlichen Gebäudes im Dunkel Sprayer anzieht. Manche Jugendliche haben auch ein großes Interesse an der technischen Seite der Produktionen, erfordern doch Horrorfilme mit ihren Darstellungen nicht-rationaler Geschehnisse und radikaler Eingriffe in die körperliche Substanz höchste Kunstfertigkeit von Maskenbildnern und Tricktechnikern. In *Hostel* muss Paxton in einer Szene der jungen Japanerin, die er aus ihrem Folterverlies retten will, ihr heraushängendes Auge abschneiden. Diese Szene wurde bei der Verleihung des Scream Awards in der Kategorie The »Holy Shit«/»Jump-From-Your-Seat« Award prämiert. Durch ausgeklügelte Special Effects wird das Spiel mit und die Trennung zwischen Schein und Sein, zwischen Fiktion und Realität deutlich gemacht und ins Bewusstsein gehoben (Mayer 2005). Man kann sich auch fragen, ob Horrorfilme als Ausbruchsversuche aus dem gefühlsfeindlichen »Zivilisationsgetto« zu interpretieren sind (Feldmann 2004).

4.2. Selbstmordattentat

Mit Aufkommen der Selbstmordattentate in den 1980er Jahren – historische Vorläufer sind die Kamikaze-Flieger und Ein-Mann-Torpedo-Einsätze (»Neger«) am Ende des Zweiten Weltkriegs – ging die filmische Auseinandersetzung mit diesem Thema einher. Der Terroranschlag auf das World Trade Center im September 2001 ist Thema von *World Trade Center* (O. Stone 2006) und *Flug 93* (P. Greengrass 2006) geworden. Bei den im Januar 2006 verliehenen Golden Globes 2006 wurde das Drama *Paradise Now* (2004) des palästinensischen Regisseurs H. Abu-Assad mit dem Preis für den besten fremdsprachigen Film ausgezeichnet. Der Film erzählt die Geschichte zweier junger palästinensischer Selbstmordattentäter. Der Filmtitel bezieht sich auf die Versprechung, für ihre Tat ins Paradies zu kommen. Diese Suizidvariante im Film ist emotional hoch aufgeladen und in Gefahr propagandistisch (*Tal der Wölfe – Irak*, S. Akar 2006) und politisch missbraucht zu werden.

4.3. Assistierter Suizid

Feldmann (2004) prognostiziert, dass in der Suiziddiskussion eine Polarisierung eintreten werde: einerseits eine Verstärkung der gesellschaftlichen Ablehnung des Suizids von jungen Menschen und andererseits eine Zunahme der Akzeptanz des Alterssuizids. Das spiegelt sich im Film dergestalt wieder, dass seit einigen Jahren Sterbehilfe zum Thema wird. *Das Meer in mir*, vielfach ausgezeichneter Film des Spaniers A. Amenábar (2004), ist wohl am bekanntesten geworden. Er schildert die Leidensgeschichte eines tetraplegischen Seemannes, den eine Fabrikarbeiterin, die sich mit ihm anfreundet, im Laufe der Zeit verstehen und lieben lernt. Sie hilft ihm schließlich dabei, seinen Wunsch zu sterben in die Tat umzusetzen. Ein anderes Beispiel ist S. Taddickens Film *Emmas Glück* (2006). Hier nimmt Emma, eine ebenso eigenwillige wie gefühlvolle Jungbäuerin, Max bei sich auf, den sie nach einem Suizidversuch – er wollte mit einem gestohlenen Jaguar in den Tod rasen – in der Nähe ihres Hofes findet. Die beiden entdecken ihre große Liebe füreinander. Unheilbarer Bauchspeicheldrüsenkrebs lässt Max aber rasch körperlich hinfällig werden. Emma pflegt ihn hingebungsvoll auf ihrem einsamen Hof, der durch das Geld von Max vor der Zwangsversteigerung gerettet wird. Am Ende stirbt er – auf dieselbe Weise wie Emmas Schweine – in ihren Armen.

Im vergangenen Jahr ging ein großer privater Fernsehsender noch einen Schritt weiter: Am 10. Dezember 2008 zeigte er zur Hauptsendezeit den von der Schweizer Sterbehilfeorganisation »Dignitas« begleiteten Suizid des US-Bürgers Craig Ewert. »I love you, sweetheart, so much« – mit diesen bewegenden Worten verabschiedete sich der 59-jährige US-Bürger Craig Ewert bei dieser von Sky Real Lives in Großbritannien ausgestrahlten Fernsehdokumentation *Recht zu Sterben* vor der Kamera von seiner Frau. Die Dokumentation zeigte den begleiteten Suizid des an amyotropher Lateralsklerose erkrankten pensionierten Universitätsprofessors in einer Klinik in der Schweiz. Am Ende des Filmes wurde der Zuschauer Zeuge, wie Ewert einen bereitgestellten Becher mit Barbituraten zu sich nahm und mit dem Mund eine Zeitschaltuhr betätigte, die 45 Minuten später sein Beatmungsgerät abschaltete (Neuner et al. 2009, S. 155).

Nicht nur der Suizid im Alter, sondern schon das Alter selbst ist ein gesellschaftliches und damit auch filmisches Tabuthema. Nur in Werbesendungen taucht eine Gruppe der Alten, nämlich die der aktiven, unternehmungslustigen Senioren, inzwischen häufiger auf. Man kann fast sagen, dass die Tatsache, dass alte Menschen in Film und Fernsehen unterrepräsentiert sind, zeigt, dass sie für die Öffentlichkeit bereits (fast)

»sozial tot« sind. Manche Autoren sprechen von der »symbolischen Vernichtung alter Menschen durch die Massenmedien« (Gerbner 1980) und damit natürlich auch durch den Film.

4.4. Unbewusste Botschaft

So wie menschliches Verhalten mithilfe der Psychoanalyse auf unbewusste psychodynamische Beweggründe untersucht werden kann, erlaubt es die psychoanalytische Filminterpretation, hinter die Kulissen der bewusst intendierten Filmbotschaft zu kommen. Für S. Freud stellte der Traum den Königsweg zum Unbewussten dar. Der Film ist dem Traum sehr ähnlich. Sowohl der Film als auch der Traum bedienen sich der Bildersprache. In beiden sind die üblichen Gesetze von Raum, Zeit und logischer Darstellung aufgehoben. Alles ist möglich: Schnitt, Umkehrung, Verschiebung, Verdichtung und Tempowechsel, Reales und Irreales. So bietet sich dieses Medium für die psychoanalytische Erkundung geradezu an. Mittlerweile gibt es eine Fülle von Literatur zu diesem Sujet (z.B. Wohlrab 2006). Am Beispiel von A. Kiarostamis Suizidfilm *Der Geschmack der Kirsche* (1997) soll psychoanalytische Filminterpretation skizziert werden[4]:

Im Internet wird die konkrete Botschaft dieses Films wie folgt beschrieben:

> »Auf einer holprigen, staubigen Straße fährt ein Mann, der sich in einem tiefen Erdloch umbringen möchte. Er ist auf der Suche nach einem Helfer, der ihm gegen Bezahlung nach seinem Tod die letzte Ehre erweisen und ein paar Schaufeln Sand auf ihn werfen soll. Er bittet einen jungen kurdischen Soldaten und einen Theologiestudenten, doch beide lehnen sein Anliegen ab. Ein älterer Museumswärter erinnert den Lebensmüden an die schönen Momente des Alltags, an mondklare Nächte, Vogelgesang und den Geschmack von Kirschen […] *Der Geschmack der Kirsche* mag für Filmfreunde, die an

4 Ausführliche Darstellung in Piegler (2008). Es sei an dieser Stelle darauf hingewiesen, dass natürlich auch andere Interpretationen möglich sind. So interpretiert Isolde Böhme den Film unter Berücksichtigung der islamischen Sichtweise als eine Performance, die sie in ihrer Entfaltung als »Modulation der melancholischen Position« versteht (Böhme 2008, S. 65–84).

tiefgründigen Thematiken interessiert sind, prinzipiell sicherlich interessant erscheinen. Aufgrund der miserablen inszenatorischen wie auch inhaltlichen Umsetzung unterhält das Drama jedoch kaum.«[5]

Ein anderer Kommentar zur Filmbotschaft: »Asche, Staub, Erde, aufgeschüttete Schichten [...], der erste Mann, den ich kennenlerne, der sein eigenes Grab schaufelt und sich dort hinein begibt. Wieso benötigt man jemanden, der das eigene Grab zuschaufelt? – Am Ende (Ent)täuschung. Was soll das? – endlich Musik im Abspann.«[6] Die Frankfurter Rundschau dagegen kommt zu dem Schluss: »Einzigartig.«

Tiefenhermeneutisch fällt die extrem unterschiedliche Wahrnehmung des Filmes auf, die mit der Unterschiedlichkeit der Filmbilder korreliert. Über weite Strecken tote Wüstenlandschaft und am Ende des Filmes, nach dem Suizid, im Kontrast dazu, dieselbe Landschaft, mit der Handkamera aufgenommen: lebendig, üppig, grün, blühend, belebt durch freundliche Soldaten: Metaphern von Thanatos und Libido, durch lange Sekunden der Dunkelheit im Film voneinander abgesetzt, gleichsam durch Spaltung voneinander getrennt. Die einen Zuschauer haben das eine, die anderen das andere wahrgenommen und beschrieben. Hier spiegelt sich das Paradox des Suizidanten wider: dass nämlich Eros und Thanatos, im Leben verbunden, sich am Ende scheiden. Schon das dem Film vom Regisseur unterlegte Thema weist auf diese Paradoxie hin: Herr Badii, Protagonist des Filmes, der für sich keinen anderen Weg als jenen in den Tod sieht – ohnehin schon schwer genug für einen strenggläubigen Moslem, da Suizid eine mit Mord vergleichbare schwere Sünde ist –, sucht von früh bis abends verzweifelt nach einem Helfer, der ihn nach seinem Tod mit Erde bedeckt, denn, so der Koran, wird ein Moslem nicht binnen 24 Stunden nach seinem Tod beerdigt, fällt er ewiger Verdammnis anheim. Um in den Tod gehen zu können, muss er in seinem Leben noch einen verlässlichen Menschen finden. Ist aber verlässliche Beziehung und Bindung nicht ein Lebenselixier? Und tatsächlich wird der Lebensmüde durch die Begegnung mit einem warmherzigen Tierpräparator, der gerade

5 Im Internet zu finden unter http://www.dvd-palace.de/dvd-review-r5t2257.htm (Stand: 16.07.2007).

6 Im Internet zu finden unter »Film und Kritik« – Uni Weimar: http://antville.medien.uni-weimar.de/filmkritik/topics/Der+Geschmack+der+Kirsche/ (Stand: 16.07.2007).

Rebhühner für den Präparierkurs geschossen hat – auch diese Figur spiegelt in sich also die genannte Paradoxie von Leben und Tod – in seinem Todeswunsch so sehr irritiert, dass er, nachdem alles abgesprochen ist, zu ihm zurückhastet und ihn anfleht, ihn mehrfach anzurufen und ein paar Steine auf ihn zu werfen, um sicher zu sein, dass er wirklich tot ist, ehe er ihn, das Grab zuschaufelnd, mit Erde bedeckt. Diese Ambivalenz flammt auf, nachdem im Film erstmals Frauen auftauchen und der Protagonist ein glückliches Paar, das ihn um eine Fotoaufnahme bat, abgelichtet hatte. Die Frau wird im Film als Symbol für etwas, was Leben hervorbringen kann, für Leben also, eingeführt. Die Grube, in der der Lebensmüde sich vergiften will, liegt unmittelbar zu Füßen eines grünenden Busches in einer ansonsten trostlos kargen und ausgedörrten Landschaft. Die so idyllisch angelegte Grube ist ein Schutzraum in der Mutter Natur, ein Symbol der uterinen Höhle bzw. der Mutter. Derartige Paradiesfantasien, die natürlich auch ein Weiter-/Überleben beinhalten, sind geläufig. Als Film im Film findet sie sich beispielsweise in P. Almodóvars Film *Sprich mit ihr* (2002). Das Suizidmotiv wird im Film nicht benannt, wohl aber die unendliche Sehnsucht des Lebensmüden nach menschlicher Hilfe, oder noch konkreter ausgedrückt, nach bedingungsloser Bemutterung. Und das in einer Welt, in der er ansonsten nur Männern – im Film sind alle (für Badii) Fremde – begegnet und in der seine schönste Zeit jene beim Militär war. »Eins, zwei, drei ...« – ein ums andere Mal wiederholt er die Marschkommandos. Das wirkt eher wie eine verzweifelte Reaktionsbildung in einem Land, in dem Frauen noch nach der Scharia gerichtet werden. Man kann annehmen, dass hier unbewusst die Sehnsucht nach einer Welt deutlich wird, die Frauen wie Männern Möglichkeiten des Lebens und Zusammenlebens bietet, nach einer Welt der Freiheit. Die bittere Realität: In Cannes wurde Kiarostami für seinen Film von Catherine Deneuve die Goldene Palme überreicht. Als er sich dafür bei ihr mit einem Küsschen auf die Wange bedankte, löste das bei den Fundamentalisten in seiner iranischen Heimat einen Proteststurm aus. Bei seiner Rückkehr wurde er am Flughafen von Demonstranten empfangen. Zurück zum Thema Freiheit: Kiarostami dazu in einem Interview: »Ich würde [...] gerne einen Satz von Cioran zitieren: ›Gäbe es die Möglichkeit des Selbstmords nicht, hätte ich mich schon lange umgebracht.‹« *Der Geschmack der Kirsche* ist auf politischer Ebene also ein Plädoyer für die Freiheit – wenn es sein muss, auch um den Preis des eigenen Lebens. Das Ende des Filmes spricht für diese Interpretation, denn in der letzten Einstellung ertönt der *St. James Infirmary*-Blues von Louis Armstrong, wenn auch – wohl aus politischen Gründen – in einer Instrumentalfassung. Zum Verständnis ist es wichtig zu wissen, worum es in diesem uralten englischen Lied geht:

> »Ich ging ins St. James Krankenhaus, wo ich meine Liebste ausgestreckt auf einem weißen Tisch aufgebahrt sah, so kalt, so süß und so lieblich. – Lass sie gehen, lass sie gehen, Gott möge sie segnen. Wo immer sie sein mag, sie wird über diese ganze Welt sehen können, aber sie wird nie wieder so einen tollen Kerl wie mich finden. – Wenn ich sterbe, dann kleidet mich mit ordentlichen Schnürschuhen, ich will einen ›Boxback‹-Mantel und einen Stetson-Hut, legt ein 20-Dollar-Goldstück auf meine Uhrkette, dann wissen die Jungs, dass ich aufrecht gestorben bin.«

Der Tod ist in diesem Lied verbunden mit einer narzisstischen Fantasie der eigenen Einmaligkeit und Größe. Der Regisseur nimmt hier den angedeuteten Faden eigener innerer Freiheit um jeden Preis wieder auf, welcher über den Tod hinausreicht. Im gesellschaftlichen Kontext ist dieses Lied am Ende des Films deshalb besonders hervorzuheben, da ein Film über das Tabuthema »Suizid« im Iran ohnehin eine Provokation darstellt, viel mehr aber noch, wenn eine unverkennbar amerikanische Weise dem Treiben iranischer Soldaten unterlegt wird. Die unbewusste Botschaft dieses Suizid(!)films ist also letztendlich ein flammendes Plädoyer für Freiheit – und zwar für Männer und Frauen. Erreichbar ist sie nur, wenn Überkommenes stirbt.

5. Zuschauer

Wie jeder reale Suizid/-versuch eine Botschaft an die ihm bekannten Menschen in seiner Umgebung ist oder jene, die ihn finden werden, baut auch jeder Film, der suizidales Handeln darstellt, eine schwindelerregende Brücke zum Zuschauer. Schwindelerregend deshalb, weil das Fiktive der Suizidhandlung im Film bei psychisch aufgrund ihrer eigenen Lebenssituation und inneren Disposition entsprechend sensibilisierten

Menschen – in erster Linie in in ihrer psychischen Verfassung durch die Adoleszenz verunsicherten Jugendlichen, aber auch bei psychisch Kranken – als Realität missdeutet werden und bei Identifikation (s. o.) zum Ausgangpunkt eigenen suizidalen Handelns werden kann. Dieses als Werther-Effekt – aufgrund einer Welle von Suiziden nach Erscheinen von Goethes Roman *Die Leiden des jungen Werthers* im Jahre 1774 – bekannte Phänomen hat in unserer Medien- und Massengesellschaft natürlich quantitativ noch sehr viel weiter reichende Folgen. 1981 und 1982 wurde die ZDF-Serie *Tod eines Schülers* (R. Stromberger) ausgestrahlt. Die Serie beschrieb einfühlsam die Geschichte des neunzehnjährigen Schülers Claus Wagner, der sich im Laufe des Filmes vor einen fahrenden Zug wirft und stirbt. Sie sollte Jugendsuizide thematisieren und diesen vorbeugen. Das Gegenteil war der Fall. Eine Studie von A. Schmidtke und H. Häfner (1988) konnte zweifelsfrei nachweisen, dass durch *Tod eines Schülers* viele junge Männer dem Medienvorbild gemäß mit derselben Tötungsmethode in den Tod gingen (Abb. 5). Der Anstieg betrug 1981 innerhalb von 70 Tagen nach Ausstrahlung der Sendung 86%.

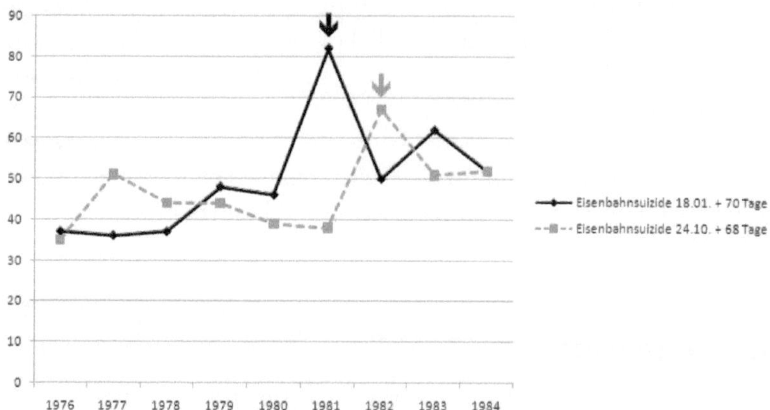

Abb. 5: Häufung von Suiziden nach Ausstrahlung der Fernsehserie Tod eines Schülers*: Während der Erstausstrahlung (1981), bei der die Einschaltquote das Doppelte der Zweitausstrahlung (1982) betrug, gab es in Deutschland nahezu täglich einen Eisenbahnsuizid (Sturz vor den Zug; vgl. Hadinger 1994).*

Der Zusammenhang zwischen Medienberichterstattung und suizidalem Handeln ist mittlerweile international in vielen Studien belegt und hatte entsprechende präventive Empfehlungen zur Suiziddarstellung im Film und Suizidberichterstattung auch in allen anderen Medien zur Folge (Hadinger 1994).

6. Filmschaffende

Eine Reihe von Filmschaffenden hat selbst suizidale Krisen durchlebt und diese in ihrem filmischen Schaffen aufgearbeitet.[7] Als Beispiel sei hier der australische Drehbuchschreiber und Regisseur M. Thalluri genannt. In einem Interview über sein von Suizid handelndes Erstlingswerk, das Teenager-Drama *2:37* (2007), sagt er: »Der Film hat mir das Leben gerettet. Es ist ein sehr persönliches Werk, mit dem ich alle meine Dämonen und Probleme ausgetrieben habe. Er war sicher eine Art Therapie für mich. Vorher dachte ich an Selbstmord, jetzt bin ich total glücklich« (zit.n. V. Behrens 2007, S. 8). Nicht wenige Drehbuchautoren und Filmschauspieler allerdings scheiterten und endeten durch Suizid, wobei bisher nicht untersucht ist, ob Filmschaffende ein erhöhtes Suizidrisiko haben. D. Frasier hat jenen unter ihnen, die im Verlauf des 20. Jahrhunderts in den USA ihr Leben auf diese Weise beendet haben, in seinem Buch *Suicide in the Entertainment Industry* (2002) ein Denkmal gesetzt. 840 Biografien hat er recherchiert, ein Großteil davon Persönlichkeiten aus der Filmindustrie. Die Reihe beginnt mit Art Acord, einem Star aus der Stummfilmzeit, der die Umstellung auf den Tonfilm nicht verkraftet hat und sich 1931 mit Zyankali vergiftete und endet mit Gig Young, der, beruflich immer weniger erfolgreich, seine mehr als dreißig Jahre jüngere Frau, die deutsche Schauspielerin Kim Schmidt, und sich selbst 1978 –

7 Während Wissenschaftler, Politiker, Wirtschaftsfachleute, Entdecker, Maler, Musiker und Schriftsteller eher psychisch gesund sind, findet man zwei Gruppen von kreativen Persönlichkeiten, die vermehrt psychische Störungen aufweisen, nämlich Dichter (»poetic writers«) und darstellende Künstler (»performing artists«). Dichter leiden etwa dreimal so häufig unter depressiven Störungen wie die Durchschnittsbevölkerung. Bei Sängern, Bühnendarstellern und Tänzern findet sich besonders häufig Alkohol- und Drogenmissbrauch (Runco & Richards 1996). Das impliziert eine erhöhte Suizidrate.

drei Wochen nach ihrer Hochzeit – in seinem New Yorker Apartment erschoss. Das Vorwort des Buches endet mit den heroisierenden Worten: »So, dear reader, this book is not for the tenderhearted. [...] This is a book for Brave Hearts – who can look life and death in the face.« An anderer Stelle zitiert er Aleister Crowley, der sagt, dass jeder Mensch das Recht habe »zu sterben wann und wie er wolle«.

7. Abspann

Suizidale Handlungen finden sich in der Postmoderne zunehmend in Filmen. Sie werden sehr gezielt als dramaturgisches Mittel eingesetzt. Die Häufung dieser Taten im Film ebenso wie die Tatsache, dass kaum noch ein Film ohne Mord auskommt, legen nahe, das Phänomen unter soziologischen Aspekten zu reflektieren. Es fällt auf, dass die Vorstellungen über den Tod von heutigen modernen Menschen weniger durch leibhaftige Erfahrungen in ihrer Mikrowelt als durch Bilder und Erzählungen der Medienwelt geformt werden. S. Freud (1915 [1946], S. 51) dazu: »Es kann dann nicht anders kommen, als dass wir in der Welt der Fiktion, in der Literatur, im Theater [und im Kino; Erg. d. Verf.] Ersatz suchen für die [kulturell bedingte; dto.] Einbuße des Lebens. Dort finden wir noch Menschen, die zu sterben verstehen, ja, die es auch zustande bringen, einen anderen zu töten.« Dass der Verlust an Primärerfahrung eine Konsequenz zivilisatorischen Fortschritts darstellt, kann man am Beispiel des Krieges sehen. Doch welche gesellschaftliche Bedeutung haben die umfassenden medialen Aggressions- und Kriegserfahrungen der Kinobesucher und TV-Konsumenten in den Industriestaaten? Sollen sie der »Abschreckung« dienen wie die realen Atomwaffen? Oder handelt es sich um »beschnittene« Realerfahrungen? Schließlich sind sie von dem tatsächlichen Todesrisiko befreit, die »Lust am Töten« und am Risiko sowie auch andere »begehrte« Seiten des Kriegshandwerks aber sind, zumindest in abgeschwächter Form, verblieben. Zudem ist es gemäß allgemein anerkannter Moral weniger schlecht, virtuelle Gegner zu töten als reale. Kinder nehmen aufgrund der geschilderten Medienerfahrungen oft an, dass der gewaltsame Tod normal und häufig auftritt (Feldmann 2002, S. 122). Dies ist für die meisten Menschen in den reichen Industriestaaten bekanntlich nicht der Fall. Auch die Suizidzahlen fallen hier eher als dass sie steigen. Man muss also annehmen, dass jene Suiziddarstellungen im Film, mit denen man sich nicht identifizieren kann, einen Schutz für das reale Leben darstellen. Aber wo liegt die Identifikationsschwelle für welche Zuschauergruppe? Mir scheint, die Suiziddarstellung im Film bewegt sich, zwischen »Werther-Effekt« und resilienter Funktion angesiedelt, auf einem schmalen Grat. Am treffendsten ist sie wohl als »schwindelerregende Brücke« zu charakterisieren. Beim heutigen Stand der Wissenschaft muss man konstatieren, dass das deutliche Auseinanderklaffen der Zahlen für fiktiven Suizid im Film und Suizid in der Realität ein nur ansatzweise gelöstes Paradox ist – wie der Suizid selbst. Denn letztlich wollen alle Menschen nur das eine: leben!

Literatur

Behrens, Volker (2007): Der Film hat mein Leben gerettet. Hamburger Abendblatt, Kultur & Medien, 20.07.2007, S. 8.

Bleyenberg, Daniel (2001): Der Kultfilm in der postmodernen Gesellschaft. Magisterarbeit (unveröffentlicht). Münster. URL: http://www.bleyenberg.de/kultfilme/index.htm (Stand: 23.07.2007).

Böhme, Isolde (2008): Der Geschmack der Kirsche. Der Film als Modulation der melancholischen Position Taam-e gilas, (Der Geschmack der Kirsche, Iran 1997) von Abbas Kiarostami. In: Laszig, Parfen & Schneider, Gerhard (Hg.) (2008): Film und Psychoanalyse. Kinofilme als kulturelle Symptome. Gießen (Psychosozial-Verlag).

Brinkmann, Nils (2005): Suizid im Film – eine Herausforderung für den Jugendmedienschutz. In: Freiwillige Selbstkontrolle Fernsehen e. V. (Hg.): tv diskurs – Verantwortung in audiovisuellen Medien, Heft 34, 54–67.

Buchholz, Michael (2007): Psycho-News-Letter Nr. 56. Erstellt im Auftrag des Vorstandes der DGPT. Publikation der DGPT, Hamburg, S. 1.

Dahl, Gloria (2004): Qualitative Film-Analyse: Kulturelle Prozesse im Spiegel des Films [116 Absätze]. Forum Qualitative Sozialforschung/Forum: Qualitative Social Research [Online-Journal] 5(2), Art. 27. URL: http://www.qualitative-research.net/fqs-texte/2-04/2-04dahl-d.htm (Stand: 14.07.2007).

Erdheim, Mario (1984): Die gesellschaftliche Produktion von Unbewußtheit. Frankfurt a.M. (Suhrkamp).

Feldmann, Klaus (2002): Tod und Medien. Universität Hannover, 2002. URL: http://www.erz.uni-hannover.de/~feldmann/feldmann_tod_und_medien.pdf (Stand: 14.07.2007).

Feldmann, Klaus (2004): Tod und Gesellschaft – Sozialwissenschaftliche Thanatologie im Überblick. Wiesbaden (VS Verlag für Sozialwissenschaften).

Frasier, David (2002): Suicide in the entertainment industry. Jefferson (McFarland & Company, Inc.).

Freud, Sigmund (1915 [1946]): Zeitgemäßes über Krieg und Tod. In: Freud, Sigmund: GW X. Frankfurt a.M. (S. Fischer), S. 324–355.

Frey, C. & Michel, K. (1994): Medienberichterstattung über Suizid. Schweizerische Ärztezeitung 75, 1013–1015.

Gerbner, G. et al. (1980): Aging with Television: Images on TV Drama and Conceptions of Social Reality. Journal of Communication 30, 37–47.

Gould, Madelyn; Jamieson, Patrick & Romer, Daniel (2003): Media Contagion and Suicide among the Young. American Behavioral Scientist 46, 1269–1284.

Haller, Friedrich (2004): Papyrus Berlin 3024. Bonn (Friedrich Haller).

Hadinger, Boglarka (1994): Selbstmord und die Medien. Tübingen (Verlag Lebenskunst).

Jamieson, Patrick (2002): Changes in popular culture portrayal of youth suicide: 1950–2000. Dissertation submitted to University of Pennsylvania, Philadelphia.

Klosinski, Gunther (1999): Wenn Kinder Hand an sich legen. Selbstzerstörerisches Verhalten bei Kindern und Jugendlichen. Becksche Reihe. München (C.H. Beck).

Krug, E. et al. (2002): World report on violence and health. Genf (World Health Organization).

Lubiato, Filippo (1997): Suizid und der Suizid in den Medien. Bern.

Martin, Olga (1970): Hollywood's Movie Commandments. Arno Press & The New York Times, S. 216f.

Mayer, Gerhard (2005): Die Faszination Jugendlicher an Horrorfilmen. URL: www.igpp.de/german/eks/faszination.pdf (Stand: 14.07.2007).

Neuner, Tanja et al. (2009): Begleiteter Suizid zur Prime Time: Das »Recht zu Sterben«. Psychiat Prax 2009 (36), 155–156.

Piegler, Theo (2008): Mit Freud im Kino – Psychoanalytische Filminterpretationen. Gießen (Psychosozial-Verlag).

Reß, Elmar (1990): Die Faszination Jugendlicher am Grauen. Würzburg (Königshausen und Neumann).

Runco, Marc & Richards, Ruth (1996): Eminent creativity, everyday creativity, and health. London (Ablex).

Salber, Wilhelm (1990): Kultur – Film – Liebe – Alltag. Zwischenschritte 9(1), 23–35.

Schmidtke, A. & Häfner, H. (1988): The Werther effect after television films: new evidence for an old hypothesis. Psychological Medicine 18, 665–675.

Schwab, Jan (2006): Selbstmord im Film – Versuch einer dramaturgischen Typologie. In: Kallwies, N. & Schütz, M. (Hg.): Mediale Ansichten. Dokumentation des 18. Film- und Fernsehwissenschaftlichen Kolloquiums. Universität Mannheim 2005. Marburg (Schüren), S. 41–48.

WHO: Angaben zur Suizidrate in den Jahren 1950–2000. URL: www.who.int/mental_health/prevention/suicide/evolution/en/index.html (Stand: 09.07.2007).

Winkel, Sandra (2005): Suizidalität bei Jugendlichen und jungen Erwachsenen: Die Nutzung von Gesprächsforen im Internet. Dissertation. Universität Bremen.

Wohlrab, Lutz (2006): Filme auf der Couch – Psychoanalytische Interpretationen. Gießen (Psychosozial-Verlag).

Das Fenster zum Hof

(Regie: Alfred Hitchcock; USA 1954)

Susanne Kaut

1. Alfred Hitchcock – Eine kurze Biografie

Alfred Hitchcock wurde am 13. August 1899 in London als drittes Kind des Gemüsehändlers William Hitchcock und seiner Frau Emma geboren. Über seine Kindheit ist wenig bekannt. Er selbst berichtete François Truffaut eine Kindheitserinnerung, in der sein Vater ihn mit vier Jahren mit einem Brief zur Polizei geschickt habe. Der Wachtmeister las den Brief und sperrte Hitchcock für kurze Zeit in eine Zelle. Dazu sagte er: »So machen wir es mit den bösen Buben.« Hitchcock selber hatte keine Ahnung, was er angestellt haben könnte.

Truffaut hat als junger Regisseur ein 50-stündiges Interview mit Hitchcock geführt und darüber ein Buch geschrieben *(Mr. Hitchcock, wie haben Sie das gemacht?)*. Sein Eindruck: »Hitchcock zeigt nichts von sich. Wenn man Menschen in Exhibitionisten und Voyeure aufteilen würde, so wäre Hitchcock ein Voyeur: im Verborgenen beobachten und dabei nicht gesehen werden wollen.« Das ist genau das Thema des Filmes *Das Fenster zum Hof*. Weiterhin charakterisierte Truffaut Hitchcock so: »In Wahrheit erschien er mir als ein verwundbarer, sensibler und gefühlsbetonter Mensch, der die Empfindungen, die er dem Publikum mitteilen möchte, selbst tief und physisch spürt. Dieser Mann, der besser als irgendein anderer die Angst gefilmt hat, ist selber furchtsam, und ich vermute, dass sein Erfolg damit zusammenhängt.«

Hitchcock hatte ein Faible für den Typ der kühlen Blondine, der man den »Sex nicht im Gesicht ablesen sollte«: Eine Lady in der Öffentlichkeit und die Hure im Schlafzimmer. Seine Lieblingsschauspielerin war Grace Kelly, die diesen Typus für ihn perfekt verkörperte.

Obwohl Hitchcock einer der einflussreichsten Regisseure der Filmgeschichte war und auch mehrfach nominiert wurde, hat er außer dem Ehren-Oscar für sein Lebenswerk niemals einen Oscar für einen seiner Filme bekommen.

2. *Das Fenster zum Hof*

In jedem seiner Filme tritt Hitchcock kurz auf. Zuerst war es Aberglaube, später ist daraus ein Gag geworden. Er sagte Truffaut, er würde es möglichst in den ersten fünf Minuten des Filmes hinter sich bringen. In *Das Fenster zum Hof* sieht man ihn (ca. in der 25. Minute) im Studio-Apartment eines Komponisten – es ist die Wohnung oberhalb rechts, von Jeffs (James Stewart) Fenster aus gesehen – beim Aufziehen einer Uhr.

Der ganze Film wurde auf der damals größten Studiobühne gedreht, aus einer einzigen Einstellung heraus – nämlich der Perspektive von Jeff am Fenster –, damit hat der Zuschauer dieselbe Sicht auf den Hinterhof in Greenwich Village wie der Protagonist Jeff. Nur ein einziges Mal wechselt der Film die Perspektive: bei dem Tod des kleinen Hundes eines älteren Ehepaares, der mit gebrochenem Genick im Hinterhof aufgefunden wird. An dieser Stelle fährt die Kamera in den Hof und die Szene wird objektiv, da man nun den Hof aus verschiedenen Perspektiven betrachten kann.

Das Fenster zum Hof ist dennoch kein Film über New York, sondern über das Kino selber, die Schaulust und das Beobachten anderer, ohne selber wirklich involviert zu sein. Es ist also ein »vollkommen filmischer Film« (Zitat Hitchcock.) Der immobile, wegen seines Beinbruchs nach einem Autounfall an den Rollstuhl gefesselte Mann (Jeff) schaut nach draußen, wo sich das Leben abspielt – mit seiner mobilen Freundin Lisa (Grace Kelly). Sie stehen in symmetrischer Beziehung zu dem Paar, das er beobachtet: der immobilen, bettlägerigen Frau mit dem mobilen Mann (Lars Thorwald, gespielt von Raymond Burr), einem Vertreter für Modeschmuck, der gegenüber wohnt.

Jeffs Haltung ist dabei recht kindlich: Es ist die reine Neugierde. Auch in seiner Bindungsangst erscheint er wenig differenziert, eher trotzig-rechthaberisch. Er ist ein Voyeur und der Zuschauer ist es ebenfalls. Ein filmischer Film also, weil das die Haltung des Zuschauers im Kino allgemein ist. Jeff sieht einen Mikrokosmos menschlichen Verhaltens, eine Fülle kleiner Geschichten wie in einer Puppenstube. Dabei zeigt sich im Blickwinkel von Jeff seine eigene Verfassung.

Schaut er aus dem Fenster, so sieht er nichts als Geschichten, die die Liebe und die Ehe illustrieren: Es gibt die alleinstehenden Frauen ohne Ehemann oder Liebhaber, die Jungvermählten, die den ganzen Tag Sex haben, den unverheirateten Musiker, der sich betrinkt, die Tänzerin, hinter der die Männer her sind, die aber einen unscheinbaren kleinen Mann wirklich liebt, das kinderlose Ehepaar, das seine ganze Liebe dem Hund zuwendet und vor allem das sich streitende Ehepaar, dessen Auseinandersetzungen immer heftiger werden bis zum Verschwinden der Frau.

Der Film beginnt an einem heißen Sommermorgen. Die Jalousien öffnen sich, der Tag mit seinen Realitätsanforderungen beginnt. Jeff und seine Geschichte werden in der Anfangsszene bildhaft vorgestellt: ein Thermometer, die zerbrochene Kamera, der zerstörte Rennwagen und ein Foto von Lisa neben Modezeitschriften. Hier wird die Vorgeschichte durch Bilder erzählt – ein Bild sagt mehr als 1.000 Worte. Das Gehirn kann visuelle Eindrücke schneller aufnehmen als akustische, und es wird sofort die Affektivität angesprochen – all das macht Hitchcock sich an dieser Stelle zunutze: Affekte schaffen Beziehung (hier die des Zuschauers zu Jeff) und bahnen Veränderung an (in der Therapie). Trotz aller Spannung hat der Film einen heiteren Grundton: Er spielt im Sommer bei offenen Fenstern, aus denen Musik und Lebenssattheit klingen.

Bereits in der ersten Szene werden die beiden psychisch relevanten Themen eingeführt. Es geht um die Schaulust, die sich bereits in Jeffs Beruf als Fotograf zeigt. Da er zur Untätigkeit verdammt ist, stellt die Schaulust nun seine Hauptbeschäftigung dar. Und es geht um seine Bindungsangst, die ihn den ganzen Film hindurch als unreif-kindlich erscheinen lässt. Auf beide Aspekte komme ich im psychodynamischen Teil meiner Ausführungen zurück.

Dann werden die beiden weiblichen Figuren vorgestellt: Zunächst die mütterliche Krankenschwester Stella (Thelma Ritter), später dann seine »zu perfekte«, elegante Freundin Lisa, die ihn an sich binden und heiraten möchte. Dieser Wunsch macht ihm große Angst, die er aber nicht zeigen (und auch nicht fühlen?) darf. Lisa hingegen ist eine starke Frau, die weiß, was sie will. Sie setzt seine Fixierung auf den angeblichen Mordfall – Jeff hat aus seinen Beobachtungen am Fenster geschlossen, dass Thorwald seine Frau ermordet und beseitigt hat – ein, um ihn für sich zu gewinnen. In der »Eheringszene« findet sich die Verdichtung des Themas: für Lisa ein doppelter Sieg. Sie hat Erfolg bei ihren Nachforschungen und sie hat Jeff für sich erobert: Den Ring trägt sie schon am Finger. Hier findet sich auch der spannendste Moment der Suspense, für den Hitchcock so berühmt ist.

Eine kurze Erläuterung zur Suspense: Die deutsche Übersetzung gibt den Ausdruck nicht hinreichend wieder. Es handelt sich um eine anhaltende Spannung und Ungewissheit, die den Zuschauer in die Handlung einbindet, indem dieser mehr weiß als die Protagonisten.

Suspense zu schaffen ist die Kunst, das Publikum zu packen und es an der Handlung zu beteiligen. Alltägliches bekommt dann in dem Kontext eine neue spannende Bedeutung (z.B. das Hündchen, das harmlos am Blumenbeet scharrt: Was mag dort begraben liegen?). Die Suspense-Spannung findet ihren Höhepunkt in der Szene mit Lisa in der Wohnung des Mörders: Sie durchsucht die Wohnung, während man ihn bereits die Treppe hinaufsteigen sieht. So soll während der Uraufführung die Sitznachbarin von Hitchcock zu dessen großer Befriedigung zu ihrem Mann gesagt haben: »Tu doch endlich was!« – das ist Suspense.

Hitchcock spielt mit dem Publikum, auch wenn er es zum Komplizen macht. In der Identifikation mit Jeff entwickelt sich beim Zuschauer der Wunsch, Thorwald möge seine Frau wirklich umgebracht haben, damit die ganze Spannung nicht einfach so in sich zusammenfällt und sich eine harmlose Erklärung findet. Diesen Part hat der Detektiv Tom Doyle (Wendell Corey), der immer wieder solche unspektakulären Erklärungen findet. Jeff ärgert das. Er will seinen Freund dazu bringen, mit seinen Nachforschungen Unrecht zu haben. Der Nachbar soll seine Frau ermordet haben, damit Jeff recht hat und ihn weiter beobachten kann. Die Lebenden, wie bei Ms. Lonelyhearts (Judith Evelyn) Suizidversuch, werden dabei ganz nebensächlich.

Alle Wünsche, der Mann (Thorwald) möge doch der Mörder sein, haben nichts mit Moral oder Ethik zu tun. Es geht gar nicht darum, einen Mörder seiner gerechten Strafe zuzuführen. Das zeigt sich am Ende des Filmes, wenn es zur Begegnung der beiden kommt. Der Beobachtete fragt: »Was wollen Sie von mir?« Und Jeff weiß nicht, was er antworten soll, weil er für seine Handlungsweise keine Rechtfertigung hat. Er hat aus purer Neugierde gehandelt.

Am Ende des Filmes ist wieder alles in Ordnung: Thorwald ist von der Polizei überwältigt worden und hat den Mord gestanden, die Temperatur ist gesunken, das Schlafzimmer der Frau wird neu gestrichen – und Lisa hat es geschafft, Jeff dazu zu bringen, sich an sie zu binden. Die Strafe für seine Neugierde und Schaulust ist das zweite gebrochene Bein, das ihn weiter immobil und abhängig von Lisa sein lässt.

3. Psychodynamik: Über Bindungsangst und Voyeurismus

Die Dynamik handelt von der Schaulust oder dem Voyeurismus und der Bindungsangst von Jeff. Beides steht miteinander in Zusammenhang. Als Fotograf ist Jeff schon Voyeur: Durch die Kamera nimmt er andere wahr, mit der Kamera beobachtet er auch die Nachbarn im Hof. Dadurch ist er getrennt von anderen. Er beobachtet, ohne selbst gesehen zu werden, ist also unsichtbar und nimmt nur passiv am Leben der anderen teil. Das wird durch seine Hilflosigkeit unterstrichen, seine Immobilität. Er kann gar nichts anderes tun, als passiv zu beobachten. Gleichzeitig ist dieses Beobachten, seine Schaulust, auch Ausdruck seiner fast kindlich wirkenden Bemühungen, seine Unabhängigkeit zu verteidigen. Er bringt Lisa gegenüber absurde Beispiele, warum er sie nicht heiraten kann. Alle möglichen Gefahren werden heraufbeschworen, um sie von dem Vorhaben abzubringen, an seinem Leben teilzunehmen.

Hier drückt sich ein zentraler Widerspruch oder Grundkonflikt des menschlichen Lebens aus, den wir klinisch als Autonomie- vs. Abhängigkeitskonflikt beschreiben und der in seiner nicht-neurotischen Form das ganze Leben durchzieht: der Konflikt zwischen den Bedürfnissen, gleichzeitig Nähe und Unabhängigkeit zu erlangen. In diesem Sinne könnte man auch Freuds Diktum interpretieren, dass seelische Gesundheit sich in der Fähigkeit zeige, zu lieben *und* zu arbeiten.

Mit anderen Worten: Freuds Konzept von seelischer Reife impliziert die Fähigkeit, zwei ganz verschiedene Arten von Lust oder narzisstischer Zufuhr zu erlangen: die Lust aus der wechselseitigen Nähe oder Abhängigkeit, die ihren Ausdruck in der Liebe und Bindungsfähigkeit findet, und jene, die mit Befriedigung des Bedürfnisses nach Autonomie und tätigem Handeln einhergeht und sich in der Arbeit verkörpert. Beide Bedürfnisse geraten immer wieder in Konflikt miteinander. Jeff findet Befriedigung im Schauen, in der Schaulust und damit in seiner Arbeit. In seiner Immobilität zeigt sich dieser Konflikt verdichtet. Während er einerseits vollkommen abhängig von zwei Frauen (Thelma und Lisa) ist, versucht er andererseits seine Unabhängigkeit aufrechtzuerhalten durch das Beobachten und den zunächst fantasierten Mord an der Nachbarin. Nähewünsche wehrt er ab (»Wie könnte ich ein Studio von Pakistan aus leiten?« etc.). Seine Darstellungen der möglichen Gefahren werden immer großartiger und unwahrscheinlicher. Die Frauen repräsentieren die Nähewünsche und seine Abhängigkeit. Diese muss er immer wieder verleugnen.

Lisa nutzt seine Fixierung auf die Schaulust, um ihm zu beweisen, dass sie doch die richtige Frau für Abenteuer ist und dass sie auf seiner Seite kämpft. Durch ihren Wagemut, der so gar nicht zu ihrer eleganten Kleidung passen will, als sie in die Wohnung des vermeintlichen Mörders einsteigt, überzeugt sie ihn und kann ihn binden. So handelt es sich bei ihrer vermeintlichen Ansteckung durch seine Schaulust wohl in Wahrheit um einen Weg, ihn von sich zu überzeugen. Deutlich wird das in der letzten Szene: Zunächst liest sie ein Buch über den Himalaya, doch kaum ist Jeff eingeschlafen, greift sie zur Modezeitschrift.

Den Aspekt des Liebens im Sinne von Freud muss Jeff also beständig abwehren. Aber Selbstwertgefühl ist auch gebunden an die Fähigkeit, Nähe zuzulassen, zu lieben und sich lieben zu lassen.

Unser innerstes Selbstwertgefühl ist abhängig von der Interaktion mit anderen Menschen, die für uns wichtig sind und die uns wertschätzen. Marilyn French schreibt dazu: »Wechselseitige und geteilte Liebe ist das heilige Herzstück des Lebens: Essen, Wärme, Liebe und Sexualität.« Diese elementaren Dinge sind heilig, weil sie lebensnotwendig sind. Sie befriedigen tiefste Bedürfnisse bei zwei Menschen zugleich und sind damit gleichzeitig ein Abbild unserer frühesten Kindheitsbedürfnisse.

Wenn Jeff seine Nähewünsche abwehrt, fällt sein Blick immer wieder in die Nachbarwohnungen mit ihren zahlreichen Facetten menschlicher Beziehungen. Er beginnt mit dem lüstern-voyeuristischen Blick auf die junge Tänzerin Miss Torso, dann beim Gespräch mit Thelma über die Ehe auf das sich streitende unglückliche Ehepaar gegenüber. Seine Wünsche nach Nähe und Sexualität finden sich in der Darstellung des jungvermählten Paars, das meist die Jalousien heruntergelassen hat. Und wenn es um die Konsequenzen seiner Bindungsunfähigkeit geht, dann schweift sein Blick zu Ms. Lonelyhearts, die so verzweifelt Nähe und Beziehung wünscht und dies nicht für sich realisieren kann.

Lisa hingegen weiß, was sie will. Mutig und taktisch klug erobert sie Jeff. Sie zeigt den Ehering an ihrer Hand. In dieser Szene hat Jeff große Angst um sie. Er erkennt, wie wichtig sie ihm ist und dass er sie nicht verlieren möchte. Alle seine bislang rationalisierten Gründe gegen eine tiefe Bindung muss er an dieser Stelle aufgeben.

Am Ende wird Jeff für seine Schaulust und Neugierde bestraft. Er bricht sich das zweite Bein und ist damit wieder abhängig.

In der letzten Einstellung wird deutlich, dass er seinen Widerstand aufgegeben und sich für die Bindung mit Lisa entschieden hat: Er schläft vertrauensvoll und gibt sich nicht mehr der Schaulust hin. Die Jalousien sind wieder geschlossen. Die Frau hat ihn erobert, er ist – zumindest vorerst – von seinem Konflikt befreit und kann sich ausruhen.

4. Fazit

Das Fenster zum Hof ist ein Film, der sowohl mit der Spannung eines Mordfalls als auch mit den zahlreichen Facetten menschlicher Beziehungen spielt. Truffaut meinte, es sei einer der besten Filme überhaupt, Drehbuch, Konstruktion, Geschlossenheit der Geschichte und Detailreichtum würden ihn dazu machen.

Daher möchte ich mit einem Zitat von Truffaut enden: »Kein Film hat die Ohnmacht des Voyeurs, die zugleich die des Kinozuschauers vor der Leinwand ist, derart in den Mittelpunkt gestellt wie dieser Film.«

Literatur

Person, Ethel (1990): Lust auf Liebe. Reinbek bei Hamburg (Rowohlt).

Das verflixte 7. Jahr (The Seven Year Itch)

(Regie: Billy Wilder; USA 1955)

Susanne Kaut

> »Ihr habt gehört, dass gesagt ist: ›Du sollst nicht ehebrechen.‹ Ich aber sage euch: Wer eine Frau ansieht, ihrer zu begehren, der hat schon mit ihr die Ehe gebrochen in seinem Herzen.«
> *(Neues Testament Matthäus 5.6, Vers 27 und 28)*

1. Über Billy Wilder

Billy Wilder wurde 1906 in eine jüdische Familie geboren und wuchs in Wien auf. Seine Mutter war als junges Mädchen in New York gewesen und hatte sich in diese Stadt verliebt. Auch später idealisierte sie alles Amerikanische und nannte ihre beiden Söhne Willy und Billy. Sie habe immer vom Auswandern geträumt, erzählte Billy Wilder. Er selbst hat diesen Traum für sich wahr gemacht: Im Januar 1934 konnte er aufgrund eines Vertrages mit der Columbia in die USA einreisen. In der Runde der vielen Exilanten im Hollywood der 30er und 40er Jahre fühlte er sich daher niemals als Vertriebener, sondern – im Gegenteil – als am Ziel seiner Wünsche angekommen. Er wollte in den USA leben und arbeiten. In seinen Filmen versuchte Billy Wilder europäische und amerikanische Einflüsse zusammenzubringen. Durch seine Kenntnis Europas und Amerikas konnte er einen scharfen und distanzierten Blick auf beide Kulturen entwickeln. Dieser Blickwinkel kennzeichnet auch andere Filme von ihm wie z.B. *Eins, Zwei, Drei*, *Avanti-Avanti* oder auch *Das Mädchen Irma La Douce*.

Billy Wilder war bekannt für seinen Humor, ein geborener Satiriker, für den der Witz auch Schutz ist vor Ergriffenheit und Rührung – eine Grundhaltung des jüdischen Witzes. Dieser Wortwitz, durch den die Tragik hindurchschimmert, findet sich auch in *Das verflixte 7. Jahr*, dem Film über das Verhältnis der Geschlechter und die Schwierigkeit der Männer, treu zu sein. Mit seiner Frau Audrey war Billy Wilder über 40 Jahre verheiratet und erzählte gerne, er sei oft nachts aufgewacht, wenn er in Dreharbeiten steckte und habe gesagt: »Liebling, es ist spät, und ich habe morgen einen schweren Tag im Studio. Kannst du so lieb sein und ein Taxi nach Hause nehmen?« Daraufhin Audrey: »Du Idiot, wir sind doch verheiratet!«

Zu Marilyn Monroe hatte er ein zwiespältiges Verhältnis: »Ich glaube, ihr großes Geheimnis beruhte darauf, dass sie einfach dastehen konnte und sich wundern: Warum schauen mich die Leute so an? Sie war in dieser Hinsicht völlig naiv [...]. Die Monroe war immer erstaunt darüber, was an ihr so ungewöhnlich sein sollte. Die Schwierigkeit war nur, sie auf den Set zu bekommen. Und dann zu beten, dass sie den Text konnte. Aber sie hatte einen Zauber, den keine andere Schauspielerin hatte: Den Schimmer um die Stirn, [...] sie war ein absolutes Genie als komische Schauspielerin, mit einem außergewöhnlichen Sinn für komische Dialoge. Niemals danach habe ich wieder eine solche Schauspielerin erlebt.« Billy Wilder drehte zwei Filme mit ihr: *Das verflixte 7. Jahr* und *Manche mögen's heiß* (*Some Like It Hot*, 1959). Danach antwortete er auf die Frage eines Reporters, ob er noch einen Film mit ihr drehen wolle: »Ich habe das mit meinem Hausarzt, meinem Psychiater und meinem Buchhalter diskutiert, und sie haben mir gesagt, ich sei zu reich und zu alt, um das noch einmal durchzumachen« (Karasek 2002, S. 398).

2. Der Filminhalt

Der 1955 nach einem sehr erfolgreichen Broadwaystück entstandene Film befasst sich mit der Prüderie der amerikanischen Gesellschaft, die ihre Wurzeln in der puritanischen Vergangenheit der USA hat. Es ist ein Ehebruchsfilm ohne Ehebruch, nicht einmal eine Haarnadel im Bett des Protagonisten wurde Wilder von der Zensur erlaubt. In den 1950er Jahren war es undenkbar, öffentlich zu thematisieren, dass Ehepartner eine Affäre haben könnten. Vieles im Film musste daher mit Andeutungen und Symbolen ausgedrückt werden, was diesem Film seine besondere Atmosphäre gibt.

Er spielt in New York während der schwül-heißen Hundstage im August. Die Männer schicken ihre Familien in die Sommerfrische und bleiben in der Stadt, vorgeblich um zu arbeiten. Aber schon in der Grand Central Station folgen sie einer schönen Frau mit lüsternleerem Gesichtsausdruck, kaum sind Frau und Kinder im Zug verschwunden. Die männliche Hauptrolle des Richard Sherman (übrigens gibt es eine Namensgleichheit zu einem berühmten amerikanischen Panzer, dem Sherman Tank, Zufall?) ist mit Tom Ewell besetzt, eine Vorgabe des Produzenten. Ewell hatte die Rolle am Broadway gespielt und war damit sehr erfolgreich gewesen. Wilder hätte die Rolle gerne mit Walter Matthau besetzt, was dieser eine stärkere sexuelle Tönung gegeben hätte als mit dem recht farblosen und bieder agierenden Tom Ewell, der mehr wie ein braver und unbeholfener Junge daherkommt.

Dieser brave Ehemann bleibt also alleine im heißen New York zurück und bemüht sich zunächst redlich, den Versuchungen zu widerstehen. Aber schwüle Andeutungen gibt es überall: Sein Chef (Donald MacBride), der Hausmeister (Robert Strauss), alle Männer scheinen die Chance zum Ehebruch zu nutzen, kaum sind die Frauen davon. Allerdings wirken sie auch fast erleichtert, als diese wieder da sind und der Alltag Einzug hält. Sherman versucht also brav zu sein, keinen Alkohol zu trinken und früh zu Bett zu gehen, da bricht die attraktive Nachbarin (Marilyn Monroe) in sein Leben ein. In einer der berühmtesten Szenen der Filmgeschichte kühlt sie sich über einem U-Bahn-Schacht, ansonsten steckt sie ihre Höschen ins Tiefkühlfach. Aber Shermans Wohnung hat eine Klimaanlage und so beschließt sie bei ihm zu schlafen. Bis es soweit kommt, wird Sherman von seinen lüsternen und schwülen Fantasien geplagt, bei denen ihm oft verloren geht, dass es sich um Irreales handelt.

Durch die ins grotesk-satirische übertriebenen Traumszenen, die Schuld- und Eifersuchtsfantasien des Richard Sherman konnte Wilder die Verklemmtheit und Verlogenheit der Gesellschaft zur Schau stellen und sich gleichzeitig darauf zurückziehen, dass es sich lediglich um Satire, nicht aber etwa um die Wahrheit handele. Der Film wird ausschließlich aus der männlichen Perspektive erzählt, etwaige Unerfülltheit oder Wünsche der weiblichen Protagonisten werden nicht in Betracht gezogen.

In der Mitte des Filmes gibt es eine kurze psychoanalytische Szene: Der (natürlich deutsche oder österreichische) Psychiater (Oskar Homolka), der im Original mit schwerem deutschen Akzent spricht, betritt die Szene: »Ich bin 15 Minuten zu früh, da mein letzter Patient aus dem Fenster gesprungen ist.« Eigentlich soll das Buch des Psychiaters besprochen werden – Sherman arbeitet in einem Verlag für Groschenhefte. Aber völlig verwirrt und hilflos öffnet er sich dem Arzt, wirft sich dabei sogar auf seine im Büro stehende Couch: Er wisse nicht, was mit ihm los sei, er habe versucht, seine junge Nachbarin zu vergewaltigen. Jetzt würde er sich schämen und sei so schuldig geworden, dass er sie umbringen müsse. Er weiß sein Scham- und Schuldgefühl nicht anders zu benennen. Dabei macht er sich selber zum Täter und auch größer als er ist, denn eigentlich hat er nur vergeblich versucht, die Nachbarin zu küssen, woraufhin beide von einem Klavierschemel fallen. Der Psychiater deutet die Szene nach einer kleinen Exploration als unbewussten sexuellen Wunsch und rät ihm, von einem Mord abzusehen, wenn ihm schon keine einfache Vergewaltigung gelingen würde.

Die Art der Darstellung des Psychoanalytikers mag ihre Wurzeln in einer narzisstischen Kränkung haben: Billy Wilder hat als junger Reporter in Wien einmal Freud persönlich getroffen, da er ein Interview mit ihm machen sollte. Dabei war die Begegnung nur sehr kurz, denn Freud war gerade beim Abendessen und warf Billy Wilder sofort wieder hinaus. Davon erzählte Wilder zwar mit einem gewissen Stolz, eine narzisstische Kränkung könnte man ihm aber dennoch unterstellen.

Trotz der von mir unterstellten narzisstischen Kränkung folgt der gesamte Film Freuds Triebtheorie und wie bei Freud ist auch hier der Mann das wirklich interessante Thema.

Zu Marilyn Monroe: Im Film hat sie keinen Namen, sie ist nur »das Mädchen«, aber ihr (Künstler-)Name wird im Film genannt als das Sinnbild für verführerische Erotik. Marilyn Monroe war Mitte der 1950er Jahre mit ihrem lasziven Sexappeal und der gleichzeitig unschuldignaiven Mädchenfrau-Haltung *die* sexuelle Projektionsfläche und galt als die »begehrteste Frau der Welt«. In Wilders Worten besaß sie eine »elegante Vulgarität«. Die Szene mit dem Luftschacht gibt die Essenz damaliger (und vielleicht auch heutiger?) Männerträume wieder: Marilyn im unschuldig weißen Kleid (fast wie ein Hochzeitskleid) über dem U-Bahn-Schacht in New York, wie der Zugwind ihr den Rock hoch weht, eine Mischung aus Ver- und Enthüllung, laut Cameron Crowe (der selbst Regisseur ist und Biograf von Billy Wilder) wie die »Geburt einer neuen Venus mit gelöst-lüsternem Gesichtsausdruck über dem Luftschacht aus einem Meer von Kinoträumen« (oder besser Männerträumen?!). Bei den Dreharbeiten zu dieser Szene sahen übrigens 20.000 Menschen zu und Marilyn hatte anschließend einen heftigen Streit mit ihrem damaligen Ehemann Joe DiMaggio. Und die ganze Szene ist laut Wilder »total getürkt«, denn aus U-Bahn-Schächten kommt heiße und keine kalte Luft!

Über Marilyn Monroe selber ist viel geschrieben worden: Über ihre Kindheit als abgelehntes und sexuell missbrauchtes Mädchen, ihre daraus resultierende schwere Persönlichkeitsstörung, die Billy Wilder das Drehen mit ihr so schwer machte, dass er es nie wieder tun wollte und die sie schließlich mit 36 Jahren das Leben kostete. Ihr Markenzeichen, die naive unschuldige Kindfrau, die Kontakte sexualisiert, scheinbar ohne dies zu bemerken und diese dann nicht mehr kontrollieren kann, all das findet man auch in ihrer Darstellung des »Mädchens« in diesem Film sowie in anderen Filmen mit ihr.

Im Film kommt es schließlich zur finalen Szene: »Das Mädchen« kommt im Nachthemd in die Wohnung, um dort zu schlafen. Aber zum Ehebruch durfte es nicht kommen, die Moralvorstellungen der fünfziger Jahre ließen es nicht zu. Daher ist *Das verflixte 7. Jahr* ein Ehebruchsfilm, der sich nur in feuchten Träumen vollziehen durfte. Sherman schläft brav auf dem Sofa. Am nächsten Morgen weiß er, wo er hingehört, gut versorgt mit klugen Ratschlägen der Nachbarin an die ahnungslose Gattin: Sie solle Lippenstiftspuren am Hemdkragen nicht mit Preiselbeersauce verwechseln … Sherman reicht Urlaub ein und reist seiner Frau nach. Dabei hat er es so eilig, dass er ohne Schuhe losläuft – diese wirft eine nachsichtig lächelnde und dabei im Bademantel sehr sexy aussehende Marilyn ihm aus dem Fenster hinterher.

3. Psychodynamische Aspekte

3.1. Darstellung der Charaktere, der Konflikte und ihrer Abwehr anhand der Symbole des Films

Der Film beginnt mit einer Rückblende, in der die Indianer als die ersten New Yorker gezeigt werden. Hier werden die Themen eingeführt, deren Spiel sich durch den ganzen Film hindurch ziehen wie ein roter Faden: die Triebhaftigkeit der Männer, die dadurch wie Kinder agieren, also regredieren (Motto: Es hat sich in 500 Jahren nichts verändert) sowie die ödipale Thematik mit der archaischen Angst der Männer vor den mächtigen Müttern: Die Frauen, die Mütter sind, müssen mit den Kindern weit weggeschickt werden, damit die Männer ihre sexuellen Wünsche leben können (Fischen und Jagen sozusagen).

Als Nächstes, in direkter Anknüpfung, sehen wir die Abschiedsszene des Ehepaares mit Kind und damit die Vorstellung des Protagonisten und seiner ehelichen Beziehung. Richard Sherman wirkt eher wie ein Schuljunge, seine Gattin dagegen wie die Mutter, der Abschied der beiden ist recht kühl und sachlich, angereichert durch mütterliche Verbote seitens der Frau.

Kaum sind Frauen und Kinder davon, laufen die Männer wie hypnotisiert einer attraktiven Frau hinterher, auch Sherman ertappt sich dabei, wird aber durch seine Schuldgefühle zurückgehalten. Er behält das Paddel seines Sohnes, das im Film immer wieder auftaucht und zweierlei symbolisiert: seine Rolle als fürsorglicher Vater, der er in seinen immer wieder auftauchenden Triebwünschen nicht nachkommen kann, sowie ein Phallussymbol, das er vor sich herträgt.

Nun dominiert das ödipale Thema den Film, denn die Mutter (Ehefrau) ist fort und steht damit zur Triebregulation und Kontrolle nicht mehr zur Verfügung. Zunächst versucht Sherman brav zu sein und geht in ein vegetarisches Restaurant, wo ihm in einer Atmosphäre lustfeindlicher moralischer Überlegenheit die Frustration des Triebverzichtes aufdringlich entgegenkommt. Dort trifft er auf eine weitere reglementierende Mutter in Gestalt einer altjüngferlichen Kellnerin, die aber andererseits das verleugnete sexuelle Thema in Form der Nacktkultur asexuell und dennoch aufdringlich anbringt. Mit dem Auftauchen der attraktiven Nachbarin ist dann das ödipale Dreieck etabliert, da er sich jetzt als überlegene Vaterfigur angesichts der naiven Mädchenfrau fühlen kann. Wir erleben ihn nun in einem Trieb-Über-Ich-Konflikt, eingebettet in einen depressiv-oralen Modus der Konfliktverarbeitung mit dem zentralen Thema der Angst vor dem Verlust der Liebe des wichtigsten kindlichen Objektes – der Mutter bzw. Ehefrau. Durch die Begegnung mit der Nachbarin tauchen sexuelle Wünsche auf, die er zunächst durch Anpassung (nicht rauchen und trinken in Gehorsam gegenüber den Autoritäten oder Elternfiguren: seinen Ärzten und seiner Ehefrau) zu unterdrücken versucht. In seiner Fantasie kommt es dann zu drei Sequenzen, in denen er sich als Opfer der gierigen sexuellen Wünsche der Frauen sieht, denen er mannhaft widersteht. Seine Frau hingegen weist ihn in seiner Fantasie zurück, lacht ihn aus wie einen kleinen Jungen. Die Frauen sind in diesen Fantasien die Verführerinnen und damit schlecht und böse, er hingegen das Opfer und damit ohne Verantwortung für die Situation. Hier findet sich die Spaltung in das bekannte Muster der Hure und der Mutter. Dabei ist die Mutter rein, d.h. asexuell und so wirkt seine Ehefrau auch unattraktiv: eher alt mit grauen Haaren und Knoten. Selbst in einer Verführungsszene auf dem Heuwagen wirkt sie seltsam unerotisch trotz der romantischen Situation und ihrer geknoteten Bluse. Hier geht es um Verlustängste von Sherman, die er projektiv auf die Ehefrau richtet: Diese geht nun in seiner Fantasie mit einem gemeinsamen Freund fremd. Wieder steigert er sich so sehr in seine Fantasie, dass er seine Frau sofort anrufen möchte und den Rivalen auch körperlich angreift, als dieser später unverhofft zu Besuch kommt. Dies erinnert sehr an Geschichten von Paul Watzlawick *(Anleitung zum Unglücklichsein)*, wo aus der Verwechslung der Fantasie mit der Realität impulsiv gehandelt wird – sehr zum Unverständnis der anderen.

Die Nachbarin wirkt dagegen die ganze Zeit verführerisch-erotisch, anscheinend jedoch ohne sich über ihre Wirkung im Klaren zu sein. Durch ihre auf Sherman verlockende Wirkung erscheint sie ihm als bedrohlich und muss immer wieder weggeschickt werden, damit eigene Wünsche nicht durchbrechen können. Zur Affektmodulation und Selbstberuhigung muss Sherman rauchen und trinken, er kann sich dabei in seinem Versuch autonom zu sein auch über die introjizierten väterlichen (= Ärzte) und mütterlichen (= Ehefrau) Ermahnungen hinwegsetzen.

Wann immer die Schuldgefühle für Autonomiebestrebungen und sexuelle Wünsche zu groß werden, entsteht Verlustangst. Aus dieser Angst heraus kommt es auch zur Trieb- und Affektverdrängung durch verschiedene Abwehrmechanismen wie der Reaktionsbildung (will der schönen Nachbarin ja nur helfen) und der Projektion seiner eigenen Autonomiewünsche auf die Ehefrau (in der Heuwagenszene) oder die seiner sexuellen Wünsche auf die Nachbarin.

Bei alldem kann er Realität und Fantasie nicht auseinanderhalten, der Triebdruck und die Schuldgefühle und Verlustangst wiegen so stark, dass er jede Fantasie sofort in Handlung ausagieren muss – sofort anrufen, sofort losfahren, sich sofort auf die Couch werfen.

Es finden sich hier zwei Grundbilder der Frau, die sein Fantasieleben durchziehen: Zum einen die Versucherin, die Verführerin oder der Vamp: Das sind Frauen wie die Sirenen, Carmen, Kleopatra – die »Femme fatale«: sexuell gefährliche, verlockende, aufregende Frauen, die aber auch das Böse und die Vernichtung bringen können. Dies ist natürlich auch Marilyn Monroe. Zum anderen die Nährerin, die Trösterin, Erdmutter und ewige Mutter, Madonna (reine Mutter, also die asexuelle), denn die Mutter darf sexuell nicht begehrt werden aufgrund der Angst vor der Wut und den Aggressionen des Vaters und dem laut Freud daraus folgendem Inzesttabu: Sie muss entsexualisiert werden. Hier herrscht der Ödipuskomplex. Eine solche *entsexualisierte Ehefrau/Mutterfigur* finden wir in der Rolle der Helen im Film.

Richard Sherman braucht seine Frau als Objekt für seine innere Stabilität, sie ist seine haltgebende Mutter, dadurch aber auch alt. Filmzitat: »Bald wird sie alt sein und ich noch immer wie 28 aussehen« – also bleibt er in seiner Eigenwahrnehmung immer jung, obwohl er im Film sich zwar jungenhaft und unreif verhält, aber durchaus nicht so jugendlich dabei aussieht. In dieser Funktion ist die Ehefrau die präödipale Mutter. Sie kann aber auch gefährlich und besitzergreifend werden und damit ödipal: Wieder in seiner Fantasie wird sie zur Rächerin seiner Triebwünsche, kommt eifersüchtig mit dem ersten Zug angereist und erschießt ihn.

Das Mädchen hat den Part der *Verführerin*, ist die *Verkörperung der Versuchung*. Die Angst vor der Zurückweisung durch eine solche Verführerin, das Gefühl, sexuell nicht attraktiv genug zu sein, verkehrt sich dann immer wieder in die Entwertung der Frau (»Was bildet sie sich eigentlich ein, nur einen Drink, dann schmeiße ich sie raus!«). Unbewusst könnte Sherman Angst vor Frauen haben, sowohl vor der Kontrolle der Ehefrau als auch vor der Sexualität des Mädchens. Diese Angst ist ein Konglomerat aus der Angst vor der präödipalen Mutter, also vor der überwältigenden Angst, verschlungen oder verlassen zu werden, und der Angst vor der ödipalen Mutter der phallisch-narzisstischen Phase, also die Angst davor, zurückgewiesen und ausgelacht zu werden, noch zu klein zu sein, beschämt zu werden. Diese Mutter sehen wir in der Terrassenszene, als Sherman wie ein kleiner Junge mit immer wilderen Fantasiegeschichten über seine Standhaftigkeit aufzutrumpfen versucht, während sie ihn nicht ernst nimmt und auslacht. In diesen drei Sequenzen sind die Frauen triebhaft und fordernd und er ist das Opfer; es handelt sich also um eine klassische Projektion. Sherman schildert sich selbst als animalisch, wirkt dabei aber so animalisch wie ein Stockfisch. Die Frau/Mutter kann er nicht beeindrucken. Sie sieht keinen erwachsenen, sexuell attraktiven Mann in ihm und lacht ihn einfach aus. Entsprechend halb beschämt, halb wütend meldet er sich am dann klingelnden Telefon mit »Hallo Mutter«. Am anderen Ende ist natürlich die Ehefrau.

Aus diesen beiden Aspekten der präödipalen und ödipalen Mutter heraus könnte man sich die Tendenz zur Spaltung in mütterliche Liebe und sexuelle Begierde erklären, die durch das reale Mutterwerden der Ehefrau noch begünstigt werden kann. Auch das zeigt sich vielleicht im *Verflixten 7. Jahr*: Das Kind ist im ödipalen Alter und konkurriert mit dem Vater um die Mutter. In diesem Film wird aber die Beziehung zwischen Vater und Sohn fast nicht thematisiert. Eher ist Sherman ja selber wie ein Kind, fällt über einen Rollschuh, gibt an, selber damit zu fahren und verleugnet seinen Sohn (»Ist nur ein ganz Kleiner.«). Das Kinderzimmer ist nie zu sehen. Das Kind scheint keine Rolle auf der inneren Bühne von Sherman zu spielen.

Zur Rolle des Mädchens: Zunächst fällt auf, dass sie eben keinen eigenen Namen hat im Gegensatz zu den anderen Charakteren. Man könnte dies dahingehend interpretieren, dass sie austauschbar ist, es gar nicht um sie geht und sie keine eigene Identität hat. Außerdem wird sie »Mädchen« und nicht »Frau« genannt – womit zum Ausdruck kommt das sie eben nur ein kleines unschuldiges und damit ungefährliches

Mädchen ist, das zwar verführerisch wirkt, aber nicht sexuell-fordernd und damit bedrohlich ist.

Sie ist eine Kindfrau; naiv, sich ihrer sexuellen Ausstrahlung überhaupt nicht bewusst und doch unbewusst die ganze Zeit damit spielend, was laut Billy Wilder der realen Marilyn entsprochen haben soll. Dadurch kann Sherman sich überlegen fühlen wie ein Vater (er nennt sie ja auch oft Kind oder Kindchen), wodurch hier sich wieder das ödipale Dreieck zeigt: Sherman als Vater, die Ehefrau als Mutter (»Hallo Mutter«) und die Nachbarin als »Kindchen«.

In einer eher väterlich-überlegenen Position muss er sich nicht sexuell-aggressiv bedroht fühlen wie in seinen Fantasien von den Frauen, auf die er seine triebhaften sexuellen Begierden projiziert. Dadurch kann er eigene Wünsche vermehrt zulassen. Das Mädchen selber spaltet ihren eigenen sexuellen Anteil völlig ab. Es scheint ihr überhaupt nicht klar zu sein, wie verführerisch und verlockend sie auf Männer wirkt und wie sie selber Situationen sexualisiert: Man sieht sie – nur schaumbedeckt – in der Badewanne mit dem Klempner. Sie erzählt freimütig, ihre Dessous in den Kühlschrank zu legen. Und: »Alle Männer wollen mich immerzu heiraten. Darum ist es so schön, einen verheirateten Mann zu treffen, denn der will mich nicht heiraten.« Dabei realisiert sie nicht, in welche Gefahr sie sich damit bringen könnte. Über sexualisiertes Verhalten wird Nähe hergestellt. Auch das Mädchen hat ihren ödipalen Konflikt also nicht gelöst. Sie versucht, durch verführerisches Verhalten den Vater zu finden. Ein verheirateter Mann erscheint ihr ungefährlich, muss es aber real nicht sein. Sherman entgeht der Versuchung entweder durch Rückzug auf die Vaterrolle (»Kindchen«) oder durch Entwertung (»Mädchen können auf viele Arten zu Geld kommen«). Im Film präsentiert sich das Mädchen wie eine verführerische Tochter, die ihre Weiblichkeit beim Vater unbewusst ausprobiert, aber kein sexuelles erwachsenes Interesse an ihm hat. Entsprechend kann sie ihn zur Ehefrau gehen lassen, dies sogar aktiv unterstützen und ihm noch einen Rat an die Ehefrau mit auf den Weg geben.

Wo sind denn bei den vielen Töchtern und Müttern eigentlich die Väter? Es gibt zwei Vaterfiguren, bei denen Sherman in seiner Verzweiflung Schutz und Rat sucht. Der erste ist sein Chef, Mr. Brady, bei dem er um Urlaub und damit Entlastung von seinem Triebdruck fleht: »Sonst werde ich sterben, bevor der Sommer vorbei ist.« Dieser jedoch erkennt seine Not nicht, sondern möchte sich mit ihm auf kumpelhafte Art verbrüdern – also Bruder statt Vater sein. Er ist ebenso triebhaft wie alle anderen Männer in der Stadt, dies scheint sich durch alle sozialen Schichten zu ziehen, vom Chef bis zum Hausmeister Mr. Kruhulik. Sherman wird wieder auf sich selbst zurückgeworfen und seine Not steigt an. Er raucht und kratzt sich die ganze Zeit. Nun tritt die zweite Vaterfigur in Gestalt des Analytiker Dr. Brubaker auf, dem er sich dankbar anvertraut und bei dem er sich sofort auf die bereitstehende Couch wirft. Dieser Vater ist nun nicht so triebhaft, gibt ihm gewährende Ratschläge und scheint zu wissen, was mit ihm los ist.

Allerdings ist er nicht wirklich fürsorglich, scheint mehr am Geld interessiert als an der Person (»Für 50 Dollar interessiert mich jeder Fall«), gibt aber jedenfalls etwas an Orientierung, wenn es auch nicht wirklich geholfen zu haben scheint. Rechten Schutz und Entlastung kann Sherman auch hier nicht finden.

Die Rivalitätsfigur ist der deutlich attraktivere Tom McKenzie, mit dem er später um die Ehefrau meint rivalisieren zu müssen und den er ohnmächtig schlägt (ihm also die Macht nimmt), um selber das Paddel (Phallus) zur Frau in die Sommerfrische zu bringen.

3.2. Dreiecksbeziehungen

Solche Beziehungen rühren am Erleben der frühen Kindheit und unserer tiefsten Wünsche und Ängste: »Das ödipale Dreieck markiert die Lösung aus der Abhängigkeit der frühen Entwicklungsphase in die Welt der beginnenden Autonomie mit der Fähigkeit zur Triangulierung« (Person 1990, S. 284 ff.). Der Wechsel aus der frühen engen Dyade mit der Mutter in das ödipale Dreieck mit dem Vater und dem späteren Wunsch, wieder in eine Dyade als Liebesbeziehung zurückzukehren, zeigt das Wechselspiel Dyade-Dreieck-Dyade. Dabei ist diese Dyade stets bedroht vom realen oder fantasierten Eindringen Dritter (so auch durch die Geburt des ersten Kindes); Neid und Eifersucht begleiten sie. Dabei kann der Zweifel an der Verlässlichkeit des anderen die eigenen Ausbruchs- und Autonomietendenzen verbergen.

Auch in einer stabilen Dyade muss die Balance zwischen Abhängigkeit (präödipalen Themen) und Autonomiebestrebungen (ödipalen Themen) immer neu gefunden werden. Im Film ist dies dem Protagonisten nicht gelungen, weshalb er sich beim Auftauchen einer realen dritten Person mit der realen Möglichkeit zum Ehebruch (Mutter ist weg) von seinen eigenen Triebwünschen überwältigt fühlt. Es sind seine eigenen Impulse und Fantasien, die die Eifersucht als Umkehrung eigener Autonomie- und Ausbruchswünsche aufkommen lassen. Nach Freud kann die eheliche Treue nur gegen beständige Versuchungen aufrechterhalten werden. Antriebe zur Untreue werden hierzu verdrängt oder verleugnet. Das Andrängen dieser verbotenen Wünsche wird aber dennoch so stark verspürt, dass ein unbewusster Mechanismus zu seiner Erleichterung in Anspruch genommen wird: nämlich die Projektion eigener Antriebe zur Untreue auf das Objekt. Freud sagte dazu: »Einen Freispruch vor seinem Gewissen erreicht er [der Mann, S.K.], wenn er die eigenen Antriebe zur Untreue auf die andere Partei, welcher er die Treue schuldig ist, projiziert« (Freud 1920, S. 196). Dies zeigt der Film in doppelter Weise: Sherman projiziert seine sexuellen Wünsche auf die verführerische Nachbarin und seine Autonomiewünsche auf seine Ehefrau, der er eine Affäre mit dem attraktiven Schriftsteller unterstellt, was ihm sofort die innere Erlaubnis gibt, die Nachbarin, noch tropfend aus der Dusche heraus, anzurufen um sie auszuführen (und zu verführen; natürlich alles unbewusst!). Es gelingt ihm, durch diese Fantasie zu der rechtfertigenden Überlegung zu kommen, dass die Partnerin auch nicht besser sei als er selbst und er daher seinen Wünschen nun ungehemmt nachkommen dürfe. Bei fantasierter Untreue tauchen sofort unbewusste Schuldgefühle auf, die starke Trennungsängste aktivieren: Wie ein verlassenes Kind muss er sich vergewissern, ob die Mutter noch da ist, und ruft seine Ehefrau an. Durch den vermeintlichen Nebenbuhler und Rivalen werden Trennungsängste weiter aktiviert, er ist davon überzeugt, dass die Gattin sich von ihm scheiden lassen will – jetzt kann er den Druck nicht länger aushalten und muss sofort zu ihr fahren. Andere Aussagen dringen nicht mehr zu ihm durch – er muss interpersonal ausagieren, Fantasien allein reichen nicht aus.

3.3. Verschiedene Arten von Dreiecksbeziehungen

3.3.1. Das Rivalitätsdreieck

Das Rivalitätsdreieck ist das klassische ödipale Dreieck im freudschen Sinne, bei dem der Sohn mit dem Vater um die Mutter rivalisieren möchte oder umgekehrt die Tochter mit der Mutter um den Vater. Ziel ist die Überwindung des Ödipuskomplexes, um Autonomie und eine eigene Identität zu entwickeln und einen Partner finden zu können. Findet sich dieses Dreieck später wieder, so wird die alte Dynamik reinszeniert: Ehefrau und Geliebte rivalisieren um den Mann oder zwei Männer rivalisieren um eine Frau. Im Film wird ein solches Rivalitätsdreieck hergestellt, wenn Sherman die Untreue seiner Frau fantasiert (Dreieck mit Tom McKenzie) oder seine Frau mit der Pistole auftaucht, um ihn zu bestrafen (vermeintliches Dreieck mit der Nachbarin).

3.3.2. Das Objektaufspaltungsdreieck

Dies ist keine Reinszenierung des ödipalen Dreiecks, sondern resultiert aus der Spaltung, also einem Abwehrmechanismus. Es kennzeichnet den oben schon beschriebenen Mechanismus der Spaltung in eine abgewertete oder entsexualisierte Mutterfigur und eine begehrte, sexuell attraktive Geliebte, die im Begriff der Hure aber auch wieder entwertet wird. Im Film ist dieses Dreieck wohl auch ein Ergebnis der Unzufriedenheit mit der Beziehungsrealität, das verflixte siebte Jahr ist ein langweiliges (weil Mutter-Sohn-Verhältnis) Jahr. Der Begriff des »verflixten siebten Jahres« ist ja auch in die Umgangssprache eingegangen. Die Aufspaltung dient weiterhin der Abwehr von Schuldgefühlen. Diese Abwehr gelingt dem Protagonisten hier aber nicht. Er leidet unter schweren Schuldgefühlen und großen Verlassenheitsängsten aufgrund seiner psychischen Unreife.

Ein kleiner Exkurs über Schuldgefühle: Bei zu starken Schuldgefühlen kann es zur Ich-Regression kommen, man wird zum Verfolgten, zum Opfer feindlicher Aggressionen, also paranoid. Eine Paranoia ist aber gleichzeitig mit Größenfantasien verknüpft, ist man selber doch das Angriffsziel mächtiger Objekte. Solch einer Verknüpfung von Größenselbst und Paranoia findet sich auch bei Sherman. Unter dem Druck eines strengen Über-Ichs und der daraus resultierenden Schuldgefühle kommt es zu immer neuen paranoiden Fantasien – obgleich real fast nichts geschieht. In ein solch mächtiges verfolgendes Objekt verwandelt sich die Ehefrau immer dann, wenn Shermans Schuldgefühle zu groß werden. Schließlich fantasiert er, seine Frau käme zurück nach Hause, da sie nun alles über seine abgespaltenen Triebwünsche wisse und ihn dafür erschießen wolle. Sie wird damit in seiner Fantasie zur Rächerin. Filmzitat: »Alle Frauen würden so handeln und noch einen Orden dafür bekommen!« Dies zeigt, wie stark seine Schuldgefühle sind.

Richard Sherman versucht, seinen inneren Schuldkonflikt dadurch zu lösen, dass er mittels einer regressiven Umwandlung zu starke Schuldgefühle in Verfolgungsangst umwandelt. Dabei tritt die Angst vermischt mit Schuldgefühl auf. Es handelt sich also wieder um den Trieb-Über-Ich-Konflikt, in welchem das Über-Ich mit Sanktionen in Form von Gewissensqualen auf eine mögliche Realisierung, sprich eine tatsächliche Affäre mit der aufreizenden Nachbarin, reagiert. Angst folgt dann, wenn das Ich den Trieb wahrnimmt, dessen Befriedigung fantasiert und nun Sanktionen erwartet. Zu einem Triebdurchbruch kommt es in der Klavierszene, hier dekompensiert Sherman sozusagen. Erst entwickelt er Verführungsfantasien, untermalt mit Rachmaninows Klavierkonzert (es hätte auch der Bolero oder Barry White sein können), dann kann er Realität und Fantasie nicht mehr unterscheiden, obwohl die Nachbarin völlig anders als in seinen Vorstellungen reagiert, nämlich kindlich unschuldig und nicht verrucht-verführerisch. Dazu zählt auch die Szene mit dem Flohwalzer, die eher an Kinderspiel erinnert als an einen Verführungsversuch.

Sie antwortet nicht auf seine Annäherungsversuche, Sherman dagegen will nun unbedingt seine Fantasien ausagieren. Seinen Triebdurchbruch beschreibt er später beim Psychoanalytiker Dr. Brubaker als »Vergewaltigung«, was wohl auch eher seinem Größenselbst zuzuschreiben ist und der Abwehr der Scham darüber, wie wenig er als Verführer getaugt hat. Als er aus seinem triebhaften Rausch erwacht (durch das Umfallen der Klavierbank), muss das Objekt sofort entfernt werden. Beschämt weist er ihr die Tür. Am nächsten Morgen wendet er sich verzweifelt an seinen Chef als der ersten auftretenden Vaterfigur neben dem Psychoanalytiker.

Dieser erweist sich, wie bekannt, als wenig hilfreich, folgt doch auch er nur seiner Triebhaftigkeit. Dem Prinzip der Spaltung folgend ist übrigens auch die Erwähnung vom *Bildnis der Dorian Gray* (Oscar Wilde): Ein junger triebhafter Mann kann sein ausschweifendes Leben führen, ohne das dieses Konsequenzen hat, denn die andere Seite steht abgespalten als Gemälde auf dem Dachboden. Erst mit der Überwindung der Spaltung, als er nämlich das Bild sieht, altert und stirbt auch er. Dabei bleibt dem Richard Sherman die gesamte Konfliktlage total unbewusst, obwohl sie ihm mit dem Inhalt des Buches des Analytikers immer wieder vermittelt wird, ohne dass dies ihn erhellen würde (dafür erhellt es dann das Publikum, das dadurch mehr weiß als der Protagonist. Dies ist ein filmisches Mittel, das Billy Wilder oft zur Erhöhung der Spannung oder Erzeugung von Schadenfreude beim Publikum eingesetzt hat. Auch Hitchcock nutzte es, um seine berühmte »Suspense« beim Publikum zu erzeugen).

Diese Ängste, die aus Shermans Konflikt herrühren, führen dann zu seinen paranoiden Fantasien: den Bildern im Fernsehen (der ganzen Nation wird mitgeteilt was für ein schlimmer, d.h. sexueller, bedrohlicher Mann er sei, also auch wieder vermischt mit Größenselbst) wie auch den starken Verlassenheitsängsten (Anruf bei seiner Frau, da er Realität und Fantasie wieder vermischt; Angst, sie könne sich von ihm trennen wollen). In dieser Szene ist er affektiv besonders erregt, er raucht ohne weitere Einschränkungen, der Daumen wackelt und er muss sich immer wieder kratzen (*The Seven Year Itch* im Original). Zudem verfügt er über mangelnde Impulskontrolle: Jeden Angstaffekt muss er sofort in Handlung umsetzen.

Gelöst wird dieser Trieb-Über-Ich-Konflikt eigentlich nicht. Er flieht zur Ehefrau und gibt die Beziehung zur Nachbarin auf. Er läuft vor der Stadt mit ihren Versuchungen und all den Männern, die diesen nachgeben, davon. New York ist dabei der Ort, an dem Männer, deren Frauen fort sind, allen Versuchungen erliegen wie kleine Jungen, bis die Mütter/Frauen als real steuernde Objekte am Ende des Sommers wieder auftauchen und alles zur gewohnten Ordnung zurückkehrt – auch zur Erleichterung der Männer.

Das Mädchen steuert am Ende des Filmes eine Botschaft an die Ehefrau bei: Sie küsst Sherman zum Abschied, um ihr mitzuteilen, dass sie ihn nicht als Jungen, sondern als sexuell attraktiven Mann ansehen soll.

Oder, als Zitat von Freud: »Die an einem fremden Objekt entzündete Begierde soll in einer gewissen Rückkehr zur Treue am eigenen Objekt befriedigt werden« (Freud 1920, S. 197).

4. Zusammenfassung und Diskussion

Der Film ist eine Satire über Männer, ihre Projektionen auf Frauen und ihre abgewehrten Wünsche. Wie es den Frauen wohl gehen mag, wie sich Reifungsprozesse bei dem Mädchen oder der Ehefrau zeigen könnten, bleibt unklar. Hierfür interessiert der Film sich nicht.

Es handelt sich um den ödipalen Reifungskonflikt eines Mann, der meines Erachtens nicht gelingt. Er kann die beiden Aspekte von Weiblichkeit (versorgende Mutter/verführerische Frau) nicht integrieren. Dieser innere Konflikt ist der Gegenstand des Filmes, der durch die Rückkehr des Protagonisten zur Ehefrau gelöst wird. Ich habe den Konflikt als misslungen interpretiert, aber man könnte ihn vielleicht auch anders sehen: Ist es ein Reifungsschritt und er kehrt anders als vorher zu seiner Ehefrau zurück – oder ist es doch eine Flucht vor den eigenen Wünschen? Hätte Sherman eine Affäre gehabt – wäre er dadurch vom Jungen zum Mann gereift? Hätte er mehr Autonomie für sich gewinnen können? Oder war es reifer zu verzichten? Kehrt er also zur Ehefrau zurück aus Sehnsucht nach ihr (Rückkehr zur Frau) oder aus Angst vor der eigenen Triebhaftigkeit und Sexualität? Dann würde er Schutz bei ihr suchen (Rückkehr zur Mutter).

Ich denke, der Protagonist flieht vor seinen eigenen Wünschen. Er vergibt die Chance zur Reifung durch wirklichen Verzicht auf das Mädchen und Hinwendung zur Ehefrau als Frau, nicht als Mutter. Flucht auch deshalb, weil er es so furchtbar eilig hat und sogar ohne Schuhe losstürmt.

Literatur

Crowe, Cameron (1999): Hat es Spaß gemacht, Mr. Wilder? Diana Arte Edition. München (Diana).

Freud, Sigmund (1920): Über einige neurotische Mechanismen bei Eifersucht, Paranoia und Homosexualität. GW XIII. Frankfurt a.M. (Fischer), S. 195ff.

Karasek, Hellmuth (2002): Billy Wilder: Eine Nahaufnahme. München (Heyne).

Person, Ethel (1990): Lust auf Liebe. Reinbek (Rowohlt).

Fanny und Alexander

(Regie: Ingmar Bergman; Schweden 1982)

Klaus Augustin

»Es gibt keine Grenzen. Nicht für den Gedanken, nicht für die Gefühle. Die Angst setzt die Grenzen.«
(Ingmar Bergman)

1. Einleitung

Fanny und Alexander (1982) war der letzte und wohl erfolgreichste Kinofilm von Ingmar Bergman, einem der angesehensten Regisseure des letzten Jahrhunderts. Er gewann vier Oskars.

Ingmar Bergman wurde 1918 geboren, er ist der mittlere Sohn einer streng religiösen und, vonseiten der Mutter, reichen und großbürgerlichen Pastorenfamilie. Das Material weist einige autobiografische Anteile und Bezüge auf. Biografisches ist vor allem in der Auseinandersetzung und dem Protest mit dem Gesetz des Vaters und in der Auflehnung gegen Einschränkungen zu finden. Es geht Bergman außerdem um die Beschreibung des Sadismus eines totalitären Glaubens.

2. Inhalt

Der Film nimmt seinen Anfang im Uppsala des Jahres 1907. Helena Ekdahl (Gunn Wållgren) hat ihre drei Söhne und deren Familien zur traditionellen Weihnachtsfeier eingeladen: Sohn Oscar (Allan Edwall) leitet zusammen mit seiner Frau Emilie (Ewa Fröling) das Theater der Stadt. Es befindet sich schon in der zweiten Generation im Besitz der Familie. Sohn Carl (Börje Ahlstedt) ist ein mit sich und der Welt unzufriedener Trinker und Gustav Adolf (Jarl Kulle), der dritte Sohn, ist als Geschäftsmann und Schürzenjäger gleichermaßen erfolgreich. Natürlich feiern auch die Enkelkinder mit, unter ihnen die achtjährige Fanny (Pernilla Allwin) und ihr zwei Jahre älterer Bruder Alexander (Bertil Guve). Die Weihnachtsfeier gerät ebenso stimmungsvoll wie turbulent und ist – für Alexander wenigstens – ebenso fröhlich wie bedrohlich. Wenig später erleidet der Theaterdirektor auf der Bühne einen Herzanfall und verstirbt. Alexander muss man mit Gewalt vom Sterbebett des Vaters wegholen. Bald schon geht seine Mutter mit dem fanatisch-strengen Bischof Vergérus (Jan Malmsjö) eine zweite Ehe ein. Fanny und Alexander geraten aus der sinnlich-heiteren Welt ihrer Kindertage in eine Art Gefängnis, in dem Düsternis und Askese herrschen. Als ihre Mutter erkennt, dass diese Eheschließung ein Irrtum war, ist es zu spät. Vergérus verweigert ihr die Scheidung und droht, falls sie ihn verlassen sollte, die Kinder durch Gerichtsbeschluss in seinem Haus zu behalten. Doch ein alter Freund Helenas, der weise Jude Isak Jacobi (Erland Josephson), weiß Rat. Durch eine geschickte Intrige, die offenbar auch Gott durch eine Art Wunder unterstützt, entführt er die Kinder in einer Truhe aus dem Haus des Bischofs. Und ein zweites, schreckliches »Wunder« geschieht. In Isaks Haus trifft Alexander dessen 16-jährigen Neffen Ismael (Stina Ekblad), der wegen seiner magischen Fähigkeiten in einem verborgenen Raum des Hauses lebt. Ismael eröffnet Alexander, er trage soviel Hass in sich, dass er damit einen Menschen töten könne. Alexander ist entsetzt, will sich gegen diese furchtbare Kraft wehren, hat dann aber plötzlich Visionen einer brennenden Gestalt. Am anderen Tag wird bekannt, dass der Bischof durch einen Unfall in seinem Bett verbrannt ist. Am Ende feiern die Ekdahls wieder ein fröhliches Familienfest, nämlich eine doppelte Taufe, einmal für Emilies aus ihrer Ehe mit dem Bischof hervorgegangenes Kind und des Weiteren für das uneheliche Kind, das Emilies Kindermädchen Maj (Pernilla Wallgren) von Gustav Adolf empfangen hat. Den Schlusspunkt setzt Emilies

Entschluss, das alte Theater, das sie nach ihrer Hochzeit geschlossen hatte, wieder zu eröffnen.[1]

3. Väter

3.1. Variationen des Ödipuskomplexes in der filmischen Darstellung von Bergman

Bergman erzählt die Geschichte einer Kindheit als eine Geschichte von Freude und Farben und von Abhängigkeit und Unverstandensein. Es geht um einen Entwicklungsroman: Die Erzählung beginnt in bunten Farben in glücklicher Kindheit, die von einer grauen Zeit tiefen Unverstandensein in der Adoleszenz abgelöst wird und nach gelungener Ablösung und wiedergefundener Begleitung mit großer Neugier auf die Größe des Denkens in der Welt in der späten Adoleszenz führt.

Es geht im Film um die Erlebnisse eines elfjährigen Jungen in einer großbürgerlichen Umgebung. Auch wenn der Film den Titel *Fanny und Alexander* trägt, ist er ganz überwiegend von der Sicht des Jungen und seinen genauen Beobachtungen geprägt. Fanny begleitet, folgt, beobachtet und unterstützt ihren großen Bruder. Sie tritt auf als seine kleine Schwester, auch als Alter Ego und Zeugin. Alexander ist ein nachdenklicher, sensibler Junge in der Frühpubertät, der mit offenen Augen alles wahrnehmen möchte, sich allerlei Gedanken macht, erschrickt und seine seelische Welt als im Wandel erlebt. Er interessiert sich für die Sexualität der Erwachsenen, für die offene und verborgene, für die erlaubte und unerlaubte. Er fragt sich auch, was für ein Mann er werden will. So betrachtet und beurteilt er die Männer, die er kennt. Er rivalisiert und kämpft. Ein ödipales Schicksal in acht Akten.

1. Akt: Die Kindheit

Symbol: Weihnachten. Eine große fröhliche Familie, in der ein durchaus sinnenfrohes und triebhaftes Leben möglich ist. Es weht

1 Frei nach http://www.wunderlin-online.de/film/fanny%20och%20alexander%20(1982).htm (Stand: 17.05.2009).

auch Sexualität durch den Raum – zwischen den Alten sowie dem Direktor und dem Kindermädchen (der verkrüppelten Fuß des hübschen Mädchens symbolisiert eine kleine perverse Beimischung?).

2. Akt: Ödipale Vaterbeziehung. *Hamlet*: großes Theater
Der Vater, der Direktor und führende Schauspieler des lokalen Theaters, zeigt dem Sohn sozusagen als Vermächtnis die *Hamlet*-Tragödie mit ihrem Vater-Sohn-Konflikt, dann stirbt er.

3. Akt: Ödipale Mutterbeziehung
Nun übernimmt die Mutter die Leitung des Theaters und auch die Kinder leben in dieser Welt. Sie brauchen den Vater gar nicht.

4. Akt: Der neue Vater und seine kalte Welt
Der Bischof gewinnt die Mutter und heiratet sie. Das heißt für die Kinder, dass das Gesetz (und das bedeutet doch wohl: das Gesetz des Vaters) mit Gewalt zurückkehrt. Die Mutter braucht einen Mann und der errichtet ein rigides und brutales Regime: Nennen wir es das Gesetz, das sich unhinterfragbar gebärdet und doch als willkürlich durchschaut wird.

5. Akt: Erneute ödipale Vaterbeziehung
Alexander kämpft gegen den Unterdrücker und verliert, er muss sich schlagen und erniedrigen lassen. Er ist nur ein Kind, muss Antwort geben, darf nicht lügen, nicht widersprechen und nicht hassen.

Innerlich unterwirft er sich nicht und in ihm wächst Hass. Der Bischof wird für Alexander immer mehr zum Monster und gewinnt gerade als traumatisierender, freiheitsberaubender, erniedrigender, gehasster Vater eine große Bedeutung in Alexanders seelischer Konstitution.

6. Akt: Die Flucht. Ein Reifungsschritt der Individuation
Alexanders Gedanken: Ich kann den ödipalen Vater doch nicht niederringen, ich muss seine Stärke und Gewalt anerkennen. Ich brauche Hilfe – und die bekomme ich aus der Generation der Alten. Die sind nicht mehr so leidenschaftlich, die sind freundlich und weise. Gerade der Jude Jacobi ist eine provozierende Figur. Er muss sich erniedrigen lassen, er ist in der Gesellschaft entwertet, ausgegrenzt und doch kann er den entscheidenden Schritt zur

Rettung der Kinder tun. Warum? Zum einen kann er als erwachsener Mann anders kämpfen, geschickter, verdeckter. Er kann den Bischof an seiner schwachen Stelle packen: an seiner Geldgier. Er kann sich auch im Dienste der Sache erniedrigen lassen – das ist eine besonders wichtige Lektion (wir müssen nicht immer kämpfen und töten). Er kämpft also viel geschickter als Alexander. Er ist auch gegenüber dem ödipalen Drama viel distanzierter: er muss den Bischof nicht hassen und nicht besiegen, so wie Alexander das möchte, sondern er will nur die Kinder befreien.

Außerdem – und das finde ich besonders interessant und besonders schwer zu interpretieren – vertritt er als Jude eine ältere Religion, vielleicht eine freiere oder ein älteres Gesetz. Als Jude, der um die vorletzte Jahrhundertwende lebt, vertritt er auch eine unterdrückte Volksgruppe, eine, die nicht nur angepasst ist, sondern auch gebildet und listig überleben kann.

7. Akt: Ablösung vom Vater und Hinwendung zu neuen eigenen, vielleicht auch gefährlichen sexuellen Erfahrungen

Darin verschmelzen magische Rache und die Überwindung des Vaters und seiner Gewalt. Die Entjungferung wird angedeutet.

Die Auflösung des Ödipuskomplexes verläuft über eigenartige neue Kontakte, über Gefahren und Erfahrungen in der Peergroup. Im Haus des alten Jacobi gibt es eine gefährliche androgyne Person, deren Geschlecht kaum zu erkennen ist. Sie gilt als gefährlich. Sie leitet Alexander im Hass gegen den Bischof. Der Tötungswunsch wird daraufhin Wirklichkeit. Dies bedeutet tiefe Erleichterung, hatte doch der Bischof bis zuletzt das Gesetz noch in seiner Hand gehalten. Diese vielleicht als homosexuell zu bezeichnende Erfahrung steht für einen Schritt in der Pubertät: Das unheimliche Erwachsenwerden und die Idee der Sexualität werden zunächst auf einen Mann bezogen.

8. Akt: Ausklang und Frieden

Da ist die Taufe der zwei Babys in der wieder fast vollständigen Großfamilie. Bemerkenswert: Die Mutter hat ein mit dem Bischof gezeugtes Kind geboren. Über die Sexualität und die Kinder leben die Väter weiter, auch die besiegten und die bösen. Den Vätern kann man also nicht entrinnen.

> Ebenso bemerkenswert: Das zweite Baby ist ein uneheliches Kind des Direktors mit dem Kindermädchen, deren Verhältnis die Frau desselben ebenso wie auch alle anderen duldet, obwohl es von Ehebruch kündet, inszestnah und eine Generationenschranke überschreitend, entstanden ist. Das Kindermädchen ist im Alter der Kinder des Direktors und diese sind mit ihr solidarisch. Die gänzlich unkomplizierte und eigentlich fröhliche Darstellung erstaunt. Sie ist als Gegenmodell gegen den rigiden, triebfeindlichen Bischof sehr angenehm, aber es bleibt ein Erstaunen, dass das gut sein soll. Im Grunde ist hier auch die übergreifende und unbegrenzte Macht eines Vaters dargestellt, der mehrere Frauen haben und schwängern kann, auch ganz junge. Die moralischen und tatsächlichen Probleme damit redet er vor sich und allen anderen schön. Interessant ist an diesem Mann, dass er wie ein großer Junge dargestellt wird: groß, laut, stark und potent. Hier muss betont werden, dass der Film zumeist die Sicht der Kinder darstellt – die bei ihrem Interesse an Sexualität die Sexualität der Elterngeneration ödipal einbeziehen. Die Kette der Generationen, der Sexualität, der Macht, des Gesetzes, der Fruchtbarkeit, der Gewalt und der Sünde reißt nicht ab.

Es sind für mich am ehesten zwei Betrachtungsweisen des Films vorstellbar. Die manifeste Ebene betrachtet die Darstellung als ein Geschehen, das auf die Kinder einwirkt, das sie bestaunen, passiv erleben und erleiden. Diese Ebene sieht die Kinder als Bewohner einer von Erwachsenen sehr unterschiedlich getönten Welt. In dieser – nennen wir sie vielleicht traumaorientiert – ist Fanny genauso Betroffene wie Alexander, da sie bei einem der Höhepunkte des Films sadistischer Unterwerfung und Bestrafung beiwohnen und sie miterleben muss. Bei so einer Betrachtung steht das reale Trauma des sadistisch-totalitären, Unterwerfung fordernden Bischofs im Kontrast zu der ruhigeren und wohlwollenden Primärfamilie, in der der schwache Vater stirbt und so die Kinder nicht schützen kann und welche gleichzeitig eine lebendige und triebnahe Großfamilie repräsentiert. Die Entführung und Rettung der Kinder durch den jüdischen Freund der Familie stellt eine ganz überraschende Wende in der Geschichte dar: Es scheint, als ob ein älterer Patriarch und sein Zauber stärker sind als die Gewalt des Bischofs. Das Verbrennen des Bischofs erscheint hier einerseits als gerechte und notwendige Lösung und andererseits als magische Tötung.

Traumatisierung und Rettung verkörpern die manifeste Ebene. Sie steht nicht im Mittelpunkt, sondern ist eingerahmt von besseren Zeiten für die Kinder. Außerdem wird dem Sadismus und der Rigidität ein Schnippchen geschlagen, indem die Ohnmacht überwunden und schließlich sogar Rache geübt wird. Latent geht es in diesem großartigen Film aber um etwas anderes, nämlich die spielerische und schmerzliche Auseinandersetzung mit dem ödipalen Schicksal, so als hätte Sigmund Freud nicht den *Hamlet*, sondern Fanny und Alexander untersucht. Hamlet, im Film verkörpert durch Alexander, kann den Vaterauftrag nicht erfüllen, er ist eigenartig gehemmt. Und zwar deshalb, wie Freud meint, weil sein geheimer ödipaler Wunsch gegen den Vater erfüllt war und sein Auftrag sich gegen die geliebte Mutter richtete. Vielleicht auch, weil ein Vaterauftrag für ihn ein Übergriff war – er zog den erwachsenen Sohn direkt in die sexuellen Beziehungen der Mutter hinein. Meine zentrale Idee ist, dass Bergman mit diesem Film Freuds Deutung von Hamlet dokumentieren wollte.

Im Film finden sich Männer, Vaterfiguren, in verschiedenen Darstellungen: der leibliche Vater, ein alter, verbrauchter Mann, weise, aber auch schwach, der abtreten muss. Der Sohn kann sich nicht recht mit ihm identifizieren, er taucht ja ähnlich wie Hamlets Vater später im Film mehrfach auf, aber er hat keine rechte Bedeutung – er ist dem Sohn dann eher lästig. Aus der Sicht des Sohnes gesagt (und vergessen Sie bitte nicht, der Sohn ist in der Frühpubertät): Der Vater ist entwertet. Er ist schwach, vertritt kein Gesetz mehr, kann die Familie nicht mehr führen und auch nicht schützen. Er hat den Weg frei gemacht: Die Mutter ist jetzt die Königin, Theaterleiterin, Familienleiterin, eine junge und schöne Frau. Begehrt der Junge seine Mutter? Ich weiß es nicht. Wunscherfüllung ist ja nicht ungefährlich. Aber er genießt sicher, dass er sich an ihrer Seite wichtig fühlen darf. Es ist wie in Shakespeares *Hamlet*: Der Tod – außerhalb der starken Symbolik eines Filmes würden wir vielleicht sagen: die Entwertung – des Vaters ist wohl unbewusst erwünscht oder jedenfalls nicht sehr betrauert. Nun folgt leider – durch das Anlehnungsbedürfnis und das sexuelle Bedürfnis der Mutter vermittelt – die Strafe auf dem

Fuße. Der neue Mann vertritt nicht wie der Vater die weiche Nachdenklichkeit, sondern das Gesetz, und das mit unnachgiebiger Strenge. Im Sinne des Ödipuskomplexes ausgedrückt heißt das: Dem Wunsch, den Vater zu beseitigen, um die Mutter zu besitzen, der zuerst dargestellt wurde, folgt im dritten Akt der strafende Stiefvater. Es ist ein Mann, der seine Bosheit und seinen absoluten Herrschaftsanspruch sowie seine Feindlichkeit gegen jeden Befriedigungsanspruch lange sorgfältig hinter schönen und väterlich-behütenden Worten verbirgt, denen die Mutter – zunächst – erliegt. Der jüdische Großvater – was für eine ironische Figur –, der alte Jude, wird zum Retter. Und die Mutter hat zwei Seiten. Einmal ist sie eine wunderschöne, begehrenswerte Frau, dann wiederum eine souveräne Herrscherin.

3.2. Vaterfiguren

Der Vater: Er ist freundlich, weich und der Herr des Theaters. Im Vergleich zu seinen Brüdern ist er ruhig und bescheiden, dabei aber kompetent. Er hat eine erstaunlich junge und schöne Frau, ist selbst aber alt und krank. Er zeigt dem Sohn die Geheimnisse des Theaters und die Freiheit der Fantasie. Das ist sein Vermächtnis. Sein Beruf: Er ist der Vater des Theaters, wobei die etwas kindlich dargestellten Schauspieler von ihm abhängig sind und ihm folgen. Seine Beziehung zu seiner Frau ist nicht besonders klar, aber keinesfalls schlecht. Er hat selbst keinen Vater und die Beziehung zu seiner Mutter ist durch die Unterstützung, die er von ihr erfährt, geprägt. Alexander hat ein positives Vaterbild, aber sein Vater ist eben schwach und stirbt. Damit erlischt seine Möglichkeit, Alexander anzuleiten und zu schützen.

Der Bischof: Er ist ein kräftiger, mächtiger und energischer Mann, er redet klug, bezogen, autoritativ, dann und wann aber auch autoritär. Erst bei Überprüfung seiner schönen Worte an der Realität wird deutlich, wie groß seine emotionale Verwahrlosung ist, seine narzisstische Leere, sein Hass und sein Sadismus. Das Haus des Bischofs wird von dessen Mutter hart geführt. Sie hat alle Macht inne. Der Bischof selbst verführt, führt und entführt die Mutter von Fanny und Alexander, die er nie wieder loslassen würde. Er symbolisiert damit Führung und Besitz um jeden

Preis. Er hasst die Welt der Fantasie und des Freiraumes und möchte nicht nur die autoritäre Macht des Vaters, sondern auch totale Macht über das Denken ausüben. Er stirbt an der Verwünschung durch Alexander.

Beide Väter sind so ausgeprägte Gegensätze, dass wir sie genau so – als etwas Gespaltenes und gleichzeitig Zusammengehöriges – betrachten können. Sie haben auch das gleiche Schicksal: Sie sterben beide, der freundliche, Geschichten liebende und tolerante Vater ebenso wie der böse, engstirnige und herrschsüchtige Vater. Alexander wird zuletzt in eine vaterlose Freiheit entlassen, auch der Geist belastet ihn nicht mehr. Nun ist vieles möglich. Eine ähnliche Doppelung finden Sie in den Großmüttern, die mächtige Frauen im Hintergrund sind. Sie können den Film als eine Beschreibung des Patriarchats und des patriarchalen Ödipuskomplex sehen und genauso als eine Andeutung einer dahinterstehenden mütterlichen Macht.

4. Fazit

1. Die ödipale Lehre könnte lauten: Es ist besser, den Vater umzubringen, als die Mutter in der Not bei ihrem Mann zu belassen. Außerdem habe ich dann die Mutter für mich. Schließlich kann ich sie am glücklichsten machen.

2. Die geistige Lehre könnte lauten: Die totalitär-sadistische Enge mancher protestantischer Religionsauslegung kann durch Besinnung auf den alten Glauben, der in Verachtung und einer gesellschaftlichen Minderheit fortlebt, in freier Hinwendung zu Fantasie, Theater und Geschichten überwunden werden.

3. Die psychoanalytische Lehre könnte lauten: Symbolischer Vatermord und Inzest sind immer noch besser als fundamentalistische Rigidität und moralische Verfolgung. Erst ein lockeres Über-Ich lässt Kreativität und Entwicklung freiwerden. Ein sadistisches Über-Ich soll im Vater-Bischof erschlagen werden.

4. Oder mehr bezogen auf das Über-Ich: Ich muss ihn umbringen, ich habe nur in Notwehr gehandelt, wir wären alle untergegangen. Und ich musste doch meine Mutter, die Schwester und das Baby retten.

Das ist natürlich alles das Gleiche. Jetzt sagen Sie vermutlich: Ja gut, der

Vater kommt um – er wird irgendwie auch ermordet, aber Ödipus? Die Mutter ist zwar schön, aber doch tabu für den Jungen. Sie haben Recht, allerdings: Vielleicht finden wir verdeckte Hinweise. Freud verglich das antike Sophokles-Drama *Oedipus Rex* mit *Hamlet*:

> »Auf demselben Boden wie ›König Ödipus‹ wurzelt […] der ›Hamlet‹ Shakespeares. Aber in der veränderten Behandlung des nämlichen Stoffes offenbart sich der ganze Unterschied im Seelenleben der beiden weit auseinander liegenden Kulturperioden, das säkulare Fortschreiten der Verdrängung im Gemütsleben der Menschheit. Im ›Ödipus‹ wird die zugrunde liegende Wunschphantasie des Kindes wie im Traum ans Licht gezogen und realisiert; im ›Hamlet‹ bleibt sie verdrängt, und wir erfahren von Ihrer Existenz […] nur durch die von ihr ausgehenden Hemmungswirkungen. […] Hamlet kann alles, nur nicht die Rache an dem Mann vollziehen, der seinen Vater beseitigt und bei seiner Mutter dessen Stelle eingenommen hat, an dem Mann, der ihm die Realisierung der verdrängten Kinderwünsche zeigt« (Freud 1900, S. 271f.).

Was finden wir davon im Film? Ich finde eine klassische Verkehrung ins Gegenteil: Nicht der Junge hat mit der Mutter verkehrt, sondern der Onkel Direktor mit dem Mädchen. Es ist wie in der Traumdeutung: Mitunter kommt man auf die abgewehrte Aussage, wenn wir die Verkehrungen anschauen. Der Beleg ist in der Szene zu finden, in der das Kind der Mutter und das Kind des Mädchens, nebeneinandergestellt, gezeigt werden: Eigentlich werden damit beide Vorgänge gleichgestellt. Diese Szene, die etwas Verwirrendes oder zumindest etwas Empörendes haben könnte, wird aber als tief befriedigender Schluss des Dramas dargestellt. Der Zuschauer – oder zumindest ich – empfindet ihn so. Der Vater ist überwunden, die Mutter glücklich, die Tyrannei ist abgeschüttelt und das Verbotene ebenfalls: Vatermord und Inzest sind in ihrer Abwehr gut begründet: Der Film stellt so betrachtet ein Ringen zwischen dem Über-Ich und dem Es von Alexander dar. Der Vatermord wird auf den grausamen Bischof verschoben und war einfach zum Überleben erforderlich – ebenso wie die Rettung für Mutter und Schwester.

Literatur

Freud, Sigmund (1900): Die Traumdeutung. GW II/III. Frankfurt a. M. (Fischer).
http://www.ingmarbergman.se/.

Terminator

(Regie: James Cameron; USA 1984)

Karl-Heinz Borns

»Dies ist die Geschichte eines programmierten Roboters.

Äußerlich von menschlicher Gestalt, ist er eine Maschine ohne Emotionen.

Eine Maschine ist weder gut noch böse, sie funktioniert.

Der Film schildert den dramatischen Versuch, diese Maschine zu stoppen.«

(Texteinblendung in der Anfangsszene des Films nach der »Geburt« des Terminators)

1. Begriffsbestimmung

Der Begriff »Terminator« (von lat. *terminatus*, »beendet, begrenzt«) kommt in der Informatik, der Netzwerktechnik, der Astronomie und Meteorologie, der Molekularbiologie und der Pflanzenzüchtung vor. Im Film ist er ein Cyborg, der eine ungewünschte Entwicklung endgültig beenden soll.

Ein Cyborg (eingedeutscht auch *Kyborg*) wiederum bezeichnet ein Mischwesen aus lebendigem Organismus und Maschine. Zumeist werden damit Menschen beschrieben, deren Körper dauerhaft durch künstliche Bausteine ergänzt wird. Der Name ist eine Akronym und leitet sich vom englischen *cyb*ernetic *org*anism (dt.: kybernetischer Organismus) ab. Cyborgs sind in diesem Sinne keine Roboter. Der Begriff stammt aus der Raumfahrt und wurde in den 1960er Jahren als Anpassungsmöglichkeit des Menschen an die lebensgefährliche Umwelt im Weltraum diskutiert. Im medizinischen Sinne kann man Menschen mit technischen Implantaten wie Herzschrittmachern, künstlichen Gliedmaßen, komplexen Prothesen oder Implantaten in Auge und Ohr als Cyborgs bezeichnen. Cyborg-Spezialisten (oder -Fans) zählen zehn Prozent der Bevölkerung im technischen Sinne zur Gruppe der Cyborgs. Ich will nicht so weit gehen, auch Brillenträger den Cyborgs zuzurechnen, doch wenn man den mit seinem PC verschweißten »WoW-Krieger« (World of Warcraft, ein Online-Rollenspiel, berüchtigt durch den Amoklauf eines Schülers in Erfurt am 26.11.2006) oder den (scheinbar) unmotiviert wippenden und zuckenden U-Bahn-Fahrer, der mit einem iPod verdrahtet ist, betrachtet, so können durchaus Assoziationen zu einem Cyborg aufkommen. Im Film ist es der Cyborg vom *Typ T-800 Modell 101*. Dieses Modell scheint sogar zu philosophischen Ehren gekommen zu sein, da P. Sloterdijk davon geradezu fasziniert war und darin den Archetyp einer »freien Männerhorde« erkennen wollte. (Ein kleiner Vervollständigungszwang eines Fans sei erlaubt: In diesem Terminator 1 – kurz: T 1 – sind die hervorstechenden Merkmale das Auge und der Arm; im T 2, mit dem Modell T-100, sind es der Arm und die Oberfläche; im T 3 ist das Modell TX weiblich und heißt Terminatrix; der T 4, das neueste Modell, ist ein mit menschlicher Haut bedeckter Cyborg der Serie T-800, der im Juni 2009 in dem Film *Terminator: Die Erlösung* zu sehen war; ein T 5 scheint für 2011 in Planung zu sein …)

Warum Arnold Alois Schwarzenegger (geb. 30. Juli 1947 in Thal, Österreich, Steiermark; heute der 38. Gouverneur von Kalifornien), kurz: A.S., die Rolle des Cyborgs ideal verkörpert? Es ist *nicht* die Rolle des Terminators, durch die er berühmt wurde, sondern es war der Bodybuilder, der das Publikum als Erstes faszinierte. Der menschliche Körper sei »wie eine Skulptur« und die Praxis des Bodybuildings sei »Bildhauerei am eigenen Leib«, verkündete er. Was einst der Steinblock oder der Tonklumpen war, sei nun das menschliche Fleisch. Das eigene Leben muss mit der gleichen Sorgfalt und Präzision in Fleisch gehauen werden wie eine Statue in Stein. Das war in Kalifornien 1975.

Und es geht dabei nicht allein um Sport, sondern um Ästhetik, um eine skulpturale Formung von Leben. Mit dieser Bildhauermetapher gelingt A.S. der Durchbruch zu seiner Berühmtheit. Für Schwarzeneggers Definition seiner selbst als somatisches Kunstwerk in dem Film *Pumping Iron* hat Jörg Scheller in einem *ZEIT*-Artikel aus 2007 die Überschrift »Der Fleischmetz« gefunden. Es fanden Bodybuilding-Wettbewerbe in der Oper statt, Andy Warhol bat »The Austrian Oak« zum Besuch in seine Factory und A.S. posierte im New Yorker Whitney Museum of Modern Art als lebendige Statue.

Als Jugendlicher soll A.S. von den in Kraftsportzeitschriften gezeigten Bildern so fasziniert gewesen sein, dass er sie Tag und Nacht vor Augen hatte. Psychoanalytisch gesprochen: Er entwickelte ein ideales Selbstbild und begann, seine eigene Gestalt dem Bild anzugleichen. Er tritt ins Bild. Aus den mächtigen mentalen Bildern wurde ein mächtiges externes (externalisiertes) Bild, das zugleich ein Medium seines eigenen Selbst war. Und im *Terminator* ist er die Mensch-Maschine, die auf ihn selbst zurückweist: Er schuf seinen eigenen Körper mit Maschinen und pharmazeutischen Produkten und sprach schon 1977 über sich selbst wie über einen Roboter: »Ich muss mein Denken neu programmieren.«

2. Betrachtungsweisen

Sie können den Film z.B. soziologisch betrachten: Dann sehen Sie nur den Actionfilm und erkennen darin vielleicht Aspekte von »männlichen Mutritualen« (Erdheim 1991); oder religiös: Die Initialen von John Connor, J.C., verweisen auf Jesus Christus als dem Retter der Welt; oder eben philosophisch, um die »freie Männerhorde« vor den Zeiten unserer kulturellen Zurichtung und Verkümmerung zu idealisieren. Allen Betrachtungen dieser Art ist – für mich überraschend – gemeinsam, dass sie an einer Äußerlichkeit haften bleiben und im Terminator den Helden sehen, vor dem Pädagogen (Weiß 2000) selbstunsichere Jugendliche schützen wollen, damit sie sich nicht mit ihm identifizieren.

Wenn Sie aber den Film so betrachten, dass verschiedene Aspekte eines innerpsychischen Adoleszenzkonfliktes auf unterschiedliche handelnde Personen im Film, die gegeneinander kämpfen, aufgeteilt werden, dann eröffnet sich Ihnen eine dramatische Tiefe, die den Film zu einem Mythos werden lassen. Sie werden dann nicht nur mehr Genuss daran finden, sondern auch erahnen, warum dieser Film, mit vergleichsweise niedrigen Kosten produziert, in dem A. S. gerade einmal 17 Sätze mit ca. 70 Wörtern spricht, eine so immense Wirkung in der Gesellschaft und vor allem im Jugendlichenmilieu hatte.

3. Adoleszenz

Die psychoanalytische Entwicklungslehre sieht in der psychischen und psychosexuellen Entwicklung eine Zweizeitigkeit: die frühe Kindheit, unterbrochen durch das Moratorium der Latenz, und das Jugendalter, das als Pubertät die körperliche Reifung und als Adoleszenz die psychische und psychosexuelle Reifung beinhaltet. Die in diesen Reifungsschritten herzustellende Verbindung der psychosexuellen Entwicklung mit neuen Objektbeziehungen bildet am Ende das Selbst oder die Identität des jungen Erwachsenen.

Die Aufgaben der Adoleszenz, soweit sie uns für die Betrachtung des Films interessieren, bestehen in der Ablösung von verinnerlichten, idealisierten Elternbildern der frühen Kindheit, der Errichtung eines eigenen Wertesystems und der Integration eines stabilen Körperbildes. Neue Objektbesetzungen sind zu finden, die nicht mehr nach dem narzisstischen Modus erfolgen (der Schwarm, in dem man sich oder sein Ideal sucht), sondern als Objektlibido eine andere Person entdecken, die als eigenständige Persönlichkeit geachtet und begehrt wird. Sichere Zeichen des Wandels in der Adoleszenz sind die Verliebtheit oder (bei Bedarf) die Trauer.

4. Das Drama der Adoleszenz

Die im Zuge der pubertären Entwicklung neu erwachenden sexuellen und aggressiv-destruktiven Triebanteile erscheinen dem adoleszenten Ich zunächst als etwas Fremdes, als *äußere* Gefahr und Bedrohung, die es in Panik versetzt. Es gibt zwei Quellen der neuen Gefahr:

- die Verarmung des Ich durch Besetzungsentzug und
- die Triebangst als Zerstörung des Ichs.

Auch der Körper, für den es ja noch keine neue verinnerlichte Repräsentanz gibt, und dessen Regungen und Erregungen werden als etwas Äußerliches wahrgenommen und als Sitz der Triebe wird er gar zum Feind. Es besteht die ständige Gefahr einer regressiven Verschmelzung mit den archaischen Objekten der frühen Kindheit: Für das Ich bedeutet das dessen Auflösung; für den Helden im Drama, der dieses Ich verkörpert, den Tod.

Die jugendlichen Abwehrmechanismen zur Bewältigung dieses Dramas bestehen zunächst im Agieren. Der Jugendliche muss sich als Handelnder im Außen erleben können, sein Metier ist nicht die Reflexion. Darum auch die Affinität zu Actionfilmen. Dieses Handeln bezieht den Körper als Teil der zu behandelnden Außenwelt mit ein: Durch Kleidung, Piercing, Gestik, Tätowierung, Hungern etc. zu Askese, Intellektualisierung und Grenzerfahrungen zu gelangen, sind die bevorzugten Abwehrmechanismen der Adoleszenz.

5. Der Mythos

Kann man den Film *Terminator* als einen Mythos betrachten, der den Vergleich mit der klassischen griechischen Tragödie nicht scheuen muss? Um Sie ganz intensiv auf die mythische Tiefe des *Terminators* einzustimmen, möchte ich Ihnen einen Vergleich vorstellen, den Michael Günter in einem faszinierenden *Kinderanalyse*-Artikel vorgenommen hat: Er hat T 1 mit dem Mythos der *Bacchen* des Euripides vor 2500 Jahren verglichen. Die Ähnlichkeiten sind, trotz des immensen zeitlichen Abstands, ungeheuer beeindruckend.

Das Drama (filmisch: der Plot): Bei Euripides heißen die Gegenspieler Pentheus und Dionysos, die die zwei Aspekte des adoleszenten Entwicklungsdramas verkörpern; sie sind Vettern. Pentheus ist Mensch, Enkel von Kadmos, dem Thebengründer, von dem er die Königswürde erbt; sein (Pentheus') Vater ist sehr schwach. Dionysos hingegen ist ein Halbgott, Sohn von Semele und dem stärksten Vater im Olymp: Zeus.

Pentheus, das bedrohte adoleszente Ich, versucht jede Art von Triebhaftigkeit zu unterdrücken, welche durch einen Dionysoskult, den es in seiner Stadt gibt, repräsentiert wird: Es sind die rasenden Bacchantinnen, die sich regelmäßig in den Schluchten von Kithairon treffen. Diese will Pentheus unbedingt mit Waffengewalt niederzwingen und ermorden.

Dionysos kommt als Fremder in die Stadt, wie der pubertäte Triebschub und die Veränderungen des Körpers als etwas Fremdes über den Adoleszenten hereinbrechen. Er versteht als Gott die himmlischen Mächte, die S. Freud in *Das Unbehagen in der Kultur* als Eros und Zerstörung ansprach. Sexuelle Ausschweifung, Trinken, Furor, Wüten und Tod sind sein Metier. Dionysos weiß Pentheus zu verführen, indem er ihm einen Vorschlag macht, der im analytischen Sinn als eine Kompromissbildung angesehen werden muss: Pentheus soll sich verkleiden und Dionysos will ihn nach Kithairon begleiten: Einerseits verspricht er ihm, sein Ziel, die Bacchantinnen zu töten, zu erreichen, zugleich erlaubt er ihm aber auch den latenten voyeuristischen Wunsch, dieselben in ihrem unzüchtigen Treiben zu beobachten.

In Frauenkleidern getarnt (Regression zur archaischen Mutter; sic!), kann Pentheus dem Ritual von einer Fichte aus beiwohnen. Unter den Bacchantinnen ist aber auch Agaue, die Mutter von Pentheus. Sie ist als sexuelles Wesen von ihm nicht zu erkennen. Während des Bacchanals weist Dionysos die Frauen auf den Zuschauer in dem Baum hin; diese, ihn in ihrem Wahn für einen Berglöwen haltend, schütteln ihn herunter und reißen ihn mit bloßen Händen in Stücke. Agaue trägt den abgerissenen Kopf im Triumphzug nach Theben zurück, wo ihr die Augen geöffnet werden und sie von Kadmos verbannt wird.

Die im Sinne der Objektbeziehungstheorie zu deutende Regression zum mütterlichen Primärobjekt, um einem Triebkonflikt zu entgehen, ist für das Ich maligne und für den Helden des Dramas tödlich. Das ist das Schicksal von Pentheus, der die Integration der pubertären sexuellen und aggressiv-destruktiven Triebanteile nicht leistet, der diese Realität nicht anerkennen will und nicht fähig ist, sich zu verändern. Im Gegensatz dazu hat Dionysos einen starken Vater, der ihn sogar explizit vor der Verfolgung durch die rasende (Stief-)Mutter schützen konnte (Zeus nähte Dionysos in seinen Oberschenkel ein; welch mächtige Symbolik!). Diese Identifikation mit dem Vater gestattete es Dionysos, seine Triebe unbeschadet auszuleben.

6. Terminator

Die Gegenspieler sind Kyle Reese (Michael Biehn) und der Terminator (Arnold Schwarzenegger). Der Plot (in der Tragödie: das Drama): Beide kommen aus der Zukunft, dem Jahr 2029 (Dionysos kam aus dem Himmel; der Unterschied ist nicht so groß). Das Computersystem *Skynet* hat nach einem Atomkrieg die Weltherrschaft übernommen und will die Menschheit ausrotten. Diese vegetiert unter der Erde dahin, immer gefährdet durch die vernichtende Verfolgung der Maschinen. Der Anführer der Menschen ist John Connor (Sohn von Sarah Connor, der erst ab der zweiten *Terminator*-Folge im Film auftaucht und je nach seinem Alter von unterschiedlichen Schauspielern dargestellt wird). Die Computer schicken einen Terminator zurück in das Jahr 1984, um die Mutter des Anführers, *Sarah Connor* (Linda Hamilton), zu töten, *bevor* sie ihren Sohn zur Welt bringen kann.

John Connor schickt Kyle Reese ebenfalls in die Vergangenheit zurück, um Sarah Connor zu beschützen. Reese opfert sich für die Reise in die Vergangenheit, weil er von John Connor ein Polaroidbild Sarahs erhalten und sich sofort in sie verliebt hatte (Hören Sie auf die Melodie! Sie ist aus Mozarts *Zauberflöte*: »Dies Bildnis ist bezaubernd schön«).

Das Adoleszenzdrama kann beginnen: Zunächst sehen Sie im Film die Unerbittlichkeit, mit der sich der Terminator in Bewegung setzt, dumpf, unbeirrbar, kompromisslos, nicht aufzuhalten, wie der pubertäre Triebschub. Beachten Sie die typischen adoleszenten Themen im Film:

- Kyle erklärt Sarah, wie Terminatoren konstruiert sind: »Sie sehen aus wie Menschen, schwitzen, haben schlechten Atem …« Das sind typische, auf den Körper bezogene Ängste Jugendlicher, die auf den Terminator projiziert werden.
- Und: »Sie kennen weder Mitleid noch Furcht!«
- Oder: Annäherung zwischen Sarah und Kyle: Kyle hat noch nie ein Mädchen gehabt. Sie fasst ihn an, berührt eine Narbe auf seinem Rücken und äußert sich über seine Schmerzen; Kyle Reese: »Schmerzen [Pars pro Toto: Gefühle allgemein] kann man unter Kontrolle halten. Sie schalten sie einfach aus.«

Sie erkennen in dem Film des Weiteren die Aufspaltung aggressiver und sexueller Triebimpulse und die Projektion der Triebhaftigkeit in die Maschinen: der gefühllose Terminator, der jede Art von menschlicher (emotionaler) Bindung zu bekämpfen sucht, und, triebhaft (programmiert) und völlig inadäquat, auf kleinste Auslöser hin gewalttätig erscheint. Die Programmierung des Cyborg im Film ist das Äquivalent zum pubertären Trieb.

Die Dialektik der sich bekämpfenden Gegenspieler, die Einheit der Gegensätze, wird während des ganzen Films durch die Ähnlichkeit zwischen Reese und dem Terminator beibehalten; wie Dionysos und Pentheus Verwandte, nämlich Vettern, sind, so tragen Reese und der Terminator beide schlechte, graue Kleidung, sodass Sarah sie anfangs nicht unterscheiden kann: Eros und Aggression liegen nahe beieinander. Auch der Geburtsvorgang wird exakt gleich inszeniert.

Der junge Kämpfer, Kyle Reese, der seine Gefühle zunächst zu unterdrücken versucht, aber gerade solcher Gefühle wegen – der Umschwung ist die Verliebtheit – ein Wagnis eingeht, reist in die Vergangenheit, unsere Gegenwart, zurück, um sich auf eine kurze, aber intensive und im positiven Sinne folgenreiche, befreiende sexuelle Beziehung einzulassen. »Niemand kann zurück! Niemand kommt durch! Es gibt nur ihn und mich!« – Er stellt sich seinem Schicksal, in die Kindheit kann der Adoleszente nicht zurück, er ist allein, auf sich selbst gestellt – aber auch einzigartig.

7. Schlüsselszenen

Im Sinne des adoleszenten Selbsterlebens und Körperbildes stellt die Szene mit dem Auge und dem Arm den dramatischen Höhepunkt dar, sie wird auch äußerst dicht gefilmt: Der Terminator ist am linken Auge schwer verwundet, er schaut in den Spiegel, wir sehen mit Erschrecken die Folgen der Beschädigung, in psychoanalytischer Deutung: die symbolische Kastration (Assoziation: L. Buñuels *Ein andalusischer Hund*; dort wird, mit expliziter Bezugnahme auf Freuds Psychoanalyse, die Kastration symbolisch durch einen Messerschnitt durch den Augapfel in filmischer Totale dargestellt). Der rechte Arm ist ebenfalls schwer verwundet. Und nun, intensiver kann man den narzisstischen Selbstheilungsversuch des Adoleszenten filmisch kaum darstellen: In drei Minuten und sieben Sekunden – ohne Worte, keine Musik, nur das dumpfe »bumm-bumm-bumm-bumm« im Hintergrund, Vierertakt, der affektlose Herzschlag der Maschine – bringt der Terminator das Maschinenwesen seiner menschenähnlichen Oberfläche zum Vorschein, schneidet die verletzte Haut des Armes auf, bringt die darunter liegende Mechanik wieder in Gang, wirft den unbrauchbar gewordenen menschlichen Anteil, das Auge, weg, um den optischen Apparat im Innern der Maschine umso besser zu justieren. Schließlich verdeckt er das Ganze mit einer coolen Sonnenbrille, um das grandiose, über alle Verletzungen erhabene Selbst auch nach außen sichtbar in Szene zu setzen. Dieses Bild prägt auch das Plakat zum Film. Die ganze Szene ist zu sehen unter http://www.youtube.com/watch?v=WSVGUyM6SY8.

Die Szene hat Tiefgang und ist mehr ist als adoleszente Manier im Umgang mit Gefühlen, sie berührt existenzielle Fragen der (nicht nur adoleszenten) Selbstfindung. Dazu möchte ich Richard Rorty zitieren. Es geht um die Existenz des Bewusstseins bzw. des Selbstbewusstseins.

> »Es ist das, was Zombies *nicht* haben, während wir übrigen darüber verfügen. Zombies verhalten sich genauso wie normale Menschen, aber sie haben kein Innenleben. In ihrem Kopf geht das Licht sozusagen nie an. Sie spüren nichts, obwohl sie Fragen nach ihren Gefühlen in der üblichen Weise beantworten können, also in einer Weise, die ihren Platz im Sprachspiel beispielsweise dadurch einnimmt, dass Korrelationen bestehen zwischen ihren Äußerungen von ›Das tut weh‹ und dem Umstand, dass sie eben einen heißen Ofen berührt haben, von Nadeln gestochen wurden und dergleichen mehr. Wenn man mit einem Zombie redet, ist das genauso, wie wenn man mit irgendjemand anders redet; denn dass der Zombie kein Innenleben hat, äußert sich nie in irgendwelchen externen und wahrnehmbaren Zeichen. Sofern die Neurologie nicht eines Tages das Geheimnis der Eigenschaft, kein Zombie zu sein, lüftet, werden wir daher nie wissen, ob unsere Angehörigen und Freunde das gleiche empfinden wie wir oder, wie James einmal gesagt hat, nichts anderes sind als ›geliebte Automaten‹. Seit Jahrzehnten streiten sich die Philosophen darüber, ob diese in Anspruch genommenen Bedeutungen der Wörter ›Bewusstsein‹ und ›Zombie‹ überhaupt verständlich sind« (Rorty 2008, S. 29; Hervorhebung im Original).

Wie kann der Jugendliche sich selbst erkennen? Wie kann er sich auf sein Gefühl verlassen? Wie kann er sein Erleben mit anderen abgleichen? Wer oder was sagt ihm, dass er kein Zombie ist? Wer sich für diese Fragen erwärmen kann, wird Rorty im Original mit Genuss und Gewinn lesen können.

Im Sinne des adoleszenten Entwicklungsdramas stellt Sarahs Telefonat mit ihrer Mutter gegen Ende des Films den anderen Höhepunkt dar; diesmal sehr subtil inszeniert, leicht zu übersehen: Kyle hat sich mit Sarah in einem Motel versteckt, hier die libidinöse Annäherung und die Entfaltung der Sexualität, nicht zu ausführlich dargestellt, nicht dramatisch, auch nicht übermäßig intensiv – erste Annäherung eben, noch nicht vollständig internalisiert, noch nicht umfassend psychisch repräsentiert, aber dennoch propulsiv. Bevor Sarah sich auf die sexuelle Beziehung zu Kyle einlässt (Kyle ist gerade unterwegs, um Vorräte und Waffen zu beschaffen), ruft Sarah ihre Mutter an: die Regression zur präödipalen Mutter, das Verhängnis! Diese archaische mütterliche Gefahr wird durch den Terminator repräsentiert, der Sarahs Mutter längst umgebracht hat, zuvor aber sich mit ihrer Stimme programmiert hat und nun mit dieser Stimme zu Sarah spricht: »Wo bist du, Schätzchen?« Der zerstörerische regressive Sog nimmt seinen Lauf und endet schließlich in einem klaustrophobischen Zweikampf.

Es ist übrigens nicht Kyle, sondern Sarah, die dem Terminator den letzten Schlag versetzt. Die Sexualität ist gebannt, der Unterleib des Terminators zerstört, auch Sarah ist am Bein verletzt. Aber die mutigen jungen Erwachsenen haben ihre Zukunft erobert, Sarah in positiver Mütterlichkeit, während Kyle in seinem Sohn weiterlebt. Sarah entkommt mit ihrem Sohn dem drohenden Inferno, und zwar in einem Jeep Marke »Renegade« (die Aufsässige) und trägt dabei die symbolträchtigen (Sieges-)Schuhe der Marke *Nike*, das Bild von Kyle liebevoll betrachtend.

8. Weitere Assoziationen zum Film

Die Berge von Totenköpfen am Anfang des Films verweisen in Anlehnung an den Film *The Killing Fields* (ebenfalls 1984) auf eine Realität, die außerhalb des Films in Kambodscha unter dem Regime der Roten Khmer Pol Pots an Grausamkeit und Zerstörung jegliches Vorstellungsvermögen überstieg; ebenso der Verweis auf die KZs und den Holocaust in der Welt des Jahres 2029. (Übrigens wurde Arnold Schwarzenegger 1991 und 1997 für seine Unterstützung der Holocaust-Forschung mit dem National Leadership Award der Simon-Wiesenthal-Stiftung ausgezeichnet.)

Die *unreife* adoleszente Sexualität kommt in dem Film auch zur Darstellung. Sie wird von Sarahs Freundin vorgelebt: Mit einem Reptil (Evas Schlange der Verführung) kokettierend, treibt sie es albern und naiv mit ihrem Freund, um sich nach dem sexuellen Akt einer bulimischen Attacke hinzugeben. Diese fragile Ich-Struktur muss auf der Leinwand tödlich enden.

Während der Terminator übrigens so präzise funktioniert, wie es in Analysen an der Durchsetzung der Triebdynamik zu beobachten ist, ist Kyle mit seinen noch unausgereiften Ich-Funktionen eher ungeschickt. Beim Hantieren mit den phallischen Symbolen der Verteidigung am Ende im Motel sieht man diese kleinen Irritationen. Doch er ist, im Gegensatz zum Terminator, erinnerungsfähig; deshalb ist Kyle Reese auch traumatisierbar – aber darum hat er eine Chance.

Und wenn der Terminator in einem Polizeiauto das liebende Paar verfolgt, so erkennen wir darin die zum Sadismus führende Verbrüderung des Es mit dem Über-Ich.

9. Schlussbemerkung

Bei der abschließenden Diskussion des Filmes in der APH fiel auf, dass das Publikum, in der Mehrzahl waren Psychotherapeuten aus dem Bereich der Erwachsenenbehandlungen vertreten, sich schwer tat, sich in die Triebdynamik der Adoleszenz einzufühlen. Eine gewisse Sprach- und – wie ich meine – Hilflosigkeit gegenüber dem Jugendlichenmilieu war spürbar. Das korreliert mit dem Fakt, dass die Analyse der Adoleszenz und ihre metapsychologische Bedeutung für die Psychoanalyse des Erwachsenenalters erst relativ spät Einlass in die psychoanalytische Theorie bekamen. Eine wirkliche Verbreitung scheint sie noch nicht gefunden zu haben.

Literatur

Günter, Michael (1999): Pentheus, Dionysos und der Terminator – Von der Schwierigkeit der Identitätsbildung angesichts libidinöser und aggressiver Strebungen in der Adoleszenz. Kinderanalyse 7(2), 104–125.
Erdheim, Mario (1991): Zur Entritualisierung der Adoleszenz bei beschleunigtem Kulturwandel. In: Klosinski, Gunther (Hg.): Pubertätsriten. Bern (Huber).
Rorty, Richard (2008): Philosophie als Kulturpolitik. Frankfurt a. M. (Suhrkamp).
Scheller, Jörg (2007): Der Fleischmetz. DIE ZEIT 31/2007, 48.
Weiß, Rudolf (2000): Gewalt, Medien und Aggressivität bei Schülern. Göttingen (Hogrefe).
Wikipedia, die freie Enzyklopädie: www.wikipedia.de, Stichwort: Terminator.

Mary Shelleys Frankenstein

(Regie: Kenneth Branagh; USA 1994)

Gabriele Hohage-Staudt

1. Einleitung

Kenneth Branagh inszenierte mit *Mary Shelleys Frankenstein* seinen fünften Film nach *Henry V.*, *Schatten der Vergangenheit*, *Peter's Friends – Freunde sind die besten Feinde*, dem oscarnominierten Kurzfilm *Swan Song* und *Viel Lärm um nichts*.

Es ist die bislang letzte in einer Reihe von Verfilmungen des Themas seit dem Jahre 1910. In seiner Frankenstein-Rezeption hält sich Kenneth Branagh im Gegensatz zu den früheren Verfilmungen eng an die Vorlage des 1818 herausgegebenen Romans. So zeigt er die künstlich geschaffene Kreatur nicht als bloßes Monster, sondern als ein Wesen, das fühlt, leidet und reflektiert, wie es auch in Mary Shelleys Roman – noch deutlicher – geschildert ist. Bei der Kritik fand der Film dennoch wenig Anklang: Er sei überladen und auf reißerische Effekte ausgerichtet, eine Selbstbespiegelung Branaghs, voller dramaturgischer Fehlentscheidungen und falscher Töne.

Kenneth Branagh übernahm im Film nicht nur die zweite Hauptrolle, sondern fungierte auch als Regisseur und Koproduzent neben Francis Coppola. Robert de Niro spielt die Rolle des Monsters. Für die Studioaufnahmen in den Londoner Shepperton Studios wurde die bisher größte Kulisse der britischen Filmgeschichte aufgebaut. Der Film hat Überlänge.

2. Handlung

Bevor der Film wirklich beginnt, hören wir eine von düsterer Streichermusik unterlegte weibliche Stimme, scheinbar aus Mary Shelleys eigenem Mund (ich habe die Quelle nicht finden können): »Zu meinem eigenen Zeitvertreib erdachte ich eine Geschichte, welche die verborgenen Urängste in uns Menschen wecken und uns vor Entsetzen erschauern lassen würde, die den Leser dazu brächte sich voll Grausen umzublicken, die das Blut gerinnen ließe und die Schläge des Herzens beschleunigen würde ...« Sofort danach ertönt ein heftiger, leicht dissonanter Bläserstoß, der zusammenfahren lässt. Der Film beginnt danach mit heiteren Szenen aus der Kindheit des Victor Frankenstein (als Erwachsener: Kenneth Branagh), der als Liebling seiner Eltern in adeligen, reichen Verhältnissen glücklich aufwächst. Seine Mutter nimmt die verwaiste Elizabeth (als Erwachsene: Helena Bonham Carter) in die Familie auf, und die Kinder lernen sich zunächst als Geschwister kennen und lieben, später wird eine Liebesbeziehung daraus. Der Tod seiner Mutter bei der Geburt des viele Jahre jüngeren Bruders stürzt Viktor in große Verzweiflung und motiviert ihn, sich den Wissenschaften zuzuwenden. Er lässt seine Verlobte Elizabeth zu Hause zurück und geht nach Ingolstadt, wo er den geheimnisvollen Prof. Waldman (John Cleese) kennenlernt, der sich mit der Erschaffung künstlichen Lebens befasst hat und dadurch in Verruf geraten ist. Frankenstein will diese Studien fortsetzen, wird jedoch von Waldman eindringlich gewarnt. Nach dessen Tod aber verwirklicht Frankenstein sein Vorhaben, indem er Waldmans Leiche und Leichenteile eines Verbrechers zu einem neuen Geschöpf zusammensetzt und in seinem Laboratorium mit einer aufwendigen, an eine künstliche Gebärmutter erinnernden Apparatur zum Leben erweckt. Doch als er die neue Kreatur vor sich sieht, wird er von Grauen überwältigt und versucht, sie zu töten. Erschöpft sinkt er danach in fiebrigen Schlaf. Am darauffolgenden Morgen ist das Geschöpf verschwunden. Da in Ingolstadt zur gleichen Zeit eine Choleraepidemie wütet, redet sich Frankenstein ein, dass es dieser zum Opfer fallen wird. Von seiner Verlobten Elizabeth und einem Freund (Tom Hulce) wird Frankenstein gesund gepflegt und kehrt nach Hause zurück, aller Schrecken scheint hinter ihm zu liegen. Doch das »Monster« hat überlebt und ist in den Wald geflohen. Versteckt im Schweinestall einer armen Waldbauernfamilie beobachtet es liebevolle Familienszenen, hilft den Bauern als unsichtbarer guter Geist bei schweren Arbeiten und wagt es schließlich, sich zu zeigen. Weil es aber so furchtbar aussieht, wird es verkannt und verjagt. Nun sucht das unglückliche Geschöpf voll Hass nach seinem Schöpfer. Es findet Frankenstein schließlich, ermordet dessen kleinen Bruder und sorgt dafür, dass das Kindermädchen der Frankensteins als Mörderin gelyncht wird. Anschließend zeigt sich das Monster seinem Schöpfer und fordert Frankenstein auf, aus der Leiche des Kindermädchens eine Braut für es zu erschaffen. Frankenstein weigert sich und versucht, mit seiner Verlobten zu fliehen, aber die Kreatur findet das Paar und tötet Elizabeth. In seiner Verzweiflung versucht Frankenstein nun doch noch einmal, eine Tote – seine Frau – zum Leben zurück zu bringen. Als diese jedoch erkennt, was für ein grauenhaftes Wesen aus ihr geworden ist, begeht sie Selbstmord. Das Monster, um die erhoffte Gefährtin betrogen, flieht ins ewige Eis des Nordpolarmeeres. Frankenstein verfolgt es bis zur völligen Erschöpfung und wird sterbend von der Besatzung eines Schiffes gefunden. Dem Kapitän Robert Walton (Aidan Quinn) erzählt er vor seinem Tod seine Geschichte. Auch das Monster kommt zum Schiff und trauert um seinen »Vater«. Das Angebot des Kapitäns, es in die Zivilisation mitzunehmen, lehnt es ab und verbrennt sich selbst zusammen mit Frankensteins Leichnam.

3. Die Autorin Mary Shelley (30.08.1797–01.02.1858)

Mary Shelley war die Tochter von Mary Wollstonecraft, einer englischen Feministin der ersten Stunde, und William Goodwin, eines vom Glauben abgefallenen Geistlichen und einflussreichen anarchistischen Philosophen. Der Essayist William Hazlitt schreibt über ihn: »Er strahlte wie eine Sonne am Firmament der Reputation; von niemandem wurde mehr gesprochen, zu niemandem mehr aufgeschaut, niemand war mehr gesucht, und wo immer Freiheit, Wahrheit, Gerechtigkeit das Thema war, war sein Name nicht fern« (Hazlitt in Mackerness 1969, S. 35–36). Die intellektuelle Avantgarde traf sich in seinem Haus. Auch seine Beziehung zu Mary war geprägt durch die intellektuelle Welt der Philosophie und Literatur. Mary Shelley hing Zeit ihres Lebens sehr an ihrem Vater, und in ihre Überlegungen zur Frankenstein-Geschichte werden seine moralphilosophischen und kritischen Gedanken eingeflossen sein.

Das Thema des frühen Verlustes – das Monster verliert seinen Schöpfer direkt nach der Geburt – war Mary Shelley von Kindheit an vertraut: Ihre Mutter starb an Kindbettfieber fünf Monate nach ihrer Geburt. Ihr Vater trauerte sehr um seine Partnerin, mit der ihn tiefe Liebe und Respekt verbunden hatten, sah sich aber außerstande, sich emotional fürsorgend seinen Kindern zuzuwenden: »I am totally unfitted to educate.« Er heiratete daher die Nachbarin, um Mary und ihre ältere Halbschwester Fanny zu versorgen. Mary litt sehr unter der Stiefmutter und deren Tochter Jane. Sie war ein zurückgezogenes Kind, das viel las, und entwickelte sich zu einer jungen Frau von »scharfem Intellekt, großer Intuition, Großzügigkeit und Zielstrebigkeit« (Maurice Hindle in Shelley 1992, Einführung, S. xviii). 17-jährig lernt sie in ihres Vaters Haus den jungen, frisch verheirateten Dichter Percy Bysshe Shelley kennen, der von der ungewöhnlichen jungen Frau fasziniert ist. Es entwickelt sich eine Liebesgeschichte, Shelley verlässt seine Frau, die mit dem zweiten Kind schwanger ist, und reist mit Mary auf den Kontinent. Es kommt deshalb zum Zerwürfnis mit den Familien des Paares, Shelley verliert die großzügigen finanziellen Zuwendungen, die ihm seine Familie bis dahin zahlte. Mary und Percy sind glücklich miteinander, aber finanziell stets in Schwierigkeiten. Im Dezember 1814 bringt Percys Frau ihr zweites Kind zur Welt, zwei Monate später hat Mary eine Frühgeburt, das kleine Mädchen stirbt wenige Tage später. Im Januar 1816 bekommt Mary ein zweites Kind, William. Im Mai gehen Mary und Percy in die Schweiz, wo auch Lord Byron den Sommer verbringt. Hier beginnt Mary, *Frankenstein* zu schreiben. Sie soll die Geschichte zur schauerlichen Abendunterhaltung ausgedacht und dann zum Roman ausgearbeitet haben. Im Herbst desselben Jahres begeht Marys Halbschwester Fanny Selbstmord, zwei Monate später ertränkt sich Shelleys Frau. Schließlich, am 30. Dezember 1816, heiraten Mary und Percy in London. Diese Verdichtung von Lebensereignissen – großes Glück, Tragödien, Schuld, Geburt und Tod – bildet den atmosphärischen Hintergrund für die Erzählung *Frankenstein oder Der moderne Prometheus*, der nach einigen Überarbeitungen im Januar 1818 erscheint.

Von Marys vier Kindern wird später nur eines das Erwachsenenalter erleben. Vier Jahre nach dem Erscheinen von *Frankenstein* wird Percy bei einem Segelunfall ertrinken.

4. Zum Roman in seiner Zeit

Vorlage für die Figur des Dr. Frankenstein – das »Monster« hat keinen Namen – könnte die Figur des deutschen Alchimisten Konrad Dippel (1673–1743) gewesen sein, von dem Mary Shelley während einer früheren Deutschlandreise und des Besuches der Burg Frankenstein bei Mannheim, wo Dippel geboren wurde, hörte. Dippel erlangte wegen gewisser makabrer Forschungen zum Geheimnis der Ewigkeit und des Versuchs der Herstellung von Gold aus unedlen Metallen Bekanntheit.

Die Vorstellung, einen Menschen oder ein menschenähnliches Wesen nach den eigenen Vorstellungen selbst erschaffen zu können und damit Schicksal und Tod, Leid und Verlust in die Schranken zu weisen, hat in der Menschheitsgeschichte eine uralte Tradition. Der Titan Prometheus in der griechischen Mythologie begehrte auf gegen die Götter, schuf mit Athenes Hilfe die Menschen aus Ton nach seiner Vorstellung, verweigerte die Anbetung und stahl den Göttern das Feuer – bis er gefesselt wurde.

Der Fortschritt in Naturwissenschaft und Technik im Zeitalter der Moderne ab dem 18. Jahrhundert veränderte die menschlichen Lebensbedingungen auf dramatische Weise. Vieles erschien nun im Sinne des prometheischen Gedankens erstmals real erreichbar. Moderne Glücksvorstellungen sind vom Streben nach Freiheit und Genuss durchdrungen. Hobbs definierte Glück als beständiges Prosperieren, Toqueville sah Glück als Freiheit in allen Dingen. Sir Humphry Davy, britischer Chemiker und Physiker und Zeitgenosse Mary Shelleys, schrieb: »Die Wissenschaft hat dem Menschen Mächte verliehen, die beinah schöpfergleich genannt werden können, die ihn in die Lage versetzen, auf die Wesen um ihn einzuwirken und sie zu verändern […,] der Natur nicht nur als Schüler zu begegnen, passiv und nur ihr Wirken zu verstehen suchend, sondern als Meister, aktiv mit eigenen Instrumenten […]« (Davy 1807, S. 175f.). Die Möglichkeit, den Menschen dem erbarmungslosen Diktat der Naturgesetze zu entziehen, sogar das Tote wieder lebendig zu machen und nach eigenem Gutdünken zu gestalten, erscheint dem beginnenden 19. Jahrhundert – wie im Film dem jungen Viktor Frankenstein – in greifbare Nähe gerückt. Mary Shelley selbst aber musste in ihrem Leben schon früh erfahren, dass Verlust und Tod endgültig, unseren irdischen Wünschen und Zielen Grenzen gesetzt sind.

5. Die narzisstische Tragödie am Beispiel des Films

Der Film beeindruckt unter tiefenpsychologischem Blickwinkel vor allem durch die eindringliche Darstellung der narzisstischen Größen- und Kränkungsthematik, die nun näher beleuchtet werden soll. Andere Aspekte lasse ich hierbei zugunsten der Eindeutigkeit des Themas und aus Gründen der Fülle außer Acht.

Über das Drehbuch und die Regieführung, von der Herstellung bis zur Umsetzung, durch alle Aspekte und Bereiche des Films zieht sich das Größenmotiv. Eingeführt wird es anfangs durch das sehr willkürliche Zitat, mit dem die Horrorthematik übersteigert betont wird: Wir sollen uns fürchten und besonders aufnahmebereit werden für die sich im Film entrollende existenzielle Dramatik und Tragik, als ob die Geschichte in sich nicht ausreichend Tragik böte. Opulente Ausstattung und musikalische Unterlegung, die Überdramatisierung vieler Szenen sowie die Überlänge des Films verweisen stets auf das Überdimensionale.

Dramatik und Tragik sind atmosphärische Kennzeichen aktivierter narzisstischer Prozesse. Im Gegensatz zu Borderline-Zuständen, welche ja auch sehr existenziellen, affektiv angereicherten Ausdruck gewinnen können, enthalten sie einen impliziten, erhöhenden Blick auf die eigene Szene, die dem Betrachter aber unbewusst ist. Viktor Frankenstein selbst nun kann verstanden werden als Mensch mit narzisstischer Persönlichkeitsorganisation.

Der ursprüngliche Narzissmusbegriff schließt an die philosophischen Glücksvorstellungen der Moderne an. Das Ich betrachtet sich als etwas

Monadisches, seine Welt als ganz aus dem Eigenen erschaffbar. Nach Freud wurde der Begriff des Narzissmus 1889 ursprünglich von Havelock Ellis geprägt. Freud schildert in der 1914 abgefassten Schrift *Zur Einführung des Narzißmus*: »Das Individuum behandelt den eigenen Leib wie sonst den eines Sexualobjekts, beschaut ihn also mit sexuellem Wohlgefallen, streichelt, liebkost, bis es durch diese Vornahmen zur vollen Befriedigung gelangt« (Freud 1914, S. 138). In einer Fußnote, die Freud den *Drei Abhandlungen zur Sexualtheorie* von 1905 hinzufügt, erläutert er zu narzisstischen Objektbesetzungen:

> »Wir haben bei allen untersuchten Fällen festgestellt, daß die später Invertierten in den ersten Jahren ihrer Kindheit eine Phase von sehr intensiver, aber kurzlebiger Fixierung an das Weib (meist an die Mutter) durchmachen, nach deren Überwindung sie sich mit dem Weib identifizieren und sich selbst zum Sexualobjekt nehmen, das heißt vom Narzissmus ausgehend jugendliche und der eigenen Person ähnliche Männer aufsuchen, die sie so lieben wollen, wie die Mutter sie geliebt hat« (Freud 1905, Fußnote S. 44).

Genauer beschreibt Freud diesen Vorgang noch einmal 1910 in *Eine Kindheitserinnerung des Leonardo da Vinci*:

> »Der Knabe verdrängt die Liebe zur Mutter, indem er sich selbst an deren Stelle setzt, sich mit der Mutter identifiziert und seine eigene Person zum Vorbild nimmt, in dessen Ähnlichkeit er seine neuen Liebesobjekte auswählt. Er ist homosexuell geworden, *eigentlich ist er in den Autoerotismus zurück geglitten*, da die Knaben, die der Heranwachsende jetzt liebt, doch nur Ersatzpersonen und Erneuerungen seiner eigenen kindlichen Person sind, die er so liebt, wie die Mutter ihn als Kind geliebt hat. Wir sagen, er findet seine Liebesobjekte auf dem Wege des Narzißmus« (Freud 1910, S. 170, Kursivierung G.H.-S.).

Später entwickelt Freud den Gedanken – in Übereinstimmung mit Otto Rank –, dass der Narzissmus nicht eigentlich der Perversion zugehörig sei, sondern als »libidinöse Ergänzung zum Egoismus des Selbsterhaltungstriebs« angesehen werden kann, sozusagen der libidinöse Beitrag zur Selbstliebe und zum Eigeninteresse, also ein normales Phänomen in der seelischen Entwicklung bedeutet. Die in den *Drei Abhandlungen zur Sexualtheorie* am Beispiel der Homosexualität erläuterte autoerotische Selbstbesetzung ist also nicht notwendig an Homosexualität gebunden.

Wir könnten daher in diesem Sinne Frankensteins Unfähigkeit, die Mutter zu betrauern und über ihren Tod hinwegzukommen als Folge davon betrachten, dass Frankenstein identifiziert war mit ihrem idealisierten Bild des eigenen Sohnes, er also sein Bild in ihr liebte, weshalb der Tod der Mutter als eine traumatische Bedrohung erscheinen musste, in welcher sein Bild mit unterging, und die er nur durch heftige Aggression und Größenvorstellungen abwehren konnte. Für ein Kind könnte dies die einzig mögliche Verarbeitung sein, aber Frankenstein war beim Tode der Mutter schon ein junger Mann. Die Selbstidealisierung reicht als erklärendes Moment nicht aus.

Balint, Winnicott und die heutigen Intersubjektivisten können dem Postulat einer ursprünglich monadischen Position des Säuglings nicht folgen, sondern sehen ihn von Geburt an in Beziehung. Narzisstische Störungen wären also Beziehungsstörungen von Anbeginn an. Balint – ich zitiere Altmeyer (2000, S. 82) – »begreift Narzissmus und aktive Objektliebe als gebahnte Strebungen auf der Basis der primären Objektbeziehung, deren erotisches Ziel sie auf Umwegen zu erreichen versuchen: geliebt zu werden«. Altmeyer selbst schreibt in einem Versuch zur Konkretisierung: »Der Narzissmus ist nicht einfach Selbstliebe, er kann […] als ein über das Objekt vermittelter Blick auf das Selbst verstanden werden […] ohne den anderen, ohne ein reales, internalisiertes oder virtuelles Objekt kein Narzissmus – und auch keine narzisstische Störung.«

Omnipotenzfantasien, narzisstische Objektwahl oder Hypochondrie werden daher in der moderneren Narzissmus-Rezeption als sekundärnarzisstische Entwicklungsprodukte verstanden, die einer Vorgeschichte pathologischer Objektbeziehungen entstammen: Versagungen der primären Liebeswünsche führen beim Kind zu lauten und heftigen Reaktionen von Zorn, Wut und Aggression und können, wenn sie von Dauer sind oder sich wiederholen, Gefühle von Unsicherheit und Wertlosigkeit in der seelischen Struktur chronisch verankern.

Es käme also für den jungen Frankenstein in der Entwicklung seiner narzisstischen Persönlichkeitsorganisation neben der idealisierenden Überbesetzung durch die Eltern, besonders der Mutter, noch der Gesichtspunkt der impliziten Ablehnung des wahren Selbst hinzu. Äußerlich erscheint alles in Ordnung, ja geradezu glanzvoll perfekt: Frankenstein ist mit dem goldenen Löffel im Mund geboren, der Erbe des adligen Hauses, der Stolz und die Hoffnung seiner Eltern in Fortsetzung der familiären Tradition, ist geschätzter Teil einer ihn liebenden, intakten Familie, die Welt steht ihm offen. Die Mutter verwöhnt ihn. »Sie werden ihn noch ganz verderben«, sagt die Hausdame im Film zu seiner Mutter. Unbemerkt, nur von der klugen Hausdame erahnt, werden die Ängste des Jungen sein, den in ihn gesetzten Erwartungen gerecht zu werden; der heimlich nagende Zweifel, ob er wirklich um seiner selbst willen geliebt wird, wird nicht bemerkt und nicht beruhigt. Von den idealisierenden Projektionen seiner Eltern in seinem wahren Selbst nicht ausreichend gespiegelt und künstlich aufgebläht, verfestigt sich Frankensteins Abhängigkeit von bestätigenden anderen und äußerem Erfolg, sodass ein schlimmer Verlust eines stabilisierenden Objektes, wie es die Mutter darstellt, als äußerster Angriff auf das ideale Selbst erlebt werden muss. Die Begabungen und gesunden explorativen Anteile des Viktor Frankenstein, seine optimistische Freude an sich selbst und seinen Fähigkeiten verzerren sich zur monomanischen Größenidee vor dem Hintergrund des unerträglichen Verlusterlebens, das er nicht betrauern kann, sondern als grausame Ungerechtigkeit des Schicksals auffasst und manisch abwehren muss. Er wählt den Weg der Größenvorstellungen, der ihn ins Unglück führt: Retraumatisiert durch den gewaltsamen Tod des verehrten Waldman erschafft er ein Monster. Das innere Leid des Viktor Frankenstein selbst, seine Gefühle von Ohnmacht und Entwertung, bleiben unsichtbar. Der Gründe für seine Obsession ist er sich nur vage bewusst: »Etwas kämpft in meiner Seele, das ich nicht verstehe«, sagt er im Film einmal. Die in der grandiosen Abwehr enthaltene Aggression wird im Film jedoch sinnfällig dargestellt in den Schöpfungsszenen des Monsters, die halb einer technisch-grausamen Fabrikation, halb einer Geburt gleichen. Das Ergebnis seiner Bemühungen, das Monster, wird für Viktor eine weitere schwere narzisstische Kränkung seiner Größenvorstellungen, die er nur verleugnen kann. Er zieht sich regressiv ins Fieber zurück und wiegt sich in der Hoffnung, sein Geschöpf sei bei der Cholera-Epidemie umgekommen.

Am Schicksal seiner Kreatur können wir den Aspekt des entwerteten

Selbst miterleben. Frankenstein erfährt sein Geschöpf vom ersten Augenblick an als eine grauenhafte Missgeburt, die bei der Geburt ihren Schöpfer förmlich unter sich begräbt. Er ist dem gleichzeitig hilflosen und überwältigenden Wesen nicht gewachsen und flieht voller Abscheu. So wie das Monster im Film im Moment seiner Erschaffung dargestellt ist, fühlt man sich wohl auch als hilfloser Säugling, wenn man von einer überforderten Mutter abgelehnt wird: als ein Zuviel, als abstoßend, lästig, hässlich, getrieben von der blinden Suche nach Schutz, Nahrung, Wärme und nach einer annehmbaren Identität. Doch das verschmähte Geschöpf zeigt, wie sehr es trotz allem am Leben hängt, es flieht und findet Unterschlupf im Stall einer Waldbauernfamilie. Hier ermöglicht ihm ein prekäres Gleichgewicht von Nähe und Distanz, aus dem Versteck heraus sich anzuschließen, teilzuhaben, zu lernen, zu geben, Freude und Zuneigung dabei zu empfinden. In seiner wahren Gestalt, als der, der es wirklich ist, bleibt das Monster aber auch für die Waldbauernfamilie unannehmbar. Die Suche des »Monsters« nach Liebe und Zugehörigkeit verwandelt sich durch die erneute Zurückweisung nun in zerstörerischen frustrierten Hass, das Opfer wird zum Verfolger. Nicht durch Vergessen (Verdrängen), nicht durch Flucht (Verleugnen) und nicht durch Kampf kann Viktor sich ab jetzt vor der Verfolgung durch die destruktiven Affekte (des Monsters) schützen.

Beide Positionen, die Frankensteins und die seines Geschöpfs, können als polare, gegensätzliche Bewältigungsversuche des gleichen erlittenen Traumas der Zurückweisung des wahren Selbst verstanden werden: Frankensteins Versuch, dem Tod zu trotzen und Unsterblichkeit zu erlangen, kann als progressiver Abwehrversuch gelten; der Entschluss des Monsters, in entfesselter Aneignungswut zu zerstören, was man nicht erlangen kann, bildet die regressive Abwehrposition ab.

Um Elizabeth, die Braut Frankensteins, entbrennt nun der letzte Kampf. Sie stellt im Film die begehrte Frau, Geliebte oder Mutter dar, von deren Liebe alles Lebensglück abhängt. Mit ihrer Hilfe könnte doch noch alles gut werden. Jedoch: Solange nur einer die Geliebte bekommen kann, wird keiner sie bekommen, keiner kann sich des anderen entledigen, denn sie sind zwei Seiten einer Medaille, erzeugen sich gegenseitig wieder und wieder, sind im Grunde eins: »Du, mein Schöpfer, verabscheust mich und stößt mich zurück, deine Kreatur, mit der du verbunden bist durch

Bande, die nur der Tod lösen kann«, sagt das Monster in Mary Shelleys Roman. Der Größenaspekt und der entwertete Aspekt sind letztlich nicht auseinanderzubringen.

Was nun folgt, ist eine Steigerung der quälenden Verkettung der Größen- und der Entwertungsposition, jeder verfolgt den anderen und flieht ihn zugleich, es entbrennt ein Kampf um Leben und Tod, bei dem von vornherein keiner gewinnen kann, der gemeinsame Untergang ist die einzige Möglichkeit der Vereinigung des Unvereinbaren. Als die entstellte, wiederbelebte Elizabeth sich umbringt, als Frankensteins schon brüchige heile Welt endgültig untergeht, wird er von verzehrendem Hass ergriffen. Die aggressive Größenfantasie, die sich in der Überwindung des Todes durch gewaltsame Wiederherstellung des Lebens aus Leichenteilen ihren Weg gebahnt hatte, verwirklicht sich nun in Rachedurst und Vernichtung des eigenen Lebens bei der Verfolgung des Monsters. Auch dieses, obwohl es zunächst in die Eiswüste flieht, hat nun keine echte Lebensperspektive mehr und verbrennt sich schließlich zusammen mit der Leiche seines Schöpfers.

6. Einige Betrachtungen zur Behandlung narzisstischer Problematiken

In meiner Praxis treffe ich viele Geschwister des Frankenstein-Monsters: Eine Patientin fürchtet in einer Umkehrung des Froschkönig-Themas, beim Kuss des Geliebten von ihm als ekliger Frosch entdeckt zu werden, sie schämt sich entsetzlich und hasst sich. Das Bild des Frosches steht symbolisch für das nackte, abstoßende Baby, das sie in den Augen ihrer viel zu jungen Mutter wohl einmal war. Ein anderer Patient sieht sich als haarig, hässlich und abscheulich und betrachtet die Mitwelt nur noch über den Bildschirm und im Internet, so wie Frankenstein durch das Astloch in der Stallwand die Bauernfamilie betrachtet. Solche Patientinnen und Patienten mussten frühe Spiegelungserfahrungen entbehren, sie hungern nach Liebe und Wertschätzung. Misstrauisch weisen sie gebotene Chancen zurück und fügen dem erfahrenen Leid weiteres hinzu.

Auch Viktor Frankenstein hat Leidensgenossen: Bei Suizidalen, in aktivierten narzisstischen Krisen, auch in Psychosen sehe ich Patienten in Größenvorstellungen flüchten, zwischen ihren gespaltenen inneren Anteilen hin- und herstürzen und sich selbst bekriegen. Ich bin auch erinnert an die Not von Eltern behinderter Kinder, die deren Behinderung, sofern sie kleiner ist, über lange Zeit verleugnen, oder aber, bei schwerer beeinträchtigten Kindern, deren Gegenwart nicht ertragen können.

Gudrun Minnich (2006, S. 152) schreibt in einem Artikel über die Frankenstein-Verfilmung:

> »Traumatisierte Eltern [wie Viktor als Erschaffer des Monsters] können ihren Kindern schwerer als andere ein sogenannter ›emotionaler Container‹ sein, sie brauchen im Gegenteil die Kinder, um sich von ihrem eigenen Ausmaß an Trauer projektiv zu entlasten. Frankenstein gibt so sein eigenes erlittenes Trauma des Verlassen seins an die nächste Generation weiter. […] Wir wissen, dass existenzielles Verlassen sein und Deprivation in der Frühzeit später schwerste Störungen erzeugen.«

Unsere Welt erscheint mir zunehmend als eine Welt des Sehens und der Erscheinung, mehr und mehr werden wir zu Augenmenschen. Auch das ist ein narzisstisches Thema. Die Internetforen, in denen die Partnersuche sich wesentlich am Foto des potenziellen Partners orientiert, sprechen davon eine lebendige Sprache. Fordert Mary Shelley uns auf, skeptischer von einer Gesellschaft zu denken, welche die äußere Erscheinung einem Betrachten voranstellt, das des anderen Gefühle, Haltungen und Nöte miteinbezieht? Nur ein Mensch, der auch um die eigene Verletztheit weiß, einer, der die grausame Verlassenheit des Eismeeres kennt, sie anerkennt und an ihr leidet – nicht einer wie der junge Viktor, der von Scheitern, Schmerz und Verlust nichts wissen will –, kann sich empathisch zuwenden. Die Kollusion von Größenidee und Entwertungsgefühlen kann nur als ganze Struktur gemildert oder überwunden werden.

Im Film spricht das Monster den bewegenden Satz: »Ich bin böse, weil ich elend bin«, und auch was hier zur Versöhnung notwendig wäre, kann das Monster benennen: »Meine Sünden sind die Kinder einer erzwungenen Einsamkeit, die ich verabscheue, und meine Tugenden werden sich notwendig erheben, wenn ich in Gemeinschaft mit einem Gleichen lebe.«

Es zeigt damit indirekt die einzig mögliche, aber eben so schwer mögliche glücklichere Lösung des narzisstischen Konfliktes auf: die Anerkennung des Verletzten, vielleicht auch des Entstellten und Verkrüppelten in uns, die Versöhnung mit unserer Unvollkommenheit. Hier liegt die Gefahr bei einer idealisierenden Abwehr des Therapeuten durch den Patienten: Wir werden zu einer »perfekten« Figur für unsere Patienten, werden zu jemandem, der einfach keine Ahnung hat.

Ein letztes Zitat, das auch im Film vorkommt: »Um des Mitgefühls eines Menschen willen würde ich Frieden mit den anderen Menschen schließen« – da wäre sie, die erlösende bedingungslose Liebe, Winnicotts »Glanz im Auge der Mutter«. Dieser Glanz, wenn er nachholend erfahren und internalisiert werden kann, macht zur inneren Aussöhnung fähig.

Literatur

Altmeyer, Martin (2000): Narzissmus und Objekt. Göttingen (Vandenhoeck & Ruprecht).

Baranger, Willy (2000): Der Narzissmus bei Freud. In: Sandler, Joseph et al. (Hg.) (2000): Über Freuds »Zur Einführung des Narzißmus«. Stuttgart, Bad Cannstatt (frommann-holzboog).

Davy, Humphry (1802): Introductory Lecture to the Chemistry of Nature. In: Collected Works, Bd. 8. London (Smith, Elder, and Company), S. 17.

Freud, Sigmund (1905): Drei Abhandlungen zur Sexualtheorie. In: Freud, Sigmund: GW V. Frankfurt a. M. (S. Fischer), 1999, S. 29–145.

Freud, Sigmund (1910): Eine Kindheitserinnerung des Leonardo da Vinci. In: Freud, Sigmund (1969): Studienausgabe, Bd. X. Frankfurt a. M. (S. Fischer), 1999, S. 170.

Freud, Sigmund (1914): Zur Einführung des Narzißmus. In: Freud, Sigmund: GW X. Frankfurt a. M. (S. Fischer), 1999, S. 138–170.

Hazlitt, William (1969): »William Godwin«. In: Mackerness, Eric D. (Hg.): The Spirit of the Age. London (Collins), S. 35–36.

Kohut, Heinz (1976): Narzißmus. Frankfurt a. M. (Suhrkamp).

Minnich, Gudrun (2006): *Mary Shelleys Frankenstein* von Kenneth Branagh (USA 1994). In: Wohlrab, Lutz (Hg.): Filme auf der Couch. Psychoanalytische Interpretationen. Gießen (Psychosozial-Verlag), S. 145–156.

Shelley, Mary (1992): Frankenstein or The Modern Prometheus. Edited with an Introduction and Notes by Maurice Hindle. London (Penguin Books).

Steiner, John (1998): Orte des seelischen Rückzugs. Stuttgart (Klett-Cotta).

Steiner, John (2006): Sehen und Gesehenwerden. Stuttgart (Klett-Cotta).

Titanic

oder: Über die Notwendigkeit der Destruktivität in der Adoleszenz: Camerons *Titanic*, gedeutet als Tagtraum (Regie: James Cameron; USA 1997)

Klaus Augustin

1. Einleitung

Der Autor deutet den Film vom Untergang der Titanic aus dem Jahr 1997 als grandiose Darstellung der Ablösungskrise einer Adoleszenten. Er versucht die große Wirkung des sehr erfolgreichen Filmes auf das Publikum abzuleiten. Seine Hypothese ist, dass der symbolisch dargestellte Untergang der scheinbar perfekten Welt der Eltern vom Zuschauer unbewusst als erforderlich begrüßt wird. Insbesondere fragt er nach der Beziehung der Adoleszenten zum toten Vater. Sie muss dieses idealisierte und für die Triangulierung unerreichbare Objekt verlassen. Hierfür benötigt sie die Bindung an einen ebenso idealisierten Liebhaber. Dieser wird symbolisiert als ein sehr autonomes Objekt und als sichere Basis. Erst mit seiner Hilfe kann sie die Kindheit verlassen.

Der Film von Cameron über den Untergang der Titanic hat mich tief beeindruckt. Wichtig war, dass ich mit meinem damals zwölfjährigen Sohn im Kino war. Ich habe den Film wohl auch mit seinen Augen gesehen, also in einer starken Identifikation mit einem Frühadoleszenten. Viele junge Mädchen haben diesen Film mehrere Male gesehen. Kilb (1998) schreibt in der *ZEIT*: »Die kleine Anna hat den Film viermal gesehen. […] Der Untergang des Schiffes habe sie nicht besonders erschreckt, sagt sie, geweint habe sie auch nicht. […] Anna ist zwölf.«

Ich möchte hier eine psychoanalytische Interpretation von Aspekten dieses wichtigen Filmes vorstellen, in der ich den Loslösungskonflikt und die Idealisierungen der Adoleszenten in den Mittelpunkt stelle.

2. Zur Methode

Warum löste ein realistischer Film über ein so schreckliches Ereignis so viel Zustimmung aus? Ich hatte den ganzen ausführlich und dramatisch geschilderten Untergang des großen Schiffes mit seinen 2.500 Passagieren angesehen und war dafür bemerkenswert wenig geängstigt. Mich hatte das Schicksal des Liebespaares weit mehr angesprochen. Auch in der Reklame und den Besprechungen wird die »bezaubernde Liebesgeschichte« hervorgehoben. Der Ausgangspunkt dieser Untersuchung ist also meine emotionale Reaktion – analog dem Gegenübertragungsgefühl in der Analysestunde.

Ich habe zunächst die Filmgeschichte in einen Text übersetzt, den ich dann gedeutet habe. Dieses Vorgehen diente weniger der Analyse als der Vertiefung, da die direkten affektiven Reaktionen bei der Filmbetrachtung wegweisend sind. Diese inhaltliche Analyse wird nach einer Literaturübersicht dargestellt. Anschließend möchte ich die Fallvignette einer Patientin vorstellen, bei der ich eine ganz ähnliche Psychodynamik behaupte. Neben der Krise der Ablösung in der Adoleszenz will ich kurz die unterschiedliche Entwicklung der Geschlechtsidentität betrachten.

3. Literatur über den Film

Die Traumdeutung und die Filmanalyse werden in der psychoanalytischen Literatur verglichen und der Film z.B. von Metz (1994) als dem Tagtraum nahestehend bezeichnet. »Der Traum […] gehöre der Kindheit und der Nacht, Film und Tagtraum seien erwachsener und gehörten dem Tag und dem Abend« (S. 1005).

Zeul (1994) unterscheidet zwischen einem »inhaltlichen und einem formalen Ansatz von [psychoanalytischer; d. Verf.] Filminterpretation. Anders als beim formalen Zugang, der von der Bildgestaltung ausgehend, ihren Symbolgehalt aufspürt, löst der inhaltliche Ansatz noch vor der

Interpretation die Bilder gleichsam in einen Text auf, der dann analysiert wird.« Zeul kritisiert am inhaltlichen Ansatz, dass »die konkrete Eigenheit des Films verschwindet« (1994, S. 988).

Woelk (1999) schreibt in der *ZEIT* über die Ähnlichkeit der Liebesgeschichte auf der Titanic mit der Dichtung Gottfried von Straßburgs *Tristan*, die von Wagner vertont wurde. Er betont die Sehnsucht, die die absolute und unglückliche Liebe auslöst: »Letztlich ist es das Scheitern der Liebe an sich selbst, an ihrem eigenen Absolutheitsanspruch, das ihren mal heroischen, mal morbiden Charakter ausmacht.«[1] Er schreibt, dass in unserem postmodernen Zeitalter ohne echte Abenteuer Idealisierungen gewünscht, aber nicht gelebt werden: »In einer Welt, die von Tag zu Tag unübersichtlicher zu werden scheint, kann die Kraft des Liebesmythos nur wachsen.«

Wegener (1998) stellt die Hypothese auf, dass der Erfolg des Filmes auf den gleichen Wurzeln wie der Geschichte von Platons *Atlantis* beruht, nämlich auf der »geheime[n] Sehnsucht des Lesers und Kinogängers nach dem Tod«. Er zitiert Lacan, der auf die Sehnsucht nach der Rückkehr in die Situation intrauteriner Unabgegrenztheit in Bestattungsriten verweist und fasst zusammen: »Es geht um die filmisch perfekte Aufbereitung einer in jedem Menschen schlummernden Sehnsucht: Die Sehnsucht nach dem Ende der Trennung, die im Moment ihrer Geburt bereits den Wunsch nach Wiedervereinigung oder suizidaler Auflösung zeugt.«

Kilb (1998) schreibt über die Anziehung des Filmes:

> »In ›Titanic‹ dient die Love-Story nur als Umhüllung für etwas anderes, das dem Geschehen seine eigentliche Faszination verleiht. Was ist es? Es ist das Bild einer Ganzheit, die wir verloren haben. Das Bild einer versunkenen Welt, in der vom Kapitän bis zum Maschinisten, vom Auswanderer bis zum Millionär, jeder seinen festen Platz hatte. Das schreiende Unrecht, das diese Welt zusammenhält, entwertet nicht ihren Glanz, sondern steigert ihn noch.«

Er sieht die Bedeutung und Macht des Kinos in der Produktion sinnstiftender und ordnender Bilder, Symbole und Metaphern: »Am Ende

1 Hier möchte ich wie bei den Zitaten aus der *ZEIT* auf die Internet-Versionen verweisen, die keine Seitenzahlen haben.

unseres titanischen Jahrhunderts, nach dem Zerfall des Kommunismus als letzter ganzheitlicher Ideologie, im Vorgefühl künftiger Verteilungskämpfe und Krisen ist die Welt nicht mehr in große Gedankengebäude zu fassen. Titanic im Kopf: Nur als Bild können wir die Welt noch verstehen.«

Liebrand und Schößler (2001) analysieren den Film unter Aspekten der Genderforschung und konzentrieren sich auf das Spiel der Symbole und der wechselnden Betrachter im Film. Über das Eindringen des U-Boots in das Wrack schreiben sie: »Der weiblich konnotierte dunkle Kontinent des Meeres wie das Schiffswrack werden von einem männlichen Blick erkundet, geradezu penetriert.« Sie betonen in ihrer Untersuchung den männlichen Blick auf die Frau und ihre Symbole: Über diese Parallelisierung von Schiff und Frau wird das Geschlechterverhältnis zugleich gemäß eines traditionellen Schöpfungsmythos angelegt. Nicht nur das Schiff erscheint als von Männern ersonnene geniale Konstruktion, auch das Geschlechterverhältnis wird als Konstruktions- und Schöpfungsgeschichte destruiert: »Die« Frau ist Erfindung des Mannes.

Es gibt zahlreiche Verfilmungen des Unterganges der Titanic. Ich werde nicht über das Unglück, seine Verarbeitung und seinen Symbolgehalt sprechen, sondern mich nur auf den Film von Cameron aus dem Jahr 1997 konzentrieren.

4. Der Filminhalt

Der Film ist als Novelle gestaltet, die Rahmenhandlung spielt in der heutigen Zeit. Mit hochmoderner Technik ausgestattete Schatzsucher finden und erforschen das Wrack der 1912 gesunkenen Titanic. Ein Mythos der Moderne: das damals größte und modernste Schiff der Welt, welches als unsinkbar galt und doch auf der Jungfernfahrt sank. Sie bergen einen Tresor, der einen sehr wertvollen und berühmten Diamanten mit dem Namen »Das Herz des Ozeans« enthalten soll und finden von dem gesuchten Diamanten nur ein Bild. Es ist die Aktzeichnung einer jungen Frau, die den gesuchten Edelstein als Schmuck trägt. Die Schatzsucher haben mit diesem Fund einen finanziellen Rückschlag erlitten.

Nun sehen wir einen gemütlich eingerichteten kleinen Wohnraum, in dem der Fernseher läuft. Dort erfährt eine alte Dame durch einen Fernsehbericht von dem Fund und eröffnet den Schatzsuchern, dass sie die gezeichnete Person ist. So wird der Film als Bericht einer Augenzeugin gestaltet. Da über den Rahmen, der immer wieder auftaucht, das Geschehen in die ferne Vergangenheit verlegt wird, wird wirkungsvoll das Entsetzen gemindert. Das Unglück ist zwar wirklich geschehen, aber es ist lange her, eine erzählte Geschichte, ebenso authentisch wie entfernt. Die sympathische Erzählerin hat überlebt.

Ich möchte hier auf einen weiteren Aspekt, den der erzählerische Rahmen mit sich bringt, hinweisen: Wir bekommen einen subjektiven Bericht, eine Narration, eine Biografie, die wahr ist, weil sie erzählt wird. Bei der Darstellung des Films ist die Perspektive eindeutig, es geht um die Erinnerung von Rose (Gloria Stuart). Die anderen Figuren sind ihre Objekte (in der Vergangenheit) oder Zuhörer (in der Gegenwart).

Die Geschichte möchte ich zusammenfassen: Das stolze, luxuriöse und erstaunliche Schiff legt in Liverpool ab. Rose (Kate Winslet), ein 17 Jahre altes Mädchen, das mit der Mutter (Frances Fisher) zurück in die USA fährt, reist vornehm in der ersten Klasse und hat einige moderne Gemälde von Picasso und Monet aus Paris mitgebracht – Symbole von Reichtum, aber auch ästhetischer Offenheit und Neugier. Sie stammt aus einer Upperclass-Familie und ist mit Cal (Billy Zane) verlobt, der ebenfalls auf dem Schiff mitreist. Dessen reiche Familie soll den sozialen Abstieg von Mutter und Tochter verhindern.

Cal ist ein junger Geschäftsmann. Seine Motive, Rose zu heiraten, bleiben interessanterweise gänzlich unklar. Im Film wird dargestellt, dass er sie besitzen und bevormunden möchte. Er schenkt ihr auf der Reise, um sie zu binden, einen Diamanten mit dem Namen »Das Herz des Ozeans«. Der Diamant hat eine hochverdichtete symbolische Bedeutung. Er ist das Ziel der Schatzsucher, also der Auslöser der ganzen Aktivität. Jedes Mal, wenn über den Diamanten gesprochen wird, wird erwähnt, dass er dem französischen König Louis XVI. gehört hatte, der während der französischen Revolution mit der Guillotine getötet wurde.

Und schließlich findet sich der 20-jährige Jack (Leonardo DiCaprio) an Bord, der vor einigen Jahren die Eltern verlor; er ist ein sympathischer Vagabund und Maler.

Die Mutter von Rose ist eine hagere, unfrohe, energische Frau, die ihre

Tochter voller Standesdünkel zu lenken versucht. Sie verlangt von der Tochter die Heirat mit Cal, um den eigenen sozialen Abstieg zu verhindern, verlangt von der Tochter also die Selbstaufgabe für die Mutter.

Im Gegensatz dazu steht eine neureiche texanische Frau, die offen, direkt, herzlich und unangepasst in der ersten Klasse agiert – eine Art Gegenidentifikationsobjekt für Rose.

Vom Vater erfahren wir wenig, nur die Mutter spricht von ihm: Er ist tot und hat Schulden hinterlassen. Ohne einen anderen reichen Mann lässt sich der soziale Stand nicht halten.

Die erste Begegnung zwischen Rose und Jack findet statt, als Rose suizidal vom Heck des Schiffes springen will, da sie den Konflikt, einen Mann heiraten zu müssen, den sie nicht liebt, nicht lösen kann. Jack rettet sie mit dem Satz: »Wenn Sie springen, springe ich auch.«

Jack kann sich in seiner jugendlichen Unbefangenheit und Lebendigkeit gut gegen Cal behaupten, der nur Geld und Macht bieten kann. Die beiden Männer stellen krass überzeichnete Gegensätze dar und dieser soziale sowie emotionale Gegensatz wird auch in den Speisesälen gestaltet: Im Raum der ersten Klasse geht es vornehm, förmlich und steif zu, es zählen Ansehen, Geld und Macht. Nur diese Attribute zeichnen eine Person aus – nicht ihre Wünsche oder Eigenheiten.

Als Gegensatz stellt Cameron die dritte Klasse dar – pralles fröhliches Leben von unkomplizierten Menschen. Formell bemerkenswert ist, dass die Armut in der dritten Klasse gar nicht wahrnehmbar ist. Besitzlosigkeit symbolisiert hier in keinem Moment Not, sondern nur Freiheit von Konventionen und Zwängen. Der Konflikt spitzt sich zu, als die Mutter Rose den Kontakt zum Lebensretter Jack verbietet, um der aufkeimenden Liebe Einhalt zu gebieten. Als Cal Rose mit Schlägen droht, bricht sie aus. Sie sucht Jack auf und bittet ihn, sie nackt mit dem Diamanten zu zeichnen. Er hatte ihr in einer früheren Begegnung mehre Aktzeichnungen gezeigt: Für sie ist er ein erotischer und ein im Symbolisieren erfahrener Mann. Diese erotisch hoch aufgeladene und vielfach determinierte Szene wird besonders betont. Die völlig gefesselten Zuhörer auf dem Schiff der Schatzsucher werden eingeblendet. Diese Zeichnung hatte die alte Rose auf das Schiff geführt. Das Bild vom Diamanten hatte den Diamanten ersetzt. Erst danach geht es im Film ein einziges Mal um Sexualität – und in der sich anschließenden Filmszene kommt es zur Kollision des Schiffes mit dem Eisberg. In der bemerkenswerten Komposition des Filmes geschieht dies direkt nachdem Rose Jack sagte, dass sie mit ihm in New York von Bord gehen will, als sie also die Entscheidung zur Trennung von der Mutter und dem Lebensstil der Eltern getroffen hatte.

In der Kollision mit dem Eisberg wird deutlich, dass alle verantwortlichen Männer versagt haben: der als schwach gezeichnete Kapitän, der arrogant die Warnung vor Eisbergen missachtete, der Reeder, der um eine Erhöhung der Geschwindigkeit bat, um mit dem Geschwindigkeitsrekord zu werben, der Konstrukteur und auch die Mannschaft, die die Ferngläser verlegte. Der Wassereinbruch ist unaufhaltsam, der Zuschauer erlebt, wie langsam immer mehr Wasser eindringt und die verschiedenen Bereiche des Schiffes unbenutzbar macht, und auch, wie die Menschen mit dieser Situation umgehen. Schließlich wird minutiös der Untergang selbst dargestellt.

Auch in diesem zweiten Abschnitt steht die triangulär gestaltete Liebesgeschichte im Vordergrund. Der Untergang wird von Rose erlebt und berichtet. Wieder verhalten sich die Männer genau gegensätzlich: Der egoistische Cal beschuldigt Jack und droht ihm mit dem Tod, woraufhin Rose diesen auf sehr riskante Weise rettet. Später gelingt es Cal, dem Untergang zu entgehen, indem er ein weinendes Kind auf den Arm nimmt und so einen Platz im Rettungsboot bekommt, den er ohne diese Manipulation nicht bekommen hätte.

Jack engagiert sich sehr für Roses Rettung, deren Konflikt die Abgrenzung von der Mutter bleibt. Auch diese Frage wird auf Leben und Tod zugespitzt. Rose und ihre Mutter bekommen einen Platz im Rettungsboot. Rose steigt wieder aus und geht zu Jack auf die Titanic zurück: »Wissen Sie noch: Wenn Sie springen, springe ich auch.« Jack schafft es, mit ihr in vielen dramatischen Episoden das Volllaufen, das Auseinanderbrechen und Untergehen des Schiffes zu überleben, stirbt aber schließlich im Eismeer, während Rose, auf einer Tür schwimmend, gerettet wird. Beide trug die Tür nicht, also ließ Jack sich ins Wasser gleiten … Auch im letzten Dialog setzt er seine selbstlose Liebe fort: Sie soll ihm versprechen zu leben, zu heiraten und viele Kinder zu bekommen.

Nach ihrer Rettung wird Rose auf dem Deck eines Frachtschiffes von ihrem Verlobten gesucht, gibt sich ihm aber ebenso wenig zu erkennen wie dem Beamten, der ihre Daten aufnimmt: Sie nimmt den Nachnamen von Jack an und lässt ihre Vergangenheit hinter sich.

Der Film endet mit einem Traum, der von dem Song *My Heart Will Go On* begleitet wird. In diesem Traum begegnen sich Rose und Jack auf der luxuriösen Treppe im Speisesaal der ersten Klasse und küssen sich vor den applaudierenden Mitreisenden. Es ist ein Hochzeitstraum, den Rose später jede Nacht träumt. Dies hat sie ihrem Mann jedoch nie erzählt, wie sie ihrer Enkeltochter mitteilt.

Die Rahmenhandlung wird damit beendet, dass die alte Dame den Diamanten von Louis XVI., das Symbol für Reichtum und Erbschaft, das Symbol für die Revolution, an der Untergangsstelle ins Meer wirft. Ein letzter Gruß an Jack? Oder ist es das endgültige und letztmalige Fortwerfen ihrer Herkunft, der Idee großen materiellen Reichtums?

5. Interpretation

Großes Kino? Eine große Story? Große Gefühle! Zunächst zu formalen Aspekten: Der Untergang des mächtigen Schiffes ist detailgetreu dargestellt. Verglichen damit sind die Personen der Handlung wenig realistisch, besonders die männlichen Hauptpersonen sind überzeichnet, einseitig, in ihren Motiven zum Teil wenig verstehbar, fast plakativ gegensätzlich. Auch die Elternfiguren sind auf wenige Eigenschaften reduziert. Die Vaterfigur »Kapitän« versagt als schwacher, unsicher wirkender Mann sowohl bei der Führung des Schiffes als auch angesichts der notwendigen Organisation der Evakuierung. Auch hier fällt die Einseitigkeit und Reduziertheit der Darstellung auf. Es wird auch nicht weiter erklärt oder gefragt, wie eine so schwache Person in diese Position kommt. Andere Titanic-Filme stellen die Figur des Kapitäns ganz anders dar.

Nach meiner Anschauung ist allein die Darstellung von Rose tiefer angelegt. Ein Mädchen, das Konflikte durchstehen muss, das zweifelt, sich beeinflussen lässt, Angst hat und im Zweifelsfall auch zickig und schwierig sein kann. Sie ist die einzige Person, die eine Entwicklung macht. Gerade deshalb bin ich geneigt, die Geschichte ernst zu nehmen und sie als die Erinnerung einer Frau an die Krise ihre Adoleszenz zu sehen. Der Rahmen betont genau dies. Wir haben hier eine subjektive

Erinnerung vor uns, nicht die genaue Darstellung eines Schiffsunglücks. Gerade das Einseitige und Plakative der Charaktere, die die einzelnen Personen auf wenige Aspekte reduzieren, zeigt, dass es sich weniger um eigenständige Personen, sondern eher um Erinnerungen handelt, die durch Projektionen und Spaltung bearbeitet wurden.

So lässt sich der Film als eine Erinnerung sehen, bei der der Untergang der Titanic Symbol und Hintergrund ist für den erinnerten und verinnerlichten Reifungsschritt einer jungen Frau. Diese Adoleszente, die den Vater verlor, erzählt vom Bruch mit ihrer Familie und ihrer Herkunft. Sie erzählt von einer idealen Liebe, die ihr diesen Individuationsschritt ermöglichte. Es ist ein typischer, hier sehr intensiv gezeichneter Konflikt einer Jugendlichen: Tue ich, was meine Mutter verlangt, oder höre ich auf meine eigenen Gefühle? Kann ich meine Ablösung von der Mutter überleben? Schon in der Szene, in der Rose über Bord springen will, zeigt sie, dass für sie kein Kompromiss denkbar ist. Auch die Mutter kennt keinen Kompromiss und hört nicht auf die Wünsche der Tochter.

In dieser Situation wäre eine Triangulierung, ein drittes Objekt nötig. Also der Vater? Der kann nicht eingreifen, er ist tot, sein Vermächtnis offenbar hier nicht zu gebrauchen, es werden nur Schulden genannt. Vertreten wird der Vater im Film vom Kapitän, dem Verantwortlichen für das Schiff und sein Unglück. Er ist ein schwacher Mann, der sich nicht recht durchsetzt – in Bezug auf seine Funktion als Vaterfigur ein Hinweis darauf, dass Roses Vater sich für sie gegen die Mutter vermutlich auch nicht durchsetzen konnte. So teilt uns die Erzählerin Rose mit, dass der Vater sie enttäuscht habe, er keine Sicherheit garantieren und sie auch nicht vor der Mutter schützen könne.

Die Welt des Vaters wird, diesem Gedanken folgend, auch repräsentiert durch das technische Wunderwerk Titanic und das soziale Leben der Oberschicht, in der nur Geld und Macht zählen, nicht die Gefühle. Ich sehe die Gefühle dem Vater gegenüber auch in der Geschichte des Diamanten verschlüsselt. Dieser gehörte ursprünglich dem König, also der Vaterfigur, die vom enttäuschten und revolutionären Volk abgesetzt und geköpft wurde. So symbolisiert der Diamant vielleicht Roses Selbst, da er zuerst er dem Vater/König und dem Verlobten gehörte. Danach wurde der Diamant als Bild zurückgelassen und blieb bei ihr: »Ich bin nicht mehr euer Besitz.« Er stellt auch eine Bedrohung dar – es ist gefährlich, ihn zu besitzen.

Rose verwirft den Kontakt zum Vater und seiner Welt, sie revoltiert, sie verliebt sich in einen mittellosen, fröhlichen, begabten jungen Maler. Bemerkenswert ist, dass er keine Eltern mehr hat. Das teilt er ihr regelrecht fröhlich mit und gerade in dieser Darstellung liegt Optimismus: Er ist frei, für ihn gelten Rücksichten und Konventionen nicht mehr. So verkörpert er in seiner Ungebundenheit den Wunschtraum der Adoleszenten.

Der Mann ihrer Träume soll ihre Person anerkennen, er soll sie nicht besitzen wollen, sondern sie fördern, retten und ihr Leben und ihre Person über das Eigene stellen. Das steht im direkten Gegensatz zum Verlobten, der sein Geld und seine Macht über ihre Person stellt. Er verkörpert ihre Angst vor Bevormundung. Sie träumt von einem Mann, der stark und selbstbewusst genug ist, um sie in einer Katastrophe oder Revolution zu schützen und auch zu führen. Offenbar kann sie das Thema Beziehung nicht ohne die Vorstellung von Abhängigkeit und Unterordnung erleben. Sie wendet es hier progressiv. Wir können erneut das Problem ihrer Separationsproblematik bei einem wenig abgegrenzten Selbst aus der infantilen Mutterbeziehung erkennen.

Mich erinnert das Übersteigerte und Idealisierte dieser Wünsche an die grandiosen Attribute in der Darstellung der Titanic: das größte, das schnellste, das sicherste Schiff. So wird der Konflikt um Autonomie und Ablösung vergrößert und als das einzig Wichtige erlebt. Ich halte das für durchaus typisch für die Adoleszenz. Die Unabhängigkeit des eigenen Gefühls, der eigenen Liebe wird betont. Dass dies im teuersten Film aller Zeiten dargestellt wird, empfinde ich als Ironie. Ich sehe hier nicht nur eine autonomieorientierte Abwendung vom Elternhaus, sondern auch die Befriedigung des wohl mehrheitlich der Mittelschicht angehörenden Publikums, das sich mit Rose identifiziert. Diese hat sich von der Welt der Reichen abgewandt und lebt von der eigenen Leistung.

So komme ich zur Beantwortung meiner Frage, zu einer Deutung meiner eigenen affektiven Reaktion, dass mich der Untergang des Schiffes und seiner Passagiere nicht tief erschreckt hatte. Ich möchte behaupten, dass es für Rose angemessen oder auch notwendig ist, dass die Titanic untergeht, steht sie hier doch als Symbol für den Untergang der Welt der Kindheit, des eigenen Kleinseins, der Abhängigkeit von den Eltern, der Abhängigkeit von Konventionen und Herkunft. Sie steht auch für den Untergang von Größe und Macht (die ja auf die Eltern der frühen Kindheit verweist). Die Überhöhung kehrt verdeckt wieder in einer ebenso großen Idealisierung der Liebe.

Das entscheidende Thema der Trennung wird dargestellt in Roses Versuchen, das Schiff zu verlassen. Zuerst wird das in ihrem Suizidversuch dargestellt, wobei Rose vom Heck des Schiffs ins Meer springen will, sich schließlich aber von Jack retten lässt. Dieser Versuch wird als unreif dargestellt. Der nächste Versuch wird in der Szene dargestellt, in der sie sich an der Bugspitze von Jack zeigen lässt, wie es sich anfühlt, über den Ozean zu schweben, ohne das Schiff noch zu sehen. In symbolischer Darstellung versucht sie also zunächst das Schiff nach hinten in die Vergangenheit und dann nach vorne in die Zukunft zu verlassen. Der Schritt vom Schiff fort ist ihr jedoch noch nicht möglich. Erst in einer neuen Objektbeziehung wird es ihr gelingen, den alten sicheren Ort aufzugeben.

Hinter der idealisierten ersten Liebe zu einem jungen Mann zeigt sich das Abbild der ersten Liebe des Mädchens: die Liebe zum Vater. Vom riesengroßen und scheinbar allmächtigen Vater erwarten Kinder selbstlose Unterstützung in den schwierigsten Lebenslagen, mehrfache Lebensrettung auch um den Preis der Selbstaufgabe und Rettung aus seelischer Not. Im Film ist es Jack, der als Partner diese Unterstützung gibt. Der Mann, den Rose später heiratet, ist an diesen Vorgaben offenbar nicht zu messen. Andererseits lässt es sich mit dem normaleren Mann wohl leben. Rose hat den Bruch mit Vater und Mutter hinter sich gebracht und zu weniger grandiosen, aber lebbaren Werten gefunden, in ein normales Leben, in dem geheime Tagträume über Schwierigkeiten hinweg helfen können. Insofern wird uns eine gelungene Verschiebung von Besetzungen und Individuation gezeigt.

Der Film zeigt die Erinnerung einer alten Frau an ihre erste große Liebe. Der erste Freund verkörperte neben Idealen von Unabhängigkeit, Ungebundenheit und Kreativität viele Aspekte einer idealisierten rettenden Vaterfigur. Durch diese Freundschaft konnte die Bindung an den einerseits idealisierten und andererseits enttäuschenden Vater aufgelöst und aufgehoben werden. Der Untergang der Titanic symbolisiert hier den Untergang der Zugehörigkeit zur Welt des Vaters und drückt auch aus, dass sie realisiert hatte, dass der Vater sie nicht mehr schützt und auch nicht mehr schützen muss. Sie muss und kann sich nun selbst mit der Abgrenzung von der Mutter auseinandersetzen. Der Film symbolisiert so die Revolte gegen die Eltern und den Eintritt in die eigene Erwachsenheit.

6. Fallvignette

Die Patientin befand sich wegen Angstzuständen und depressiven Verstimmungen bei mir in einer Psychoanalyse. Die Angst überfällt sie, wenn sie sich in ihrer Unsicherheit gesehen fühlt, zum Beispiel an der Supermarktkasse oder auch immer dann, wenn sie unterschreiben soll. Sie war lange ambivalent gegenüber der Behandlung, da sie sich vor der Bindung fürchtete.

Zur Biografie: Der von der heute 39-jährigen Patientin sehr geliebte Vater war in ihrem sechsten Lebensjahr, also in der ödipalen Phase, gestorben. Die Verbundenheit zum Vater und die fröhliche Nähe, gerade in der Nacht, beschreibt sie mit folgender Deckerinnerung: »Mein Teddy flog aus dem Kinderbett in das Bett meines Vaters hinüber und ich sprang hinterher.« Sie war nach dem Tod des Vaters von der Mutter als Partnerersatz stark beansprucht worden. »Meine Mutter weinte immer, über viele Jahre.« Die Patientin schlief bis zum Alter von 15 Jahren im Schlafzimmer der Mutter. Sie fühlt sich heute noch gebunden und verpflichtet, sich um die Mutter zu kümmern. In der Adoleszenz hatte sie sich von der Mutter zurückgezogen, dabei aber immer ein schlechtes Gewissen gehabt und vor allem ihre sexuellen Interessen vor der Mutter verborgen. Die Ablösung von den Geboten und der Person der Mutter fiel der Patientin schwer. 18-jährig verliebte sie sich im Urlaub in einen neun Jahre älteren Mann; einen Mann, den sie für seine innere Ruhe und Unabhängigkeit bewunderte. Er konnte stundenlang dasitzen und nur schauen. Er war in der ganzen Welt zu Hause und wollte alternativ leben, arbeitete für seinen Lebensunterhalt nur etwa fünf Monate im Jahr und zog die übrige Zeit umher. Sie schildert diese Liebe sehr warm und intensiv. Sie sahen sich in den folgenden zwei Jahren nur gelegentlich, hielten aber den Kontakt über Briefe aufrecht. Der Freund suchte sie für ein gemeinsames Auswandern nach Indien zu gewinnen – lange Zeit für sie eine verführerische Idee. Heute noch reist sie gerne und sehnt sich mitunter nach dem Leben in einem anderen Land.

Mich beeindruckte in der Erzählung der Patientin die große Intensität der Liebe. Ich denke, dass sie in dieser ersten Liebe durch die Idealisierung eines Mannes, der eine intensive Unabhängigkeit von Konvention und Gebundenheit verkörperte, die Ablösung von der Mutter erreichen wollte. Die Begegnungen dieses Freundes mit ihrer Mutter waren für die Patientin immer hoch konflikthaft. Sie lösten das Symptom aus, das sie in die Analyse geführt hatte: eine Schreibhemmung. Sie konnte ihren Freund nur in der tatsächlichen Ferne unbefangen lieben, nicht aber zu Hause. Sie bekam den ersten Panikanfall, als sie sich von der Mutter zurückzog und für die Anmietung eines Zimmers unterschreiben musste, um diesen Mann zu treffen. Zuvor hatte sie die Problematik mit der Mutter dadurch gelöst, dass sie die Seiten, die die Mutter – mit großer moralischer Härte – verurteilte, vor dieser verborgen gehalten hatte. Dieses Verbergen von Aspekten des wahren Selbst, aus Angst vor Verurteilung, ist zur Charaktereigenschaft geworden, die sich in der Analyse und vor allem im Widerstand immer wieder abbildet.

Die Mutter im ödipalen Konflikt auszuschließen und sie zu verlassen war für diese Patientin sowohl notwendige Bedingung zur Liebe als auch verboten. Ähnlich wie im Film konnte die Patientin den Schritt der Autonomie von der Mutter nur erreichen, indem sie einen starken Mann, der Ungebundenheit regelrecht verkörperte, liebte. Später musste dieser auch verlassen werden, denn er war Objekt, das Ablösung ermöglichen sollte, nicht nur Bindung. Meine Patientin wollte lieber eine Berufsausbildung machen als auswandern – blieb also bei ihrer Entscheidung zur Autonomie. Ähnlich wie im Film steht hinter der Schwierigkeit der Separation von der Mutter auch die Ablösung von einem unbewussten, übergroßen Vater-Idealbild, das nur in einer sehr großen Liebe verlassen werden kann, in der es dann auch aufgenommen wird. Die Patientin ist zu einer großen idealisierenden Liebe in der Lage, die sie in der Adoleszenz auch benötigte, um die Ablösung von der Mutter zu bewältigen.

Nach langen Widerständen (»Ich weiß wirklich nicht, ob es gut ist, wenn ich Ihnen alles sage. Ich fürchte, dass ich dann ganz offen und ausgeliefert bin. Ich habe Angst, dass ich mich dann auflöse.«) berichtete mir die Patientin, dass sie nie aufgegeben hatte, zu glauben, sie könne ja zu ihrem Vater gehen. Seiner uneingeschränkten Liebe war sie sich immer sicher. Sie erinnerte sich, dass sie als kleines Kind, wenn sie krank war, immer nur Kontakt zum Vater wollte. Hier wird auch die gestörte Mutter-Tochter-Beziehung sichtbar – bei der Mutter war sie nicht so sicher gebunden. Die Patientin hatte die Vorstellung, dass sie nur sterben müsste, um zu ihrem Vater zu gelangen. Diese Suizidfantasie klang in meinen Ohren wenig destruktiv, zweifellos war sie in Notsituationen oft eine Lösung, die z.B. in Partnerschaftskrisen weiterhalf. »Wenn es mit Männern schwierig war, habe ich immer gedacht, dass ich ja auch zu meinem Vater kann.« Ich hatte das Bild eines inneren Tempels vor Augen, an dem sie vor unserem Gespräch noch niemanden hatte teilhaben lassen. Natürlich ist Suizidalität, auch aus einem solchen Motiv, immer gefährlich. Schon als Studentin hatte sie einmal geplant, gemeinsam mit einem Mann aus dem Leben zu scheiden. Sie hat sich also ihre idealisierte Vaterrepräsentanz als Ort der Zuflucht und der Flucht aus Konflikten in ihrer Besetzung erhalten. Für ihre psychische Struktur waren Triangulierungssituationen heilsam, während sie präödipale Zweier-Situationen mied. Auch in ihrer Sexualität war oft wichtig, dass es immer noch einen Ausweg, einen Dritten gab.

So lässt sich am Beispiel meiner Patientin zeigen, dass fortbestehende, idealisierende infantile Besetzungen gerade bei einem verstorbenen Elternteil persistieren können. Der verstorbene Vater wird idealisiert und mit infantiler Bewunderung im Gedächtnis behalten – gerade wenn er, wie bei einer Mutterbeziehung mit einem Mangel an Unterscheidung, sehr gebraucht wird, wenn also ein Separationskonflikt vorliegt. Dazu ein letztes Zitat zu einer Übertragungssituation: »In der letzten Stunde hatte ich Angst. Ich hatte plötzlich das Gefühl, dass sich die Couch einen halben Meter auf Sie zubewegt hat. Ich hatte Angst, ich werde verrückt.«

Anders als im Film erreicht die Patientin in der Adoleszenz keine vollständige Ablösung der Besetzungen und der Übertragungen, was theoretisch auch nicht zu erwarten ist. Die Überspitzung und ihr scheinbar guter Ausgang bleiben dem Film vorbehalten. Beim ersten Nachdenken über Jack ist nach der männlich-adoleszenten Identität und nach Idealisierungen zu fragen. Dazu gibt es eine umfangreiche psychoanalytische Literatur, die ich nicht im Einzelnen würdigen kann. Ich folge hier Schmidtbauer (1991). Die Mutter vermisst den häufig abwesenden Mann, weil sie sich nach Kontakt mit einer Welt sehnt, in der es nicht nur Kinder und Haushalt gibt. Der Junge sehnt sich nach dem abwesenden Vater, um in einer häuslichen Welt, die von der Mutter geprägt wird, eine Abgrenzungsmöglichkeit über Identifikation zu bekommen. Er braucht die Bestätigung seiner unsicheren männlichen Identität in einer weiblich dominierten häuslichen Welt. Er bezieht sich dann, wenn der Vater häufig abwesend oder enttäuschend ist, auf ein idealisiertes Objekt, wobei er sich hierbei mit dem Wunschbild der Mutter identifiziert. Dieses Wunschbild kann seine Möglichkeiten und Interessen weit überfordern.

Jack übernimmt die komplementäre Rolle zu Rose: die des Ritters und Retters. Meine persönliche Betroffenheit ergibt sich zunächst aus der Identifikation mit dem Ritter Jack. Die Ableitung der Psychodynamik des Filmes aus männlicher Sicht – aus der Identifikation mit Jack und seiner zu Rose komplementären Rolle – müsste genau hier ansetzen. An dieser Stelle würde eine Vertiefung den Rahmen aber zu stark ausweiten.

7. Zusammenfassung

Rose hat vermutlich früher den Vaters in besonders ausgeprägter Art und Weise idealisiert. Das ist verständlich, denn der Vater ist verstorben; weil es dann keine Auseinandersetzung mehr geben kann, bleibt die Idealisierung lange ungebrochen, auch deshalb, weil ohne den triangulierenden Ausgleich das tiefe Gefühl von Loyalität und Verantwortung gegenüber der Mutter bestehen bleibt. Allein eine wirklich große Liebe zu einem Mann, der Unabhängigkeit und Ungebundenheit verkörpert, kann den Übergang in das Erwachsenwerden ermöglichen. Das ist meine Deutung dieses Untergangs der Titanic: der Untergang des zunächst idealisierten und dann ebenso tief enttäuschenden Vaters und seiner Welt, der nun endgültig gestorben ist und Rose nicht mehr vor der bevormundenden und missbrauchenden Mutter schützen kann. Um die mit der Ablösung verbundenen großen Schuldgefühle gegenüber der Mutter zu bewältigen, sucht Rose einen starken, Unabhängigkeit, Stärke und Sensibilität repräsentierenden Mann. Auch die ödipale Verbundenheit zum Vater muss sie überwinden. Die Größe der Liebe muss die starken Schuldgefühle aufgrund der Abwendung von der Mutter und die Enttäuschung über den Vater überkompensieren. Rose rächt sich am Vater, der sie und die Mutter verlassen hat und nicht mehr schützt. Ihr destruktiver Racheimpuls kann nur unbewusst gestaltet werden, indem er durch eine Katastrophe symbolisiert wird. Hier möchte ich auch noch einmal auf den Diamanten verweisen, der an eine Revolution und an die Hinrichtung eines Königs erinnert.

Die Filmnovelle lässt sich als Erinnerung oder Tagtraum einer alten Frau an den Ablösungsschritt in ihrer Adoleszenz verstehen. Mit dem Schiff gingen ihre Abhängigkeit von der Mutter und die Sehnsucht nach Liebe und Hilfe vom Vater unter. Die Größe des Unterganges drückt die Bedeutung der Besetzungen und der Konflikte aus – und die Größe des Werts der gewonnen Freiheit. Die gewaltige Destruktivität, die im Untergang des Schiffes dargestellt wird, ist aus jugendlicher Perspektive notwendig und damit insgeheim auch befriedigend. Die Liebe zu einem Mann, der Rettung und Ungebundenheit verkörperte, half ihr, die Bindungen zu den Eltern untergehen zu lassen und ihre Individualität – allerdings zunächst in der Verbindung mit dem Geliebten – zu finden.

Literatur

Kilb, Andreas (1998): Titanic im Kopf. Ein Untergang, der Millionen beglückt. ZEIT, 13/1998.

Liebrand, Claudia & Schößler, Franziska (2001): Und die schönste Frau ist DiCaprio. Gender-Konzepte in James Camerons Film Titanic. In: Cheauré, Elisabeth; Gutjahr, Orturd & Schmidt, Claudia (Hg.) (2002): Geschlechterkonstruktionen in Sprache, Literatur und Gesellschaft. Gedenkschrift für Gisela Schoenthal. Freiburg (Rombach).

Metz, Christian (1994): Der fiktionale Film und sein Zuschauer. Eine metapsychologische Untersuchung. Psyche – Z psychoanal 48, 1004–1046.

Schmidbauer, Wolfgang (1991): »Du verstehst mich nicht!« Die Semantik der Geschlechter. Reinbek (Rowohlt).

Wegner, Franz (1998): Titanic: Die atlantische Sehnsucht nach dem Tod. In: intro-online. URL: http://www.intro-online.de/titanic.html (Stand: 20.04.2000).

Woelk, Ulrich (1999): Verheißungen des Alltags: Liebe. ZEIT, 27/1999.

Zeul, Mechthild (1994): Zur Geschichte der psychoanalytischen Filmtheorie. Psyche – Z psychoanal 48, 975–1003.

Das Fest
(Regie: Thomas Vinterberg; Dänemark/Schweden 1998)

Gabriele Ramin

1. Inhalt

»Zur Feier seines 60. Geburtstags lädt der Hotelier Helge Klingenfeldt (Henning Moritzen) etwa fünfzig Freunde und Verwandte auf seinen schlossähnlichen Landsitz ein. Das Fest beginnt fröhlich, obwohl Helges ältere Tochter Linda sich erst vor wenigen Wochen das Leben nahm. Seine jüngere Tochter, die Anthropologiestudentin Helene (Paprika Steen), bringt ihren afrikanischen Geliebten Gbatokai mit und provoziert dadurch rassistische Bemerkungen einiger Gäste. Helges jüngerer Sohn Michael (Thomas Bo Larsen), der mit seiner Frau Mette (Helle Dolleris) und den Kindern kommt, benimmt sich wie immer als Enfant terrible, trinkt zu viel und kann seine Aggressivität kaum zügeln. Seine Ehekrise ist zu spüren. Alte Feindseligkeiten leben auf. Das Personal wird herumkommandiert. Als alle Gäste an der Geburtstagstafel sitzen, hält Christian (Ulrich Thomsen), Helges älterer, seit einiger Zeit in Frankreich lebender Sohn, eine Tischrede. Er beginnt so, wie es von ihm erwartet wird, aber dann beschuldigt er seinen Vater ganz sachlich, ihn und seine inzwischen tote Zwillingsschwester Linda als Kinder jahrelang sexuell missbraucht zu haben. Das sei auch der Grund für Lindas Depressionen gewesen. Damit macht Christian seinen Vater auch für den Suizid verantwortlich. ›Ich habe nie verstanden, wieso du es getan hast‹, klagt Christian. Die Antwort offenbart den Zynismus und die Verachtung seines Vaters: ›Ihr wart nicht mehr wert!‹

Die Gäste empören sich über Christians skandalösen Auftritt, den sie zunächst für einen abgeschmackten Scherz halten. Helge Klingenfeldt leugnet, kann jedoch die meisten Gäste nicht von seiner Unschuld überzeugen. Nur sein jüngerer Sohn Michael und einige seiner Vertrauten halten vorerst zu ihm und schaffen Christian vor die Tür. So rasch wie möglich möchten die Gäste der peinlichen Situation entfliehen, aber der Koch Kim, der seinen Jugendfreund Christian zu der Abrechnung mit dem Vater ermutigt hatte, ließ die Autoschlüssel einsammeln, damit die Familienmitglieder einander nicht entkommen können. Da tanzt die Gesellschaft, als sei nichts geschehen.

Beim gemeinsamen Frühstück am nächsten Morgen entschuldigt Helge Klingenfeldt sich, wird jedoch höflich gebeten, den Raum zu verlassen.

Thomas Vinterberg ergreift für keinen der Charaktere Partei und verzichtet auf moralische Wertungen. Den von ihm mit aufgestellten Grundsätzen des ›Dogma 95‹ verpflichtet, drehten er und Anthony Dod Mantle ›Das Fest‹ so, als würde es sich um den schnörkellosen, grobkörnigen und verwackelten Videofilm eines Familienmitglieds handeln. Auf diese Weise fühlen die Kinobesucher sich, als befänden sie sich unter den Gästen der Geburtstagsfeier, also wie Augenzeugen. Die Authentizität verstärkt die Betroffenheit der Zuschauer.

Das Drehbuch schrieb Vinterberg gemeinsam mit Mogens Rukov, seinem früheren Professor an der Filmhochschule. Auf den Filmfestspielen 1998 in Cannes wurde ›Das Fest‹ mit einem Spezialpreis der Jury ausgezeichnet (Wunderlich 2004).

2. Zum Begriff Dogma

Die Dogma-95-Regisseure zeichnen sich vor allem durch ihren schonungslosen Realismus und ihren filmischen Purismus aus. Die von ihnen vereinbarten – geradezu aristotelischen – Richtlinien der Filmproduktion machen aus jedem ihrer Werke ein archaisches Drama von realistischer Aussagekraft und archetypischer Fundamentalität. Der von ihnen 1995 verfasste Schwur der Keuschheit bindet die Regisseure an äußerst strenge Vorgaben, die sich aber nicht als Hindernisse für die künstlerische Produktivität erweisen, sondern als inspirierender Komplex von Motiven. Dieser Schwur beinhaltet folgende zehn Gebote: 1. Es darf nur am Schauplatz gedreht werden. Sets und Requisiten sind verboten. (Wenn eine besondere Requisite für die Geschichte notwendig ist, muss ein Drehort gefunden werden, an dem die Requisite vorhanden ist.) 2. Der Ton darf niemals unabhängig von den Bildern produziert werden oder umgekehrt. (Musik darf nur dann verwendet werden, wenn sie dort gespielt wird, wo die jeweilige Szene gedreht wird.) 3. Es wird ausschließlich mit Handkamera gedreht. Jede Bewegung oder Bewegungslosigkeit, die mit der Hand erreicht werden kann, ist erlaubt. 4. Der Film muss in Farbe gedreht werden. Spezielle Beleuchtung wird nicht akzeptiert. (Wenn zu wenig Licht zur Verfügung steht, muss die Szene geschnitten oder eine einzelne Lampe an der Kamera angebracht werden.) 5. Optische Spielereien und Filter sind verboten. 6. Der Film darf keine oberflächliche Action beinhalten. (Morde, Waffen etc. dürfen nicht vorkommen.) 7. Zeitliche und geografische Verfremdungen sind verboten. (Das heißt, der Film muss hier und jetzt spielen.) 8. Genrefilme werden nicht akzeptiert. 9. Das Filmformat muss Academy 35 mm sein. 10. Der Regisseur darf weder in den Titeln noch im Abspann genannt werden.

Wie man sieht, haben sich die dänischen Regisseure nicht nur auf die aristotelische Einheit der Zeit und des Ortes besonnen: Aus diesen beiden ergibt sich zwangsläufig die Einheit der Handlung. Das Drehen mit Handkameras, ohne künstliches Licht, ohne Sets und Requisiten, der Verzicht auf Filter und optische Spielereien, auf nachträgliche Studiovertonung und oberflächliche Action zieht ein Ausmaß an Authentizität und Intimität nach sich, als würde es sich um Dokumentarfilme oder private Homevideos handeln. Das ist auch bei Thomas Vinterbergs Film *Das Fest* der Fall, bei dem der Betrachter den Eindruck hat, als hätte ein Familienmitglied, ein geladener Gast, ein Video gedreht und damit die dramatische Eskalation einer harmlosen Geburtstagsfeier für die Nachwelt zufällig, aus Versehen, festgehalten. Wir sind die heimlichen Lauscher und Augenzeugen, wir sind Freunde und Gäste, die unversehens hineingerissen werden in ein Geschehen, das – so fröhlich es beginnt – zu immer dramatischeren und entsetzlicheren Enthüllungen voranschreitet. Vieles erinnert in diesem klassischen Enthüllungsfilm an das Ödipus-Drama, das auch ein Drama verschwiegener und enthüllter

Wahrheit ist. Wie bei Ödipus steht am Ende die Blendung: Das Licht der Erkenntnis, in dem nunmehr alles erstrahlt, in dem alle Emotionen und Ressentiments erklärlich scheinen, blendet uns, macht uns zu Blinden, die sehend geworden sind (Ravagli 1999).

3. Der Film – Besprechung

Schon in den ersten Szenen geraten wir als Zuschauer unmittelbar in den Bann dieses Filmes und der durch ihn ausgelösten Gefühle. Beim Anschauen dachte ich sofort daran, doch lieber wieder abzuschalten, mit Gedanken wie »Wo bin ich denn hier hineingeraten?« Gleich in der ersten Szene, in welcher Michael seinen älteren Bruder Christian auf dem Weg zum Fest trifft, ihn ins Auto lädt und dafür seine Frau Mette und die beiden Kinder hinauswirft, ist man entsetzt über den Umgang, das affektgesteuerte Geschehen und das irrationale Betonen von Familienbanden. »Er ist mein Bruder!«, als entschuldige das alles.

Ich will mich mit den Typiken einer Missbrauchsfamilie, so nenne ich sie hier einmal, beschäftigen. Ich möchte dabei aufzeigen, wie eine Familie aus frühgestörten oder unabgelösten unreifen Menschen in fataler Weise wie verschworen versucht, eine Wahrheit zu verleugnen und zu vertuschen. Wir finden sie wie in einem Bann, aus dem sich niemand lösen darf, in verclinchtem Streit, der nicht zur Abgrenzung oder Konfliktlösung dient, sondern durch seine Angst auslösende Vorwürflichkeit die Bande nur fester zurrt. Jedes Gefühl, das zur Individuation und Trennung nötig wäre, soll unterdrückt werden und entlädt sich umso ungezügelter. Gleich zu Anfang wird auch das Verletzende der Übergriffe deutlich: Michaels Frau kann kaum protestieren, sie wird überhört, und in der Begrüßungsszene sehen wir, wie Michael übergriffig seiner Schwester Helene an den Busen fasst. Sie muss ihn auf seine Rolle als Bruder verweisen. Grenzen werden verwischt, auch die zwischen den Generationen, Rollen werden verkannt oder nicht eingehalten.

Der Vorwurf »Du interessiert dich für niemanden!« hängt im Raum, weil Michael der Beerdigung der Schwester Linda fernblieb. Dieser Satz kann eigentlich für die ganze Familie gelten: Interesse am anderen gibt es nur im Sinne der Funktionen, für die jemand gebraucht wird, sei es für Geld und Wohlstand, berufliches Fortkommen oder Sexualität. Alle fühlen sich in dieser Familie narzisstisch unbestätigt, voller »unerhörter« Gefühle, nicht wirklich gesehen. Alle sind bedürftig, ohne das zugeben zu können, und, um dies abzuwehren, nimmt man sich, was man braucht, oder gesteht dem anderen keine Bedürfnisse zu.

Da ist einmal die Ebene der Eltern Else und Helge, und dann die Ebene der erwachsenen Kinder Christian, Helene und Michael. Diese Ebenen sind vermischt: Es gibt parentisierte Kinder (wie Helene) und Generationsgrenzverwischung innerhalb des Paares (»unser aller Mutter« nennt Helge seine Frau) sowie Kinder, die in Verkennung einer partnerschaftlichen Zuwendung zu sexuellen Liebesobjekten wurden. Auch die Großelternebene ist unklar abgegrenzt, wie wir an der sexualisierten Zuwendung des Opas zu Helene am Tisch bemerken. Der Großvater hat gegenüber seinem Sohn keine väterliche Rolle inne, sondern stellt ihn wie einen dummen Jungen bloß. Solche Generationsverwischungen finden wir eigentlich immer in Familien mit sexueller Gewalt. Beim Versuch der Klärung und Aufdeckung nimmt hier ein Geschehen seinen Lauf, das immer mehr entgleist.

Vordergründig verweisen Symbole, Worte und Handlungen auf eine Vergangenheit, die der Zuschauer noch nicht kennt, und rufen bei ihm dadurch ein Gefühl der Doppelbödigkeit, des Unheimlich-Unwagbaren hervor. Die Begrüßung zwischen Christian und seiner Mutter findet im Halbdunkel des Kellereingangs, eher hinter den Kulissen, statt. Bald sehen wir auch den Vater unten im Weinkeller, wie er seinem ältesten Sohn Christian gleich einen schlüpfrigen Witz über »zwei Nutten« erzählen will, und sich dabei, als wolle er sich von einem klebrigen Makel reinigen, die Finger abwischt. »Keiner hat Respekt vor mir!«, hört man ihn sagen.

Christian solle zurück nach Hause kommen. Der wischt sich den Mund ab, als hafte ihm etwas an, und sei es, dass er nur unausgesprochene Worte wegwischen möchte. Wir sehen die junge Bedienstete Pia (nomen est omen), wie sie sich vor Christian auf dem Bett räkelt, was ihn anscheinend kalt lässt. Später weint sie: »Ich bin die Einzige, die immer noch hier ist«, als würde sie diese Loyalität viel kosten. Christian entzieht sich durch Einschlafen.

Stück für Stück werden einzelne Puzzleteile aufgedeckt und Zusammenhänge hergestellt. Unausweichlich wird der Zuschauer dabei in die Rolle des Voyeurs, des betroffenen Zeugen hineingezogen, der sich durch Hinschauen schuldig macht, aber durch Wegschauen erst recht. Man könnte sich fragen: Sind wir Zuschauer schon Teil der missbräuchlichen Familiendynamik? Möchten wir wirklich wissen, was wir hören und mit anschauen müssen, haben wir noch einen freien Blick? Wir erfahren, dass der Selbstmord der Schwester Linda im Bad stattfand und sehen in der späteren Suchszene, in der Helene den verborgenen Brief findet, die alte Vertraulichkeit, die diese zu ihrer verstorbenen Schwester hatte.

Dann rennt Michael in heller Aufregung schimpfend durch den Garten, weil er in Bezug auf die Etikette des Festes nicht die »richtigen« Schuhe dabei hat. Der Appell seiner Frau Mette an seine erwachsene Verantwortung diesbezüglich berührt nichts in ihm. Suchtartig fallen die beiden im wie mit der Überwachungskamera gefilmten Sex übereinander her, ihre Affektabfuhr berührt nur unangenehm.

Die ersten Tränen des Entsetzen fließen, als Helene den Brief findet, aber sofort wieder verbirgt: Es darf nicht wahr sein. Gleichzeitig reißt Michael den Duschvorhang herunter. Der erste Schock teilt sich mit. Alles nimmt in einem zunehmenden Tempo seinen Lauf. Ich will den Inhalt hier nicht weiter so ausführlich wiedergeben, auch wenn sich bei den raschen Schnitten des Films manches erst beim wiederholten Ansehen mitteilt.

4. Psychodynamik

Die Psychodynamik der einzelnen im Geschehen verstrickten Familienmitglieder, wie sie aus dem Film ableitbar ist, führt zu der Frage, ob in dieser Familie eine Entwicklung möglich ist und stattfindet.

Ich beginne mit *Christian*: Er erscheint irgendwie erstarrt, fast ein wenig zwanghaft, wie er die Enthüllung in der Folge seiner Reden durchzieht. Er braucht die Zeugenschaft der vielen, um sich in der Öffentlichkeit annähernd sicher zu fühlen. In Einzelbegegnungen, insbesondere mit dem Vater, schweigt er oder verleugnet sogar seine Sichtweise. Er wirkt wie abwesend, unnahbar und, z. B. in der ersten Schlafzimmerszene mit Pia, innerlich mit ganz anderem beschäftigt. Im Traum nach seinem

Sturz, als ihm seine verstorbene Schwester Linda wie aus dem Totenreich erscheint, wird das deutlich. Die Grenzen zwischen Realität und Traum sind hier fließend, real teilt er jetzt das Bett mit Pia.

Wir sehen in ihm die Symptomatik des ehemals missbrauchten Kindes: Er konnte sich nicht schützen, nicht fliehen, sondern nur körperlich erstarren, dissoziieren, sich wegschlafen, oder sich mental einzureden versuchen, dass alles nicht wahr ist. Als Junge hatte er seinen Snut, der ein Hilfs-Ich, aber auch einen abgespaltenen Persönlichkeitsanteil darstellt, oder vorübergehend sogar Zeichen einer drohenden psychotischen Aufspaltung gewesen sein könnte. Als Erwachsener, besonders in den Szenen mit dem Vater, ist er unfähig, sich ihm gegenüber in einer eigenständigen Identität zu behaupten. Entweder schweigt er, oder er wirkt verwirrt, spielt herunter, verleugnet selbst, vielleicht nur, um sich, wie früher auch, schnell aus der Situation zu retten. Denn der Vater erscheint ihm wieder als das vereinnahmende Ungetüm, dem gegenüber er nicht das Recht fühlt, sich zu verweigern. Die ersehnte Anerkennung kann er nicht einfordern, er bleibt verschmolzen in seinem Schweigen bzw. spaltet seine Rechtfertigungswünsche ab, da die alte Konfusion seiner Wahrnehmung seine heutige Realitätsprüfung schwächt. Auch im Umgang mit anderen Männern wirkt er verwirrt, z. B. gegenüber dem Koch Kim, von dem er spürt, dass in dessen Unterstützung auch eigene Motive verborgen sind. So muss Christian fast jede Nähe abwehren, wie wir mit Pia im Schlafzimmer und zuerst in der kurzen Begegnung mit der Mutter im Keller sehen, die gleich für den Vater und gegen ihn Partei ergreift. Frauen kann er nicht vertrauen, da die Mutter, als sie Zeugin des Missbrauchs wurde, ihn so sehr verraten hat. So grenzt er sich äußerlich kaum klar ab und wehrt sich nicht wirklich, lässt geschehen, lässt sich sogar fesseln.

Die Szene im Wald bei Mondlicht, in der er sich aus den Fesseln befreit, scheint eine stringent verfolgte Umkehr aus der Dunkelheit der Wahrheitsverwirrung zu symbolisieren. Das Tabu des Inzests, das eigentlich ja ein Tabu ist, über den stattgefundenen Inzest zu sprechen, und das hier durch das Gefesseltsein wie an einen Totempfahl symbolisiert ist, wird gelöst, indem er sich befreit. So geht er mit fast fanatischer Ruhe den Weg seiner Enthüllungen, holt immer neu aus, wie um seine Zwillingsschwester Linda zu rächen, vielleicht auch, um seine wie traumatisch abgespaltene Hälfte wieder ins Leben zu holen, um selbst lebendig zu werden. »Wenn Papa baden wollte« – allein diese Eingangsworte setzen in uns als Zuschauer innere Bilder frei, die Christian dann ja auch als reale Erfahrungen in den Raum stellt, indem er die ungeschminkte Wahrheit der sexuellen Gewalt an sich selbst und seiner Zwillingsschwester aufdeckt und mit den Worten kommentiert: »Helge ist ein reinlicher Mann.«

Als Gbatokai im Gespräch mit Christian dessen tiefen inneren Konflikt benennt: »You say mother and father and you drop a bomb like this!«, kann Christian erstmals weinen. Durch dieses einfühlende Verständnis integriert Christian hier erschüttert, was er so lange zu trennen, zu spalten versucht hat: dass wirklich die eigenen Eltern, Vater und Mutter, die jedes Kind als unversehrte Objekte in sich behalten möchte, ihm so viel Leid und Gewalt angetan haben. Er gelangt am Ende zu einer ruhigen inneren Sicherheit, mit der er Pia bittet, mit ihm zu kommen und dem Vater nachschaut, wie er auf Michaels Bitte hin den Raum verlässt, damit die Familie gemeinsam essen kann. Hier hat er eine eigenartige Souveränität erreicht. Sein Weg ist der der inneren Konsequenz, sich anzueignen, was ihm genommen wurde, seine Potenz als Mensch und Mann, um dabei seine Integrität und seine Wahrhaftigkeit wiederzufinden und daran zu reifen.

Michael geht einen ähnlichen Weg des Wachstums. Es gibt deutliche Hinweise, dass er schon als Kind der Symptomträger, der Indexpatient der Familie war. In der Familientherapie gehen wir davon aus, dass solche Kinder unbewusst versuchen, etwas für die Familie zu tun, etwas offenbar werden zu lassen, von dem sie selbst nicht wissen, was es ist, indem sie sich durch ihr auffälliges Verhalten als das große Fragezeichen zeigen. Gleich zu Anfang hat er diese Rolle inne, ist dissozial, uneinfühlsam, bindungsgestört, unerklärlich aufgeregt, wie überschwemmt vom Geschehen des beginnenden Familientreffens, das er kaum aushält, voller Angst vor dem Vater, unfähig, Frustration zu tolerieren, aber dennoch immer fähig, von jedem Geschehen, das nicht offenbar werden soll, abzulenken.

Er wird zur Zeit des Missbrauchs an den Zwillingen ein kleines Kind gewesen sein. Die frühe strukturelle Störung ist deutlich und wir können nur fantasieren, wodurch sie in der Bindung zu Mutter und Vater ausgelöst wurde, aber die sexualisierte Atmosphäre seiner Kindheit und die narzisstisch bedürftige Mutter werden dazu beigetragen haben. Ich stelle mir vor, dass sich in der Ehe der Eltern zu der Zeit einiges abgespielt haben wird, das im Verborgenen, vielleicht sogar völlig unausgesprochen zwischen den Ehepartnern geblieben ist. Vielleicht hat sich die Mutter nach den vier Geburten verweigert. Michael wird es an Bindungssicherheit gemangelt haben. Er scheint unter dem Zwang zu leiden, seine Umwelt auf potenzielle Gefahren hin zu kontrollieren. Das ist es, was ihn so aggressiv macht, z. B. in der Szene mit Lars beim Einchecken. Er wirkt hier überangespannt, mit Angst in den weit aufgerissenen Augen, projiziert identifizierend, dass immer die anderen die Aggressiven seien. Damit wirkt er frühtraumatisiert. Auch er lässt sich nicht wirklich berühren, höchstens kurz zum Zweck sexueller Stimulierung. Er lebt ein soziales Leben, das jede emotionale Nähe aus Angst vor innerer Überschwemmung abwehrt, indem er Aufruhr stiftet. Gleichzeitig hat er einen enormen Hunger nach Anerkennung und Sehnsucht danach, die Kontrolle loszulassen, was ihm aber gleichzeitig bedrohlich erscheint, da er vermutlich die ersehnte, nichtsexualisierte Berührung kaum kennt. Es gibt einen kaum wahrnehmbaren Hinweis auf Missbrauch (ebenfalls) durch den Vater: Das ist die Szene, in der er den Vater mit den Worten prügelt: »Jetzt klingel ich hier mal«, und sich selbst die Hose wieder verschließt, als Christian hinzukommt, wie in Identifikation mit dem Aggressor.

Michael kann erst wachsen, wenn er sich selbst verstehen kann, wenn er die Evidenz seines dissozialen Versuchs, die Spannungen in der Familie zu lösen, erkennen kann, wenn er die innere Aufregung, die ihn immer dann überschwemmt, wenn die Wahrheit ans Licht drängt, begreift. Seine Versuche, durch Sexualisierung der Beziehung zu seiner Frau Mette eine Abfuhr dieser Spannung zu erreichen, bleiben frustran. Er möchte damit nur die innere narzisstische Leere und Angst, sich in keiner eigenen gefestigten Identität einem anderen gegenüberstellen zu können, bewältigen. So sind die daraus entstandenen Kinder mit seiner Frau nur Bindeglieder. Er kann erst ruhiger werden, wenn er sich ablösen kann, indem er die Wahrheit erfährt und begreift und somit sein eigenes Selbstverständnis äußern lernt, also Autonomie möglich wird.

Das geht bei ihm nur über eine große Erschütterung, in der gewalttätigen, aufwühlenden nächtlichen Szene mit dem Vater hinter dem Haus. Hier hatte ich zum ersten Mal Mitgefühl mit beiden, deren jeweiliges

Bild vom anderen so heftig zusammenbricht. Michaels Gewahrwerden seiner Identifizierung mit dem gewalttätigen Vater, den er anfangs noch vor Christian zu retten versuchte, stellt für ihn diese Erschütterung dar. Er versucht, mit dem Vater die Wahrheit niederzukämpfen und muss doch anerkennen, dass er seinen Vater als Täter vor sich hat, auch wenn der immer noch meint: »Ihr bringt mich um«, als sei es nicht über Jahre genau umgekehrt gewesen. Dies ist für mich einer der anrührendsten Augenblicke des Films, der die Möglichkeit zur Integration des Abgespaltenen in sich trägt. Sie ermöglicht Michael vielleicht, eine eigene väterliche Identität, anders als die seines Vaters, zu finden. Er beginnt, seine Kinder zu schützen. Darum ist er es wohl auch, der in der Schlussszene den Vater bittet, jetzt wegzugehen, damit alle essen können.

Die Frau aus der Geschwisterreihe, *Helene,* war wohl auch früher schon Übergriffen ausgesetzt. Sie wirkt immer wieder verunsichert, z. B. in der Szene bei Tisch, als der Opa sie schlüpfrig-sexualisierend anspricht, und auch in ihrer Ambivalenz bezüglich der Wahrheit. Sogar nachdem sie Lindas Brief gefunden hatte, verleugnet sie wie in einem öffentlichen Widerruf, was Christian gesagt hat. Vielleicht möchte sie ihn schützen, ebenso aber sich selbst und ihr internalisiertes Elternbild. Hier ist sie gespalten, wie viele Kinder aus Missbrauchsfamilien, die so die geliebten Objekte in sich unversehrt erhalten wollen, weil sie die Integration von Gut und Böse in diesen bisher nicht herstellen konnten.

Im Leben sucht Helene daher ihr Heil in der äußeren Entfernung, in Beziehungen zu Farbigen, um den Normen ihrer Familie zu entrinnen. Sie kann sich aber nicht wirklich abgrenzen. Kiffend bietet sie schon dem Taxifahrer ihre Telefonnummer an und sexualisiert damit ihre aufgeregte, einsame Bedürftigkeit. Sie sucht nach einem eigenen Platz, als sei er im Zimmer der Toten zu finden, der sie sich verbunden fühlt. Eigentlich weiß sie lange nicht, was sie wirklich sucht, außer dass es vielleicht Aufrichtigkeit ist. Sie möchte es herausfinden, will es dann aber lieber doch nicht wissen.

Ihre Mutter hat ihre farbigen Freunde nie akzeptiert, wie die verachtenden Namensverwechslungen zeigen. Ohne ihren Freund Gbatokai, der sie unterstützt, der wach und empathisch beobachtet, der fähig ist, sich gegen persönliche Verletzungen zur Wehr zu setzen, würde sie wieder davonlaufen und abreisen. Helene braucht diesen von fern her kommenden Partner vielleicht, weil seine Präsenz ihr größere Distanz im Blick auf das Familiengeschehen zu versprechen scheint. Sie braucht Gbatokais Anerkennung für ihren Selbstwert, da die Mutter ihre Autarkiebestrebungen, ihre »eigenen Wege« in der süffisant kritisierenden Rede abwertet. Sie muss ihre ängstlich aufgeregte Wahrheit mittels der Marihuana-Zigarette beruhigen oder sie gemeinsam mit Lindas Brief ins Tablettenröhrchen stecken, in das wir als zuschauende Zeugen mit hineinschauen. Erst in ihrem Zusammenbruch, in dem sie symbolisch ihre Introjekte erbricht, kann sie reifen und mit Gbatokais Unterstützung bekennen und vorlesen, was sie herausgefunden hat. Sie schien die parentisierte Tochter zu sein, an die die Mutter sich nachts wendet, als der Vater bedroht wird, und kann doch reifen: Wir sehen sie später mit Gbatokai als einziges deutlich sichtbares Paar tanzen, was dann in einem gemeinsamen Tanz mit dem anderen Paar, Pia und Christian, endet.

Kommen wir zur *Mutter* Else, »unser aller Mutter«, wie sie genannt wird – auch eine Rollenkonfusion. Sie hat ihr Heil darin gefunden, an der Seite ihres Mannes, der, wie sie sagt, »ihr alles gibt«, gesellschaftliche Sicherheit zu genießen. Sie ist ebenfalls abhängig. Sie kann sich nicht vor ihre Kinder stellen. Sie konnte es früher nicht, als sie den Missbrauch entdeckte, und kann es auch heute nicht, als sie Christian und Helene kritisiert und sich mit ihrem Mann solidarisiert, obwohl sie es besser weiß.

Die präödipale und ödipale Ablösung ihrer Kinder stellt für die Mutter eine Bedrohung dar, die sie entweder negiert oder verurteilt. Vermutlich neidet sie heimlich ihrer Tochter die eigenen Wege, muss dies aber in ihrer Ablehnung abwehren. Sie ist einerseits »weiblich-masochistisch« an den Mann gebunden, andererseits versteckt aggressiv, und doppelbödig widersprüchlich in Worten und Mimik. Sie lebt aus der Abhängigkeit der Zweisamkeit, sowohl mit ihrem Mann als auch in den Gesprächen hinter den Kulissen, z.B. im Keller mit Christian.

Zur Triangulierung scheint sie unfähig; als im Kellereingang Michelle dazustößt, wirkt sie wie gestört. Als der Vater sich beklagt, Christian lache über ihn, nimmt sie sofort Partei für Helge, statt nachzufragen. Auch in anderen Szenen spricht sie eher stellvertretend für ihren Mann (»Christian, entschuldige dich«) als unabhängig für sich selbst. Sie folgt ihm in Worten und in Schritten. Über ihre tote Tochter Linda sagt sie gar nichts, als könne sie die tödliche Wunde verleugnen, als hätte Linda sich nicht durch den Suizid auch von ihr getrennt. Für sie zählt eigentlich nur, wer Kinder hat und sich anpasst. Sie braucht die Familienmitglieder zur Aufrechterhaltung ihres labilen narzisstischen Gleichgewichts. In konfliktfreien Momenten stellen jene symbiotisch vereinnahmte Selbstobjekte dar, und im Konfliktfall, wie bei Helene, den negativen, feindlich erlebten Gegenpol, weshalb Helene sich nur durch radikal gelebte Distanz schützen kann.

Auch ihr Zusammenbruch in der Nacht, als sie in den Tanzraum kommt, scheint nur aus der Sorge um den Mann entstanden. In ihrem »Das dürfen sie nicht tun!« sucht sie zwar nach Grenzen gegen den Sohn Michael, die dieser im guten Sinne von ihr selbst viel früher benötigt hätte, zeigt sich aber regrediert, indem sie dazu die parentisierte Tochter Helene braucht. Eigentlich liefert sie ihren Mann, als der sie ins Haus zurückschickt, wie schon früher ihre Kinder, aus, doch kann sie diese verborgene Aggression diesmal nicht aushalten, weil sie selbst in ihrer Abhängigkeit davon bedroht ist. Nur am Ende am Frühstückstisch, als Helge sie fragt: »Kommst du mit?«, verneint sie. Für mich fühlt es sich so an, als täte sie dies, weil sie meint, es sei jetzt angemessen. Sie bleibt unerschüttert, kühl und gefühlskarg und kommt mir daher am wenigsten entwicklungsfähig vor.

Eine Rolle, die schwieriger zu erfassen scheint, ist die des Vaters *Helge*. Er scheint fassadär, immer bedacht auf die Etikette, selbst wenn er, genau voraussagbar, in die unten gelegenen Räume der Küche kommt, um seinen Bitter(!) zu trinken. Er sonnt sich narzisstisch im Applaus der Gäste. Nur im Weinkeller wirkt er verunsichert, die Wahrheit verdrehend. Eigentlich weiß man nicht, wer er als Mensch ist, seine Mimik ist weichlich-verschwommen.

Er steht am meisten für die Verwischung der Generationsgrenzen und scheint selbst in einem emotionalen Defizit aufgewachsen zu sein. Als Kriterium dafür könnte man das völlig deplatzierte Lied seiner Mutter am Tisch heranziehen, die offensichtlich kein Gefühl für Angemessenheit hat und scheinbar in einer eigenen Welt lebt, was auch dadurch gezeigt wird, dass ihr Lied, jedenfalls in der deutschen Fassung, nicht übersetzt wird. Sie singt, das entnahm ich den Untertiteln, von den Vögeln, die im Walde Ruh finden, vielleicht ein Hinweis auf Christian, der besser dort bleiben soll.

Wenn man dazu ihren Mann, Helges Vater, in seiner sexualisierten Art reden hört, kann man Vermutungen darüber anstellen, was seine Mutter verdrängen musste und in welcher Atmosphäre Helge selbst wohl aufgewachsen sein mag. Zumindest sein Vater, das sieht man in dessen herabsetzenden, bloßstellenden Geschichten, hat ihn als Heranwachsenden emotional abgewiesen. Die Geschichte von der Kartoffel in der Hose soll ja vermeintlich seinen Versuch aufzeigen, den jungen Helge in seiner Zuwendung zum anderen Geschlecht zu unterstützen. Gleichzeitig stellt das aber eine Verhöhnung und Depotenzierung dar, eigentlich ein Double-Bind: »Sei ein Mann, aber ich liefere dich damit gleichzeitig der Lächerlichkeit aus.«

Niemand protestiert, auch das wird übergangen. Protest ist also auch in der Elterngeneration gegen die Großelterngeneration unmöglich, sodass die Familie das bleibt, was M. Hirsch einmal eine »paranoide Festung« nannte, in der die Feinde außen sind, man sich gegenseitig aber zusammenschließt. Der Preis ist, dass innerhalb keine Entwicklung stattfinden kann und damit auch keine Trennung voneinander. So bleibt hier der Vater Helge schwammig-unabgelöst und depotenziert, was er dann, indem er sich seiner Kinder im Inzest bemächtigt, wettzumachen versucht. Für ihn wird in der inzestuösen Beziehung zur Tochter die narzisstisch-symbiotische Fusion mit der eigenen Mutter bei gleichzeitiger Kontrolle durch sie wiederbelebt und die von seinem Vater erlittene Ablehnung hat er so an seinen Sohn Christian weitergegeben. Dadurch fühlt er sich aufgewertet und stark: »Ihr habt nichts anderes verdient.«

Dennoch sieht er sich als Opfer der Umstände, die er verdreht. Er stellt sich lange überhaupt nicht in Frage, ich habe bis zuletzt Zweifel, ob ihm das überhaupt gelingen kann. In der Literatur werden immer wieder Suizide oder Psychosen nach Aufdeckung von Inzest beschrieben. Und der Blick, mit dem Christian ihm am Ende, als er aus dem Zimmer geht, nachschaut, lässt offen, was mit dem Vater geschieht, wohin er geht. Für Christian, der jetzt nicht reagiert, könnte das die abgewehrten Mordwünsche an seinen Vater symbolisieren, die wir zuvor in möglichen suizidalen Gedanken seinerseits meinten lesen zu können, z.B. als er Linda im Traum fragte, ob er ihr folgen solle. So steht am Ende des Films der Übergang vom innerpsychischen Tod durch den Inzest (den Shengold »Seelenmord« nannte) zum möglichen äußeren Tod erneut im Raum, gleichzeitig aber auch die Möglichkeit des Wachstums durch Trennung, da *ein* Tod vielleicht genug ist für diese Familie.

5. Zur Symbolik

Am Ende möchte ich noch etwas zur Verwendung einiger wiederkehrender Symbole sagen. Da sind zum einen die Beleuchtung und die Kerzen. Wenn Personen zweideutig sind oder verleugnen, das sehen wir mehrfach bei Christian oder dem Vater Helge, werden sie vom Regisseur oft mit nur halb beleuchtetem Gesicht gezeigt. Hier weiß der Zuschauer, dass die objektive Wahrheit im Dunkeln des Gesichtes liegt, und damit vielleicht auch ängstlich verborgen und abgespalten wird. Wenn die Zwiespältigkeit hingegen offenkundiger ist, also mehr in der Persönlichkeit liegt, sehen wir die Gesichter ganz und können uns aus der Inkongruenz von Worten und Mimik unseren eigenen Reim machen. Das sehen wir besonders bei der Mutter.

Kerzen wiederum stehen meiner Ansicht nach oft für das Reine, vielleicht auch den spirituellen, unverletzbaren Kern einzelner Menschen, wie auch für den Moment der Wahrheit und Erkenntnis im Geschehen. Besonders in der Szene, in der Linda ihrem Bruder im Traum erscheint, ist das so. Auch neben dem Vater Helge steht eine Kerze, als Helene Lindas Brief vorliest, und eine zwischen Mette und Michael, als beide zu begreifen scheinen, was Helene da offenlegt.

Ein weiterer Kunstgriff scheint mir die Aufteilung zwischen unten und oben zu sein, verbunden durch Mikrophone, die auch uns ein verstecktes Lauschen ermöglichen, durch das Telefon oder die Treppen. Ich habe das Kellergeschoß mit der Küche die »Ebene der versuchten Wahrhaftigkeit« genannt, auch Ebene der »unterdrückten Gefühle«. Hier wird das, was dann oben seinen Lauf nimmt, oft vorbereitet, bahnt sich an, und wird dann nach oben getragen. Wir sitzen wie mit am Tisch. Dazu kommt die darüberliegende Ebene der Überwachungskamera, durch die wir oft auf das Geschehen blicken, wie ein beobachtender Zeuge, aber auch voyeuristisch. Es bleibt offen, ob der Regisseur sich mit Freuds Ebenen von Es, Ich, und Über-Ich befasst hat, das können wir aber vermuten.

Dann haben wir es immer wieder mit Tüchern oder Vorhängen zu tun. Die Abdecktücher in Lindas Raum verhüllen das Leblose und das Geheimnis, das sich in dieser Familie ausgebreitet hat. Der Duschvorhang, den Michael herunterreißt, kann die nackten Tatsachen der sexualisierten Aggression nicht mehr vertuschen, und die wehenden Vorhänge, als Pia auf der Suche nach Helenes Tabletten kurz vor dem Fund des Briefes steht, verbergen in diesem Fall sogar uns als von außen zuschauenden Beobachter. Vorhänge wehen auch, als der Vater im Gespräch mit Christian die Wahrheit verdreht und sich rächen will. Ich erlebte hier immer eine Öffnung im Wehen, als könne frischer Wind die Verhüllungen umgehen.

Eine dritte Symbolik finden wir im Wasser. Vater und Logenbruder wischen sich die Finger ab, doch ohne Wasser ist Reinheit nicht zu erreichen. »Wenn Papa baden wollte« hat ebenfalls mit diesem Element zu tun, in der Geschichte scheint es zu diesem Bad nicht gekommen zu sein. Christian schaut in sein Wasserglas wie in eine Kristallkugel auf der Suche nach Wahrheit, Helene versucht sich zu reinigen, und die erbrochenen Introjekte fortzuspülen. Die Badewanne, in der Pia, die eher unschuldig-rein gezeichnete junge Bedienstete, untertaucht, gibt Hinweis auf Lindas Suizid in der Badewanne, wo sie vielleicht im Tod die Beschmutzung durch ihren Vater loswerden wollte.

Ich schließe hier mit dem inneren Blick auf die klingende Spieluhr mit ihrer drehenden Figur vor dem Spiegel, als Symbol dafür, wie sehr die Menschen des Films eine gute empathische Spiegelung all ihrer Facetten benötigt hätten. Mir scheint, immer da, wo das geschah, war Entwicklung möglich.

Literatur

Hirsch, Mathias (1999): Realer Inzest. Psychodynamik des sexuellen Mißbrauchs in der Familie. Gießen (Psychosozial-Verlag).

Kasch, Georg (2007): URL: http://www.nachtkritik.de/index.php?option=com_content&task=view&id=216.

Ramin, Gabriele (Hg.) (1993): Inzest und sexueller Mißbrauch. Beratung und Therapie. Paderborn (Jungfermann).

Ravagli, Lorenzo (1999): Ödipus in Dänemark. http://www.geistesleben.com, 3/1999 (Stand: 20.12.2008).

Shengold, Leonard (1989): Soul Murder. Seelenmord – die Auswirkungen von Mißbrauch und Vernachlässigung in der Kindheit. Frankfurt a. M. (Brandes & Apsel).

Wunderlich, Dieter (2004): Buchtipps und Filmtipps. URL: http://www.dieterwunderlich.de/Vinterberg_fest.htm (Stand: 20.12.2008).

Billy Elliot – I Will Dance

(Regie: Stephen Daldry; Großbritannien 2000)

Theo Piegler

1. Einleitung

Billy Elliot war der Debütfilm des englischen Regisseurs Stephen Daldry. Sein Weg zum Filmregisseur war verschlungen und führte über Anglistik-Studium, Ausbildung zum Zirkusclown und Theater. Dem Filmgeschäft, in dem er ebenso erfolgreich ist wie in seiner Theatertätigkeit, wandte er sich erst 1997 zu. 2004 wurde ihm der »Order of the British Empire« verliehen. 2001 heiratete er eine renommierte US-amerikanische Tänzerin, was deshalb erwähnenswert ist, weil moderner Tanz in seinem Debütfilm eine wichtige Rolle spielt. Ursprünglich sollte der Film denn auch den schlichten Titel *Dancer* haben. Das Drehbuch ist im weitesten Sinne am Leben des professionellen Balletttänzers Philip Marsen orientiert, der wie die Titelfigur des Films aus dem Norden Englands stammt und selbst Spross einer Bergarbeiterfamilie ist. Nachdem der Film ein so großer Erfolg war, hat Stephen Daldry 2004 den Stoff zu einem Musical umgearbeitet, wobei er Elton John als Komponisten gewinnen konnte. Mittlerweile läuft das Musical in London, New York und Sydney. Kein Wunder, dass eine solch faszinierende Geschichte viele zur Beschäftigung damit angeregt hat: Cynthia Weber hat sie unter Gender-Aspekten untersucht (Weber 2003, S. 1–15), Brent Laytham unter theologischen Aspekten (Laytham 2005, S. 3–15), Karen Henson unter dem Blickwinkel des Wandels im Ballett (Henson 2007, S. 1–9), Jens Thiele hat sich anhand dieses Filmes mit »Geschlechtsidentität und Körper im aktuellen

Mainstream-Kino« auseinandergesetzt (Thiele 2003, S. 81–100), der Psychoanalytiker Dirk Blothner unter Entwicklungsaspekten (Blothner 2003, 83f.) und in der Märzausgabe 2009 der Zeitschrift *Psychologie heute* wird der Familientherapeut Arnold Retzer den Film im Rahmen der dort startenden Serie »Psychologie & Film« rezensieren.

2. Inhalt

Der Film spielt im England der 1980er Jahre, als der unwirtschaftliche Kohlebergbau von Schließung bedroht war. Der Protagonist, der zu Beginn des Films elfjährige Billy Elliot (Jamie Bell), ein Halbwaise, lebt mit Vater (Gary Lewis), Bruder Tony (Jamie Draven) und leicht dementer Großmutter (Jean Heywood) im nordenglischen Kohlerevier. Um die Schließung der Kohleminen zu verhindern, streiken die Kumpel verbissen. Der Vater und der älterer Bruder Billys sind unter ihnen. Immer wieder kommt es zu Ausschreitungen zwischen den Streikenden und arbeitswilligen Kollegen. Derweilen ist der von unbändigem Bewegungsdrang besessene Billy für den ärmlichen Haushalt und die Großmutter zuständig. Der Vater möchte, dass Billy denselben Weg einschlägt wie er selbst und seine Vorväter. Mit den Handschuhen, die schon sein Vater getragen hat, soll er das Boxen erlernen. Doch Billy findet keinen Gefallen daran. Als er eines Tages eine Ballettstunde von Mrs. Wilkinson (Julie Walters) miterlebt, die mit ihrer Mädchengruppe ausnahmsweise in der gleichen Halle übt, in der das Boxen stattfindet, bemerkt Billy, dass dies viel mehr seine Welt ist. Debbie (Nicola Blackwell), Mrs. Wilkinsons Tochter und zugleich eine der jungen Ballerinen, fordert Billy auf, die Übungen zu versuchen. Nach einigem Zögern stimmt er zu. Er tauscht seine Stiefel gegen Ballettschuhe und Mrs. Wilkinson ist vom ersten Augenblick an fasziniert von Billys Talent. Billy hält sein neues Hobby geheim. Nur seinem besten Freund Michael (Stuart Wells), einem Außenseiter ob seiner transvestitischen und homosexuellen Neigungen, erzählt er davon. Als der Vater schließlich herausbekommt, dass Billy das Geld für den Boxunterricht in Ballettstunden anlegt, stürmt er wutentbrannt in Mrs. Wilkinsons Tanzklasse, verbietet Billy die weitere Teilnahme und verpasst ihm Hausarrest. Mrs. Wilkinson ist von Billys Talent so überzeugt, dass sie ihm kostenloses Privattraining anbietet. Fortan treffen sich beide heimlich. Sie will, dass er bei einer der renommiertesten Ballettschulen des Landes, der Royal Ballet School vortanzt. Als Vater und Bruder dahinterkommen, gibt es den nächsten Eklat. In der Weihnachtszeit wird der Vater dann zufällig Zeuge des Könnens seines Sohnes. Selbst er als Laie begreift, wie talentiert Billy ist. Er wechselt seine Meinung und tut nun alles, um Billy den Besuch der Ballettschule zu ermöglichen, ja er begleitet ihn sogar zum Vortanzen. Die Prüfung endet, wie es scheint, mit einem Desaster. Tage später erhält Billy per Post das Ergebnis. Er geht in sein Zimmer und nach einigem Zögern öffnet er den Brief. Dieser enthält die Mitteilung, dass er zur Ausbildung angenommen ist und ein Stipendium für London erhält. Die letzte Szene spielt viele Jahre später. Sie zeigt Billys Vater und Tony auf dem Weg nach London zum ersten großen Bühnenauftritt Billys. Er ist Solotänzer im Ballett *Schwanensee*. Unter den Zuschauern ist auch Billys Jugendfreund Michael. Mit einem Sprung des Tänzers endet der Film.

3. Dimensionen des Filmes

Der Film *Billy Elliot* visualisiert zentrale Themen von Leben. Einerseits geht es um verzweifeltes Festhalten und Verteidigen des Alten und andererseits um Suche nach etwas Neuem, zentral verbunden mit Fragen der Identität. Der Film behandelt diese Themen auf vier Ebenen, die wie transparente Folien übereinander liegen.

Die erste Ebene betrifft die gesellschaftliche Dimension: Im März 1984 – es ist das Jahr, in dem die Filmhandlung beginnt – kam es zum wohl größte Bergarbeiterstreik der englischen Geschichte. Der verbitterte, bisweilen an Fanatismus grenzende Arbeitskampf der verzweifelt um ihre Existenz ringenden Bergleute dauerte ein ganzes Jahr. Er endete mit einer nachhaltigen Schlappe der Gewerkschaften und Beschädigung des Selbstbewusstseins der englischen Arbeiterschaft. In ihren Aufzugskäfig gezwängt, sieht man die geschlagenen Bergleute im Film enttäuscht wieder in die Grube einfahren. Margaret Thatcher, 1983 an die Macht gekommen, triumphierte. Für sie war der »enemy within« besiegt. Im Film wird die ganze Härte und Brutalität dieser Streikzeit vor Augen geführt. Die gesellschaftliche Auseinandersetzung zwischen Restauration und Innovation ist im Film auf dieser Ebene gescheitert. Man muss aber hinzufügen, dass es wie bei uns im Ruhrgebiet nach dem vergeblichen Festhalten am Alten auch in den Kohlebergbauregionen Englands in der Folge zu grundsätzlichem Wandel und Innovation kam.

Die zweite Ebene betrifft das Schicksal der Bergarbeiterfamilie Elliot, die von den drohenden Grubenschließungen und dem Streik hart getroffen wird und in diesen persönlich verwickelt ist. Das Verlustthema wird noch unterstrichen durch den Tod von Jenny Elliot, die im Dezember des Jahres vor Streikbeginn verstorben ist und deren Tod noch keiner in der Familie richtig verarbeitet hat. Es scheint so, als ob in dieser Familie die Infragestellung des über Generationen tradierten Arbeitsplatzes als Berg*mann* ebenso wie die Lücke, das Weibliche betreffend, die männliche Identität – besonders von Billys Vater – in eine tiefe Krise gestürzt haben. Das Fehlen des mütterlich-weiblichen Elementes in der Familie führt Billy plastisch vor Augen: Als er zu Beginn des Filmes der Großmutter mütterlicherseits das Frühstück bringen will, ist dieser mütterlich besetzte Raum leer. Und als er sie schließlich draußen findet, sehen ihn tote Augen an, die ihn nicht erkennen. Es fällt weiterhin auf, dass Tony keine Freundin hat und auch für Billys Vater Frauen bedeutungslos zu sein scheinen. Die Krise von Billys Vater verstärkt sich noch, als er an seinem Jüngsten schwule Züge zu entdecken glaubt. Es wird ihm zugetragen und er wird schließlich selbst Zeuge davon, wie Billy in einer Gruppe junger Ballettschülerinnen mit Freude tanzt, während er im tradierten Männersport des Ortes, dem Boxen, eine Niete ist, »eine Schande für diese Handschuhe, deinen Vater und die Tradition dieser Halle«, wie sein Trainer laut durch die Halle dröhnt. Im schlichten Denken des Vaters sind alle Balletttänzer schwul und er versucht mit Brachialgewalt seinen Sohn vor diesem – in seinen Augen – Abweg zu schützen. Billy kümmert sich nicht darum. Auch seinen Sohn Tony, der offensichtlich eine Gewalttat plant und morgens mit einem großen Vorschlaghammer zum Streik aufbricht, vermag der schwache Vater – selbst mit Gewalt – nicht von seinem Vorhaben abzuhalten. Er ist noch nicht einmal in der Lage, für seine Familie angemessen zu sorgen und zerhackt schließlich sogar das Klavier seiner Frau, um den bitterkalten Winter einigermaßen zu überstehen. Kein Wunder, dass er sich als Versager »fühlt«. »Fühlt« ist schon zuviel gesagt, denn Gefühle sind nicht seine Sache, sondern eine fremde Welt für ihn. Erst im Rahmen der Entwicklung Billys kommt auch bei ihm eine Entwicklung in Gang, die es ihm ermöglicht, Billy in einem anderen Licht zu sehen, ihn väterlich mit Rückgriff auf das Weibliche, den Schmuck seiner Frau, zu unterstützen und seinen Horizont zu weiten, indem er offensichtlich erstmals in seinem Leben die Grenzen seines Grubenreviers überwindet und in die englische Hauptstadt reist. Seine Entwicklung ermöglicht offensichtlich auch Billys älterem Bruder Tony Entwicklungsschritte: Aus Verachtung für seinen kleinen Bruder wird liebevolle brüderliche Zuwendung. Am Ende des Filmes nehmen beide ergriffen Anteil an Billys erstem großem Auftritt auf der Bühne. Auf dieser Ebene findet *innere* Entwicklung statt, auch wenn sich äußerlich nicht viel verändert hat und Billys Vater und Tony am Schluss ihr gewohntes Arbeitsleben wieder wie früher aufnehmen müssen.

Die dritte Ebene, auf der das Thema abgehandelt wird, ist die Geschichte von Billy, der am Beginn seiner Adoleszenz steht und um seine Identität ebenso wie um seinen Weg in die Welt des Erwachsenseins ringt. Auch für ihn stellt sich die zentrale Frage: Festhalten am über Generationen tradierten Beruf und fragilen Männerbild seines Vaters oder Loslassen und einen/seinen ureigenen Weg wagen. Dazu gleich mehr.

Auf einer vierten Ebene wird das Thema in seiner archaischen Dimension angedeutet: in Tschaikowskis Ballett *Schwanensee*. Auch dazu später mehr.

4. Psychoanalytische Interpretation

Psychoanalytisch gesprochen geht es auf allen Ebenen um das Infragestellen und Zurücknehmen von Objektbesetzungen, um Realitätsanerkenntnis, Trauerarbeit, die Suche nach dem »wahren Selbst« im Sinne von Kohut, das Erkunden kreativer Räume im Sinne Winnicotts, sowie die auf diesem Weg der Orientierung bzw. Neuorientierung notwendigen inneren Reifungsschritte.

Im Folgenden will ich dies mit Zentrierung auf die Person des Protagonisten behandeln: Billy wird, noch während der Rolltitel am Filmbeginn läuft, über seinen springenden, von ungebändigter Bewegungslust angetriebenen Körper eingeführt. Inmitten einer vollgestopften Wohnküche hoffnungslos eingezwängt, gelingt es ihm doch, deren geringe Zwischenräume mit tänzerischer, spielerischer Körperbewegung zu nutzen, indem er, während er das Frühstück für seine verwirrte Großmutter zubereitet, die herumhängenden Wäschebeutel mit dem Kopf kickt und geschickt auf den Küchenschrank springt, um den Toast aufzufangen. Und das alles, obwohl der ihm zur Verfügung stehende Bewegungsraum bedrückend eng ist. So wird schon in der ersten Szene Billys zentrales Thema eingeführt, sein spielerischer Umgang mit seinem Körper und der Bewegung – oder pointierter ausgedrückt: die zentrale Bedeutung tänzerischer Bewegung für ihn. Unterstrichen wird das Ganze durch programmatische Musik. Billy startet auf dem Plattenspieler nach einem vergeblichen ersten Versuch das Lied *Cosmic Dancer* von der Gruppe T. Rex. (T. steht für Tyrannosaurus). Marc Bolan singt: »Ich tanzte, als ich zwölf war, ich tanzte, als ich draußen war, ich tanzte mich schon aus der Gebärmutter heraus; ist es befremdlich schon so früh zu tanzen?« Und es geht weiter: »Ich tanzte mich bis ins Grab.«

Billy greift gerne auf die Plattensammlung seines Bruders zurück, der seinerseits Billy immer wieder zurückweist, wohl weil er ihn als Gefahr für sich und seinen von Tradition geprägten Weg empfindet. Schließlich ist er es, dem die T. Rex-Platte gehört. Die Mutter der beiden ist 38-jährig im Jahr zuvor verstorben, aber dennoch präsent – zumindest für Billy: in Erinnerungsfotos auf dem Klavier, in Worten und Imaginationen und in ihrem Abschiedsbrief an ihn, den er zu seinem 18. Geburtstag öffnen sollte, den er aber längst Wort für Wort auswendig kann. Wir erfahren, dass sie den Sänger, Tänzer und Schauspieler Fred Astaire mochte, dass sie gerne tanzte und es liebte, auf ihrem Klavier zu spielen. Ihr Tod hat der kleinen Familie die Seele und Billy mit zehn Jahren die Mutter geraubt. Billy erscheint in der Familie wie das Missing Link zur Mutter; er, der wie sie gerne Klavier spielt und das Tanzen liebt. Gleichzeitig erscheint er aber auch ödipal mit ihr verstrickt und ist so nur allzu bereit, auf das Angebot von Mrs. Wilkinson einzugehen, bei ihr Tanzunterricht zu nehmen. Sie sieht auf den ersten Blick sein Talent, sie versteht ihn und fördert ihn. Ihr öffnet er sein Herz und an ihr kann er sich emotional abarbeiten, ohne dass sie ihn fallen lässt. So wird sie zu einem bedeutsamen mütterlichen Ersatzobjekt für ihn. Seine adoleszente Entwicklung ist ohne sie schwer vorstellbar. Ihrer Zuneigung sicher, kann er es wagen sich gegen die väterliche Autorität aufzulehnen und seinen Weg auch gegen den Willen seines Vaters weiter zu verfolgen. Der Film macht die Weitung seines Horizonts dergestalt sichtbar, dass nach seinem bedeutsamen Besuch bei Mrs. Wilkinson zum ersten Mal das weite Meer, an dem seine Heimatstadt liegt, sichtbar wird, gleichsam als wäre nun die Enge seines Zuhauses ein Stück weit überwunden. Bei diesem Besuch kommt er auch in engeren Kontakt mit ihrer Tochter und hört zum ersten Mal von Mr. Wilkinson eine andere Interpretation der politischen Geschehnisse als in seiner Familie. An diesem bedeutsamen Punkt seines Lebens taucht auch zum ersten Mal das *Schwanensee*-Motiv auf, und zwar in Form der Schwanentapete in Debbies Zimmer. Die Federn, die bei der Kissenschlacht der beiden fliegen, weisen in dieselbe Richtung. Wer erwartet, dass es nun zu einer jugendlichen Liebelei kommt, wird enttäuscht. Debbie bietet ihm später zwar sogar an, ihren Körper zu erkunden, aber er will nicht. In manchen Interpretationen wird das so ausgelegt, dass er sich nicht auf heterosexuelles Verhalten festlegen lässt, psychoanalytisch betrachtet ist aber viel näherliegend, dass er dem mütterlichen Introjekt nicht untreu werden will. Als er nun seinen Freund Michael besucht, öffnet dieser ihm im Kleid seiner Schwester die Tür. Billy ist zwar irritiert, aber er wendet sich nicht ab und lässt sich von Michael die Lippen bemalen, mehr aber auch nicht. An einer homosexuellen Freundschaft ist ihm ebenfalls nicht gelegen. Billy setzt sich in seinem Verhalten deutlich von seinem homosexuellen Freund ab. Jener ist mehr an der Kleidung der Ballettmädchen interessiert, dem Tutu, das Billy ihm besorgen soll, als am Tanzen selbst, wie das bei Billy der Fall ist. Der trägt seine Ballettschuhe um den Hals geworfen, so wie andere Jungen ihre Boxhandschuhe tragen. Gleichwohl sind Debbie und noch mehr Michael treue Begleiter Billys, Letzterer fährt sogar nach London, um Billy in seiner ersten großen Rolle zu sehen. Man könnte also interpretieren, dass *beide* Teile respektive Alter Egos von Billy verkörpern: Debbie seine heterosexuelle Seite und Michael seine homosexuelle Seite. Dabei möchte ich freilich nicht verschweigen, dass symbiotische Fantasien zwischen Sohn und Mutter eine deutlich erhöhte Wahrscheinlichkeit im Hinblick auf eine homosexuelle Entwicklung beinhalten, da eine mangelnde Separation die Entstehung einer männlichen Identität unterbindet.

Es ist Mrs. Wilkinson, die Billys Begabung sofort erkennt und ihm nahelegt zum Vortanzen nach Newcastle zu fahren. Der Film zeigt in eindrucksvoller Weise, wie sich ihm bei einer Fahrt mit ihr neue Welten eröffnen. Während die beiden sich Musik aus dem Endteil von Tschaikowskys *Schwanensee* anhören, genauer: den Final Waltz aus der Apotheosis und Mrs. Wilkinson ihm kurz die Handlung des Ballettstückes erzählt, sieht man, wie die Fähre über einen Fluss von einem Ufer zu dem anderen schwebt. Das markiert einen bedeutsamen Schritt in seiner Entwicklung. Er betritt Neuland.

Kurz danach halluziniert er, Milch in der Küche trinkend, seine Mutter, die ihn ermahnt, nicht aus der Flasche, sondern aus dem Glas zu trinken; auch solle er die Kühlschranktür schließen. Man kann die Szene so verstehen, dass die Milch die Verbindung zu seiner Mutter symbolisiert und das Milchtrinken sozusagen eine Regression als Reaktion auf die gerade stattgefundene progressive Bewegung darstellt. Es ist sozusagen ein inneres Auftanken bei seiner imaginierten Mutter in einer Zeit großer progressiver Schritte. Die über-ich-haften Ermahnungen, die er der Mutter in den Mund legt, verstehe ich dabei als seinen eigenen Versuch, sich aus der rauschhaften und damit gefährlichen Welt der Schwäne, denen seit alters androgyne Eigenschaften zugeschrieben werden, zurückzubringen in die Realität seiner beschränkten, aber ihm wohlvertrauten Welt in Eyerington.

Es ist ein Lied seines Bruders, nach dem er vortanzen will: *I Love to Boogie*. Wenn er sich heimlich mit Mrs. Wilkinson im Boys Club trifft, ist der Ort verzaubert, eingehüllt in ein magisches Gegenlicht, ein kreativer Möglichkeitsraum, seiner ursprünglichen Funktion entledigt. Ausgerechnet der Boys Club wird zu dem Raum, an dem Billy sich wandelt, ein neues Körpergefühl an sich entdeckt und die Erfahrung macht, im Tanz fliegen zu können wie ein Vogel.

Es ist Billys frustrierter Bruder – oder besser gesagt gerade der Mensch, der Billy innerlich so nahe steht wie kaum sonst jemand und der ihn unbewusst unendlich beneidet –, der ihn von seinem Weg abhalten will. In demütigender Weise fordert er Billy auf, wie ein Go-go-Girl auf dem Küchentisch zu tanzen. Mrs. Wilkinson hält ihn davon ab und schützt ihn vor Vater und Bruder. Billy stürzt aus dem Haus, reagiert tanzend seine Wut ab und endet an einer unüberwindlich hohen, rostigen Wellblechwand, die ihm den weiteren Weg – erst einmal – versperrt.

Hin- und hergerissen zwischen der Welt des Vaters und jener der Mutter, zwischen Männlichkeit und Weiblichkeit, zwischen eigenen Wünschen und Fremdbestimmung lebt Billy in einer Welt voll innerer und äußerer Konflikte. Eine Änderung in der Einstellung seines Vaters bahnt sich an Weihnachten an, also bei dem Mutter-Kind-Fest schlechthin. Das Klavier seiner Frau hat er zertrümmert, um die Wohnung wenigstens etwas warm zu bekommen. Zaghaft hatte Billy geäußert: »Meinst du nicht, sie [also die Mutter] hätte was dagegen?«. In der so stattfindenden Zerstörung der Mutter-Sohn-Dyade erleben wir – im übertragenen Sinne – den Vater zum ersten Mal als triangulierendes Objekt. Das emotional aufgeladene Fest, Gedanken an seine verstorbene Frau und deren Einstellung, vielleicht auch Schuldgefühle führen dazu, dass er, als er seinen Sohn im Boys Club beim Tanzen erwischt, diesmal anders reagiert. Billy präsentiert ihm eine beeindruckende und mutige Solodarstellung, in die er sein ganzes tänzerisches Können packt. Der Vater ist beeindruckt, aber so wenig zu affektivem Ausdruck fähig, dass er zu Billy nur sagt: »Geh nach Hause, Junge.« Fortan unterstützt er Billys Karrierepläne mit allen Kräften. Er bricht den Streik ab, um Geld zu verdienen, und versetzt schweren Herzens den Schmuck seiner Frau, um Billy die Fahrt zum Vortanzen in London zu ermöglichen. Tony kann die Wandlung seines Vaters zunächst gar nicht fassen, lenkt dann aber auch ein. Die Erinnerung an seine Mutter wird wieder lebendig: »Dad hat recht, Mum hätte dich auch gelassen.« Selbst der Boxtrainer sammelt für Billys Zukunft. Die plötzliche Zustimmung seiner Umgebung macht es Billy aber nicht unbedingt leichter, vielleicht ist das seiner Adoleszenz zuzuschreiben, in der es ja darum geht, sein Ureigenes in Abgrenzung von den Elternfiguren zu finden, sodass nun er derjenige ist, der – auch aus Angst vor all dem Neuen – umso ambitendenter wird und sogar, als er mit seinem Vater schon in der Royal Academy in London ist, zurück nach Hause will: »Dad, ich hab's mir wieder anders überlegt.« Aber der Vater, interessiert den Ballettmädchen zusehend, schiebt ihn nur wortlos in den Raum, aus dem er kam, zurück und schließt die Tür hinter ihm, so als wollte er signalisieren: »Es gibt kein Zurück!« An anderer Stelle formuliert er dies explizit: »Dein Zimmer ist schon vermietet.« Nach erfolgreicher Aufnahmeprüfung und handgreiflicher Verteidigung seiner asexuellen Haltung kommt es schließlich zur emotionalen Begegnung mit seinem Vater, der immer freier seine Gefühle zeigen kann.

Als Billys Vater seinen Kumpeln voller Begeisterung die Botschaft überbringt, dass Billy »drin« ist, reagieren diese unerwartet – nämlich deprimiert: »Der Streik ist vorbei, die Gewerkschaft hat gestern aufgegeben.« In dieser Koinzidenz von Sieg und Niederlage blitzt in sehr verdichteter Form die zentrale Aussage von S. Freuds Kulturtheorie auf: Der Vater muss sterben, damit der Sohn sein Leben entfalten kann. Das ist das ödipale Thema der Menschheit. Während der Vater und seine Generation von Bergleuten sozusagen als lebendig Tote fortan wieder in ihrem Käfig gefangen in die Grube einfahren und unter Tage malochen müssen, fährt sein Sohn – Repräsentant der Folgegeneration – nach London, um sich in einer völlig anderen Profession selbst zu verwirklichen.

Damit komme ich zu Tschaikowskys *Schwanensee*, das so bedeutsam für diesen Film und sein Verständnis ist. Schon früh wird *Schwanensee* über die Begegnung und Arbeit mit Mrs. Wilkinson bildmotivisch, narrativ, musikalisch und tänzerisch entfaltet, gewissermaßen eingeschrieben in Billys Biografie. *Schwanensee* rückt Billys Identitätssuche in ein besonderes Licht. *Schwanensee* ist die Geschichte eines jungen *Mädchens*, Odette, – sie verkörpert das Gute – das von einem bösen Zauberer, Rothbart, in eine Schwanenkönigin verzaubert wird. Odette verwandelt sich nur nachts wieder in eine Frau. Ein Prinz verliebt sich unsterblich in das Mädchen. Diese seine Liebe, so der Mythos, kann den Schwan erlösen. Der Prinz wird aber vom Zauberer getäuscht, der ihm seine eigene Tochter, Odile – sie verkörpert das Böse, gleicht aber Odette wie eine Kopie – vorstellt. Beide werden im Ballett übrigens von ein und derselben Person – einmal in einem weißen und einmal in einem schwarzen Dress – getanzt. Das Ganze wird zu einer harten Probe für den Prinzen, der sich täuschen lässt und seinen Irrtum zu spät erkennt. Odette verzeiht ihm. In Tschaikowskys ursprünglicher Fassung nimmt das Ganze ein gutes Ende: Die Liebe besiegt das Böse, und Odette und der Prinz finden zueinander.

Nimmt man *Schwanensee* als eine Metapher für Verzauberung und Erlösung, so könnte man Billys mühsamen Weg vom Boys Club in Eyerington zum Ballettstar im Londoner Westend-Theater als eine »Erlösung« von einem bösen Zauber begreifen, als Märchen vom hässlichen kleinen Entlein, das sich zum Königsschwan wandelt. Auch das archaische Aschenputtel- bzw. Cinderella-Motiv, das *Schwanensee* zugrunde liegt, kann man hierin erkennen. Am Ende des Films jedenfalls tritt Billy, nun erwachsen, als *Mann* nicht in der Prinzenrolle, sondern in der sehr schwierigen und großen Odette/Odile-Rolle in Tschaikowskys Ballett auf die Bühne.

Das ist natürlich erklärungsbedürftig. Erlauben Sie mir etwas weiter auszuholen, um die hoch komplizierten Zusammenhänge verständlich zu machen: Wie im *Schwanensee*-Mythos, so muss sich auch Billy gegen widrige Kräfte (Vater, Bruder, Gesellschaft) bewähren. Am Anfang gleicht er Odette: Nur in wenigen Stunden ist er frei für seine Gefühle. Am Tag darf er nicht Tänzer sein, nur heimlich, im abgedunkelten Raum. Der Bannkreis des Zauberers – er steht für Billys Vater – ist vergleichbar mit Billys sozialem Bann, aus dem er sich befreien muss; ist er doch im Grunde gefangen wie Odette. Aber gerade diese Gleichsetzung bleibt unbefriedigend, denn sie lässt einen wichtigen Umstand außer Acht: Billy ist eben kein Mädchen wie Odette und hat auch keine Mutter, die ihn aus Neid in seiner Entfaltung behindert. Nur Billys Vater kann man als ödipalen Rivalen interpretieren.

Hier nun geht der Film- und Theaterregisseur Stephen Daldry, dem wir den Film verdanken, neue Wege. Er lässt nämlich den erwachsenen Billy nicht von irgendeinem Schauspieler spielen, sondern von Adam Cooper, dem Solotänzer der spektakulären Londoner *Swanlake*-Aufführung Matthew Bournes von 1995. In dieser Performance wird nicht nur der besagte Schwan, also Odette, sondern alle Schwäne von Männern verkörpert. Und das Stück endet auch nicht mit einem Happy End. Der letzte Akt in Bournes Inszenierung ist gewalttätig. Als kreischende Mordmaschinen quellen die Schwäne albtraumhaft aus und unter dem monströsen Bett des Prinzen hervor, attackieren und töten ihn. Auch der Königsschwan vermag ihn nicht zu retten.

Schließlich wird er von seiner Mutter gefunden; sie nimmt ihren toten Sohn in die Arme und wiegt ihn. Im Spiegel über dem viel zu großen Sterbebett scheint noch einmal der Schwan als Vision auf, der nun wie in einer synchronen Haltung den jungen, kindlichen Prinzen in den Armen hält.

In Bournes Stück kann der von Beginn an schwache Prinz den Erwartungen seiner Umwelt, insbesondere seiner übermächtigen Mutter, nicht gerecht werden, flieht und verliebt sich auf seiner ziellosen Suche in das Bild des starken Schwans, dessen Erscheinung ihn hypnotisiert. An der Unerreichbarkeit dieses Wunschbildes scheitert er schließlich. Bournes *Schwanensee*-Interpretation galt bei ihrer Premiere als Sensation, als eine Hommage an Tschaikowskys privates Leben – er war homosexuell – aber auch als neue Lesart des Balletts und Überwindung des klassischen, feminin geprägten Balletts des 19. Jahrhunderts. Denn bei Bourne treten mit der männlichen Besetzung der Rolle des Schwans der Prinz und der Schwan in eine neue psychologische Beziehung, die sich nun aus zwei Männerbildern ergibt, die sich fern und doch nahe sind. So gesehen ist Billy gleichermaßen der schwachen Prinz und Sohn eines übermächtig erscheinenden Vaters oder sollte ich besser sagen: einer übermächtig erlebten schlechten Vatermutter, aber auch das hässliche Entlein im sozialen Zauberbann seiner Familie, das heranreift und sich zum Königsschwan wandelt. Als solcher integriert er in sich »Gutes« und »Böses«, Männliches und Weibliches. Der Schwan symbolisiert seit alters solche Androgynität.

Das heißt, der Schwan ist Projektion, sowohl in homosexueller Deutung als auch im Blick auf Ichstärke und Identität. Indem Stephen Daldry Bournes Interpretation von *Schwanensee* auf so explizite Weise in seinen Filmentwurf einarbeitet und ihn in das Ballett übergehen lässt, rückt er so Billys geschlechtliche Identität noch einmal überdeutlich in den Fokus. Doch das subtile Spiel der Geschlechter auf der Bühne und auch das darin erkennbare Modell einer Identitätssuche führen zu keinem klaren Bild. Billys Körper verharrt am Ende des Films in einem Kunstraum, den er mit einem gewaltigen Sprung besetzt. Wir sehen Billy da als Schwan: einerseits – wie gesagt – vom hässlichen Entlein zum Schwan gewandelt, andererseits als solcher noch nicht ganz erlöst, noch im Banne eines Zaubers, noch in der Luft und nicht mit beiden Beinen auf der Erde. Aber Billy bleibt auch in dieser Schlussszene des Films verbunden mit seiner Biografie und seiner Alltagsgeschichte. Im Zuschauerraum sitzen sein Vater und sein Bruder, beide von ihrer Ablehnung des »schwulen« Balletts bekehrt. Sie sind nach London gefahren, um mit Stolz den kleinen Billy als großen Tänzer zu erleben. Freilich kann man sich fragen, wie es ihnen bei jenen im Film nicht gezeigten Szenen des Balletts gehen wird, in denen Schwan und Prinz – beide ja Männer – in Liebe entbrennen.

Neben ihnen entdecken Billys Vater und Tony Michael, der sich »um nichts in der Welt« diese Aufführung entgehen lassen will. Nun sitzt er als geschminkter und weiblich gekleideter erwachsener Mann im Theater, begleitet von einem schwarzen Partner. Bis zum Ende des Films bleibt Michael Billys stiller Begleiter, ein schwules Alter Ego, immer da, immer in sicherem Abstand. Die Verbindung des finalen Sprungs zu den Sprüngen des kleinen Billy zu Beginn des Filmes ist nicht zu übersehen. Sein Körperselbst und dessen Entwicklung sind zentrale Themen.

5. Zusammenfassung

Billys Verhalten im Film kann psychoanalytisch in unterschiedlicher Weise interpretiert werden: entweder als pathologischer Trauerprozess mit Festhalten am mütterlichen Introjekt oder als eine ungelöste ödipale Bindung an seine Mutter mit innerer Fixierung auf diese oder auch als adoleszenter Entwicklungsprozess. Vielleicht ist es auch von allem etwas. Das vom Regisseur als zentrale Determinante eingebrachte *Schwanensee*-Motiv im Sinne Bournes würde dafür sprechen, dass es Billy zwar gelungen ist, sich aus seiner starken Mutterbindung zu individuieren, er hinsichtlich seiner sexuellen Identität aber noch keinen festen Boden unter seine Füße bekommen hat. An dieser Stelle unterscheiden sich Märchen und Realität – auch die im Film dargestellte – massiv: Während im Märchen ein liebender Prinz blitzschnell die Erlösung bewirken kann, ist menschliche Entwicklung, also der Weg aus der Tradition zur Innovation oder durch die Adoleszenz immer ein mühsamer Prozess, der ohne gelegentliche Rückschläge kaum vorstellbar ist. Billy Elliot führt uns das eindrucksvoll vor Augen.

Literatur

Blothner, Dirk (2003): Das geheime Drehbuch des Lebens. Kino als Spiegel der menschlichen Seele. Bergisch Gladbach (Bastei Lübbe).

Henson, Karen (2007): Introduction: Divo worship. Cambridge Opera Journal 19, 1–9.

Laytham, Brent (2005): Theology Goes to the Movies: Screening *Billy Elliot*. The Covenant Quarterly 63, 3–15.

Thiele, Jens (2003): I will dance – I will fight. Geschlechtsidentität und Körper im aktuellen Mainstream-Kino. In: Rüffert, Christine et al. (Hg.): Wo/Man – Kino und Identität. Berlin (Bertz), S. 81–100.

Weber, Cynthia (2003): »Oi. Dancing Boy!« – Masculinity, Sexuality, and Youth in *Billy Elliot*. Genders OnLine Journal 37, 1–15.

Küss mich, Tiger!

(Regie: Jan Ruzicka; Deutschland 2000)

Theo Piegler

> »Das Komische, der zwingende Anstoß zum Lachen, liegt im Lachenden und keineswegs im Gegenstand des Lachens. [...] Der Weise lacht nur unter Zittern«.
> *(Baudelaire [1857]: Über das Wesen des Lachens und das Komische in der plastischen Kunst im allgemeinen)*

1. Einleitung

Der Drehbuchautor, Norbert Eberlein, ist, wie man dem Film anmerkt, waschechter Hamburger. 1956 dort geboren, faszinierte ihn in seiner Kindheit Erich Kästner. Nach Abschluss seines Germanistikstudiums schrieb er für Illustrierte und legte 1990 seinen ersten Roman vor: *Seidenmatt*, die Liebesgeschichte eines Hamburgers, der seinerseits seinen ersten Roman schreibt. In den Folgejahren machte er sich aber nicht als Romancier, sondern als Drehbuchautor einen Namen. Seit 1991 sind viele Drehbücher für Fernsehproduktionen wie *Großstadtrevier* oder *Doppelter Einsatz* sowie zahllose andere Produktionen entstanden. Vor einigen Jahren hat er für sein Schaffen den Autorenpreis des deutschen Produzentenverbandes erhalten. »Er hat den Dreh raus«, wie Paul Barz in der *Welt* (2002) treffend titelte.

In *Küss mich Tiger*, einem Film, der als Fernsehproduktion im Jahre 2000 von der ARD gezeigt wurde, behandelt Eberlein, so wie in seinem

Erstlingsroman, wiederum ein Thema, das – zumindest von seinem Alter her betrachtet – sein eigenes sein könnte: In humorvoller Weise bringt er dem Zuschauer das Thema der Lebensmitte, die sogenannte Midlife-Crisis, nahe.

2. Filminhalt

Seit 14 Jahren ist der Literaturprofessor Hartmut (»Hardy«) Popp (Uwe Ochsenknecht) mit der attraktiven Architektin Sabine (Barbara Rudnik) verheiratet. Das Eheleben der beiden ist zur Routine geworden. Als Robert Merten (Peter Sattmann) die Nachbarwohnung bezieht, wird die Midlife-Crisis des Paares offenkundig. Der flotte Nachbar erscheint nämlich jede Nacht mit einer anderen, stets blutjungen Eroberung. Und immer, wenn es mit den hübschen Besucherinnen zur Sache geht, erschallt aus seiner Wohnung wie eine Siegeshymne der Klassiker der 1968-Generation *Samba Pa Ti* von Carlos Santana. Jedenfalls ist das die Fantasie des angegrauten Professors, der dem Nachbarn so viel abwechslungsreiches Glück in der Liebe neidet und mit Marschmusik gegenhält. Um seine eigene Beziehung aufzupeppen, bucht er ein Zimmer in einem Stundenhotel für eine heiße Liebesnacht mit seiner Frau, Rosen und Champagner inklusive. Beschwingt verlässt er das Hotel und bemerkt Sabine, die ihrerseits das Etablissement zu einem Rendezvous aufsucht. Er setzt ihr nach und ertappt sie mit einem seiner jungen Kollegen, Hans, der als Schwerenöter bekannt ist. In der Bar gegenüber stellt er Sabine zur Rede, lässt sie aber gar nicht zu Wort kommen und versucht seinen Kummer in Alkohol zu ersäufen. Sabine zieht aus, und Hardy versucht verzweifelt, sein Selbstbewusstsein wiederzugewinnen. Eine Wiederannäherung scheitert. Fortan will er sich und ihr beweisen, dass auch in ihm ein Tiger steckt. Doch er bekommt schnell zu spüren, dass er kein Frauenheld ist. Deshalb nimmt er Kontakt zu Robert auf und avanciert zu dessen gelehrigem Schüler. Mit seiner Hilfe lernt er, wie man Frauen abschleppt. Richtig glücklich ist Hardy mit seinem neuen Leben allerdings nicht. Mehrmals begegnet er einem ehemaligen Kommilitonen (Dominique Horwitz), der immer noch studiert, mit seinem Namen Jürgen unzufrieden ist, nicht weiß, ob er mit roten oder grünen Haaren bei Frauen besser ankommt und unsicher ist, ob er sich als Türke oder als Schwuler fühlen soll. Zwischenzeitlich ist Robert der spröden Sekretärin Hardys begegnet und hat sich unsterblich in diese verliebt. Bald bedeutet sie ihm mehr als alle seine One-Night-Stand-Bekanntschaften. Eines Tages treffen sich auch Hardy und Sabine wieder, ganz zufällig auf einem Bootssteg an der Außenalster (in Hamburg), wo beide vor vielen Jahren verliebt zusammen träumten. Hardy wird bei dieser Begegnung klar, was er alles verloren hat. Als er anlässlich einer großzügigen Spende für die Universität eine Dankesrede halten muss und Sabine mit ihrem Liebhaber im Publikum entdeckt, entschließt er sich spontan zu einem außergewöhnlichen Schritt: Über die Lautsprecheranlage und in aller Öffentlichkeit offenbart er ihr seine Liebe und bittet sie, zu ihm zurückzukehren, was sie auch tut. Zur gleichen Zeit finden auch Robert und Jürgen ihr Glück.

3. Psychoanalytische Interpretation

Das große Fischer-Lexikon von 1975 definiert die Komödie, im Gegensatz zur Tragödie stehend, als »dramatische Gestaltung von Konflikten oder Scheinkonflikten des alltäglichen Lebens und ihre glückliche Lösung in humorvoller Überlegenheit über die menschliche Unzulänglichkeit, die in ihrer Komik aufgedeckt« werde. In der jeder Komödie innewohnenden geheimen Überzeugung, die Drehbuchschreiber, Zuschauer und Protagonist teilen, nämlich dass Letztgenanntem nichts wirklich Schlimmes zustoßen werde, sieht Freud »das dominierende Symptom für die Verwandtschaft von epischer Fiktion und Tagtraum. Ich meine aber«, fährt er fort, »an diesem verräterischen Merkmal der Unverletzlichkeit erkennt man ohne Mühe – Seine Majestät das Ich, den Helden aller Tagträume wie aller Romane« (von Matt 2001, S. 109). Das Phantasma sei dabei ein als erfüllt angeschauter Wunsch. »Der Glückliche phantasiert nie«, sagt Freud, »nur der Unbefriedigte« (Freud 1908, S. 173). Und fügt erläuternd hinzu: »Unbefriedigte Wünsche sind die Triebkräfte der Phantasien, und jede einzelne Phantasie ist eine Wunscherfüllung, eine Korrektur der unbefriedigenden Wirklichkeit« (ebd.). Diese Wünsche seien stets ehrgeiziger oder erotischer Natur, ein genaueres Hinsehen zeige fast unweigerlich die geheime Verbindung von beiden Elementen. Die Verwandtschaft von Tagtraum, Witz und Komischem ist für Freud evident. Seine frühe Abhandlung über den *Witz und seine Beziehung zum Unbewussten* (1905) geht dabei von der energetischen Vorstellung gestauter Triebe aus, die auf Abfuhr drängen. Diese Triebabfuhr werde von der gesellschaftlich vorgeschriebenen Norm verhindert, die der Mensch durch innere Zensur einhalte. Genau dieser Verzicht ist ja nach Freud die Basis und der Preis von Zivilisation. Indem der Witz diese Zensur mittels primärprozesshafter Strategien besteche und umgehe, gelinge ihm Triebabfuhr. Mit Recht kann man das Nämliche auf das Komische und die Komödie anwenden. Hirsch verweist darauf, dass Freuds ursprünglich formuliertes Triebmodell heute nicht mehr hinreichend sei. Unter Hinweis auf Ciompis Annahme einer »polaren« Grundstruktur unserer Gefühlswelt, die der Psychoanalyse »längst geläufig« sei, beantwortet er die Frage, wodurch der Witz erreiche, dass das sonst Verbotene legitimiert und zugelassen werde, folgendermaßen: »Dadurch, dass er im Hörer polare Gefühle weckt, wobei ein Gefühl gesellschaftlich anerkannt ist und es übernimmt, das andere, unterdrückte zu legitimieren« (E.C. Hirsch 2001, S. 166). In der Komödie *Küss mich, Tiger!* spielt sich nichts anderes ab.

An dieser Stelle muss ich pausieren, halte ich es doch für meine Pflicht darauf hinzuweisen, dass man bekanntermaßen über Witz, Komik und Komödie nicht groß reden sollte, denn »das ist die sicherste Methode, ihre Lachwirkung abzutöten« (Lindner 2008, S. 100). Ich laufe mit meinen weiteren Ausführungen also Gefahr, ein eventuell gerade verklungenes, spontanes und befreiendes Lachen sowie die damit verbundene Triebabfuhr gründlich zu vergällen. Baudelaire geht noch einen Schritt weiter, indem er – vor über 150 Jahren – formulierte: »Das Komische, der zwingende Anstoß zum Lachen, liegt im Lachenden [selbst] und keineswegs im Gegenstand des Lachens. […] Der Weise lacht nur unter Zittern.«

Was bedeuten die einleitenden Ausführungen bezogen auf unseren Film? Was ist das abgewehrte Thema und wie gelingt es Drehbuchschreiber, Regisseur und Schauspielern, uns den Inhalt so zu vermitteln, dass wir uns den Film bis zur letzten Minute gerne angesehen haben?

Das eigentlich konflikthafte Material wird aus dem Off vom Protagonisten selbst schon zu Beginn des Filmes umschrieben: »Der Held unserer

Geschichte geht durch ein Gewitter der Gefühle, tritt eine Höllenfahrt an, die ihn in eine existenzielle Krise führt. Die Krise ist so tief, so schmerzhaft, dass sie ihn zu überwältigen droht.« Sie erscheint so existenziell, dass sie nur in mehrfach abgewehrter Weise in Form einer Komödie »Seiner Majestät, dem Ich« der Zuschauer zumutbar erscheint. Wobei bekannt ist, dass Witz, Humor und Schwank zu keiner Zeit einen solchen Zuspruch erfahren wie gerade dann, wenn Repression und Not herrschen.

Zunächst wende ich mich der Frage zu, welche Abwehrstrategien es im Einzelnen sind, die hier Anwendung finden. Nimmt man die Worte aus dem Off ernst, dann würde der Stoff ja eher für eine Tragödie taugen. Die Transponierung in eine komödiante Gestaltung ist der erste Abwehrschritt, aber damit ist es noch nicht genug. Was wir sehen, ist die Verfilmung eines Romans von Hartmut Popp mit dem Titel *Küss mich, Tiger!*, wie wir am Ende des Filmes erfahren, und nicht die tragische Geschichte selbst, sie hat also schon einen Verarbeitungsprozess durchlaufen. Das ist der zweite Abwehrschritt. Der dritte besteht darin, dass die verhängnisvollen Geschehnisse als Folge des Fremdgehens von Sabine dargestellt werden, obwohl sie doch nur Hartmuts Wünsche auszuleben scheint. Wir haben es hier mit einer klassischen Projektion zu tun. Der vierte Schritt der Abwehr ist die Darstellung des Protagonisten in Form von Alter Egos: Hartmut verkörpert am ehesten das Ich. Die Identitätskrise verkörpert Jürgen und jener, der sein Ideal-Ich – oder ist es sein Es? – verkörpert, ist Robert, eine erfundene Gestalt, eine Männerfantasie, wie der Protagonist am Ende des Filmes freimütig bekennt. Wenn so viel psychische Transformationsarbeit notwendig ist, um das Ganze für den Zuschauer verdaulich zu machen, stellt sich umso drängender die Frage nach dem auf vielfache Art in solcher Weise sicher abgewehrten Konflikt. Erstaunlicherweise wird er unverhohlen gezeigt. Darin besteht gerade der Trick dieser Komödie: dass trotz des Ausgeführten nichts verschleiert wird, sondern *alles* – humorvoll karikiert – dargestellt ist, um final zu einem glücklichen Ende geführt zu werden, fast ein bisschen mit erhobenem Zeigefinger darauf hinweisend, was Schlimmes passieren kann, wenn man den Trieben die Zügel schießen lässt, beginnt doch der Film mit einem Blick auf die in Stein gehauene Inschrift über dem Portal der Universität, wo es heißt: »Der Lehre«, übersetzt: Euch, ihr Zuschauer, zur Mahnung und Lehre!

Ganz offensichtlich steht im Zentrum des Films die Darstellung einer Ehekrise, die beide Partner im mittleren Lebensalter trifft. 14 Jahre sind Hartmut und Sabine zusammen, ein eingespieltes Team, aber genau in dieser Gewöhnung liegt natürlich die Gefahr. In zwei Drittel aller längerfristigen Partnerschaften erlischt im Laufe der Zeit die Lust aneinander mehr oder weniger (Welter-Enderlin 2008, S. 183f.), sodass Mathias Hirsch in seinem Buch *Liebe auf Abwegen* (2008) in sehr persönlicher Weise konstatiert: »Für mich ist das Ideal der Liebe, dass sie wie die Musik eine Integration oder Synthese von Verschmelzungssehnsucht und Struktur, von Beziehung und Attraktion, von Bindung und Freiheit erreicht, eine Aufgabe, die ganz zu erfüllen das Schwerste sein dürfte, sodass wir alle, jedenfalls auf Dauer, mit einem mittleren Maß zufrieden sein müssen« (S. 79). Feinsinniger kann man diesen Sachverhalt wohl kaum in Worte fassen.

In *Küss mich, Tiger!* fällt die Ehekrise in das mittlere Lebensalter, eine Zeit, die für beide Geschlechter an sich schon sehr schwierig ist, da sie mit großen Veränderungen im biologischen, psychischen und sozialen Bereich fertig werden müssen. Der berufliche Zenit ist erreicht, die Kinder, sofern vorhanden, verlassen das Haus, die eigenen Eltern werden pflegebedürftig, die Leistungsfähigkeit lässt nach, das Alter beginnt den Körper zu zeichnen und erste körperliche Beschwerden können sich einstellen. Außerdem beginnt man, sich mehr und mehr der Begrenztheit und Endlichkeit des eigenen Lebens gewahr zu werden. (vgl. M. Piegler 1998). All das ist der Boden für eine Midlife-Crisis. Das Ehepaar Popp im Film ist alles andere als ein Einzelfall. Auch seine Lösungsstrategien sind weit verbreitet.

Ich möchte die oft als existenzbedrohlich erlebte Midlife-Crisis am Beispiel eines Ihnen allen bekannten Schriftstellers exemplifizieren: Hermann Hesse. Kurz vor Erreichen seines 50. Lebensjahres schrieb er in sein Tagebuch: »Ich schmeiße alles hin, mein Leben, […] ich alternder Mann.« Und er verfasste folgende Verse: »Von der Wiege bis zur Bahre sind es fünfzig Jahre, dann beginnt der Tod.« Dann kommt eine sarkastische Aufzählung aller körperlichen Gebrechen, die sich einstellen können und er fährt fort: »Statt dass wir mit Entzücken junge Mädchen an uns drücken, lesen wir ein Buch von Goethen.« Schließlich die Fantasie: »Aber einmal noch vorm Ende will ich so ein Kind mir fangen, Augen hell und Locken kraus, nehm's behutsam in die Hände, küsse Mund und Brust und Wangen, zieh ihm Rock und Höslein aus. Nachher dann, in Gottes Namen, soll der Tod mich holen. Amen.« Auch Hartmut und Sabine träumen davon, noch einmal von vorne anzufangen und mit deutlich jüngeren Partnern das Leben zu genießen – eine krasse Verleugnung der Realität.

Aber der Reihe nach: Hartmut, wohl so um die Ende vierzig, Professor für Germanistik, in der 1968er Zeit sozialisiert, daher auch mit der damaligen Kultmusik *Samba Pa Ti* innerlich tief verbunden, seinem alten Fahrrad gegenüber einem schnittigen Sportwagen den Vorzug gebend, seit 14 Jahren kinderlos mit einer Architektin verheiratet, die Leere der Beziehung mit Arbeit, mehr oder weniger langweiligen Einladungen und regelmäßiger Bettlektüre ausfüllend, erfährt eine tief greifende innere Erschütterung, als neben ihm ein neuer Nachbar einzieht, Robert, »ein Mann, der die Frauen liebt«, Kennzeichen: Cabriofahrer und Träger eines roten Lackmantels. Er schleppt jeden Tag eine andere adrette junge Frau in seine Wohnung ab, um sie bei den Klängen von *Samba Pa Ti* zu vernaschen, so jedenfalls die Fantasie Hartmuts. Roberts Verhalten wird für Hartmut zur Versuchungssituation, denn er lebt das aus, wonach ihn insgeheim gelüstet: »War er noch ein richtiger Mann?« Psychologisch übersetzt könnte seine Midlife-Crisis-Frage heißen: Die Hälfte meines Lebens habe ich jetzt hinter mir, halte Tag für Tag meine Vorlesungen vor einem halb leeren Hörsaal und zu Hause läuft auch nicht mehr viel, jedenfalls fühle ich mich von meiner Frau überhaupt nicht mehr gesehen – war das alles, ist das alles in meinem Leben? Seine so ausgelöste innere Erschütterung – fast muss man sagen Selbstfragmentierung – ist so groß, dass er bei einer Sprechstunde für Studenten in den Äquivalenzmodus rutscht und die Sichtweise seiner selbst den Studentinnen unterstellt. Eine von ihnen, die ihre Arbeit über Arthur Schnitzler vorstellt, fährt er an: »Sie haben eben doch Frau Professor zu mir gesagt.«

Bekanntlich sind Liebe und Sex ein hoch wirksames Antidot gegen Fragmentierung, innere Leere und Langeweile. Und zu diesen Mitteln will er greifen. Die zivilisatorische Leistung seiner Sozialisation – oder anders ausgedrückt: sein Über-Ich – verbietet ihm, es dem Nachbarn gleich zu tun. Und so beschließt er, die Beziehung mit seiner Frau durch einen scheinbar überraschenden, im Grunde aber wohl inszenierten

Besuch eines Stundenhotels aufzupeppen. Wie im Kasperletheater wissen wir Zuschauer natürlich schon von vornherein, dass man den affektiven Kick durch einen heimlichen Stundenhotelbesuch nicht mit einem inszenierten Aufenthalt mit Ehegattin ebenda ersetzen kann. Aber es kommt noch schlimmer. Just als er alles gebucht hat, eilt seine Frau beschwingt zu einem Date die Treppen des Hotels empor. Tief narzisstisch gekränkt, gibt Hartmut ihr keine Chance, etwas zu dem Ganzen zu sagen. Sie zieht aus, während Hartmut seinen Kummer erst einmal im Alkohol ertränkt. Kaum ist der Rausch verflogen, unternimmt er tollpatschige Schritte, um mit der neuen Situation zurechtzukommen. Ein narzisstisch geprägter Wiederannäherungsversuch scheitert. Ohne jede klärende Aussprache meint er, sie mit einem Flug ans andere Ende der Welt, nach Neuseeland, zurückgewinnen zu können, also »neu« anfangen zu können. Ebenso kläglich scheitert er beim Versuch, sich als Mann bei anderen Frauen Bestätigung zu holen. Schließlich nimmt er Nachhilfeunterricht bei seinem gehassten und beneideten Nachbarn, verändert sein Äußeres, aber leider nicht sein Inneres und findet langsam Anklang bei den Frauen. Betrachtet man Sabine, so erscheint sie als die sehr viel Reifere, Gefühlvollere, in deren Verbindung mit einem von Hartmut beneideten Kollegen allerdings viel Kastrierendes steckt. Psychologisch ist diese Figur wenig überzeugend gestaltet, wenn auch von Barbara Rudnik wundervoll gespielt.

Ebenso verzweifelt wie Hardy kämpft auch sein Freund, der ewige Student Jürgen, um Identität und Anerkennung. Er versucht sie auf allen möglichen Wegen zu finden: Er färbt sich die Haare grellrot, gibt sich einmal als Türke, ein andermal als homosexuell aus, aber das ändert nichts. Denn eigene Identität entsteht immer über das Du. Im Verlauf des Filmes wird zunehmend deutlicher, dass Hartmut ebenso wie seine beiden Alter Egos alle nach ein und demselben suchen, nämlich nach Selbstbestätigung gewährenden Selbstobjekten. Letztlich suchen alle drei nach einer Frau, die sie vor Selbstfragmentierung schützt: Es soll eine Partnerin sein, die ihnen im Rahmen der Partnerschaft die Möglichkeit zu einer Reifung ihres Selbst gibt. Robert geht es da nicht besser als den beiden anderen. Er verliebt sich ausgerechnet in die Sekretärin Hartmuts, welche im Film mütterliche Eigenschaften zeigt. Er verzichtet auf sein rotes Sportcoupé, seine Cocktail-Mixer- und Verführungskünste, also auf all seine gewohnten großartigen Accessoires und offenbart sich ihr, nun ins krasse Gegenteil konvertiert – nackt und bloß – und gesteht ihr seine grenzenlose Liebe, besser gesagt Verliebtheit, die erwidert wird. Auf den ersten Blick erscheint diese Szene erster Annäherung anrührend, aber bei genauerem Hinsehen hat er seine narzisstische Attitüde nicht aufgegeben: Er ist und bleibt der Größte, ob er nun der unwiderstehliche Aufreißer ist, der seine Bestätigung in der Eroberung von Frauen sucht oder der Kleinste, der, einem nackten Säugling gleich, die Aufmerksamkeit der Mutter erheischt. Und die Angebetete? Rein äußerlich entwickelt sich die gestrenge Sekretärin zu einer attraktiven Frau, die aber ohne Brille so gut wie nichts sieht. Für sie gilt demgemäß: blind vor Liebe. Anders Jürgen, er leistet bis zuletzt keine Eroberungsarbeit, sondern lässt sich von einer bezaubernden Frau finden, die seinen Namen »Jürgen« wunderschön für ihn findet und ihn damit unerwartet glücklich macht. Aber auch hier ist kein Reifungsschritt passiert, denn sie hatte seinen Vornamen auf einem in seine Jacke eingenähten Namensschild entdeckt. Er hat es nur nicht mitbekommen. Ist das wirklich Liebe auf den ersten Blick? Und der Protagonist? »So langsam lichtete sich er Nebel von Selbstbetrug«, wie es aus dem Off heißt. Hartmut scheint zunehmend zu begreifen, was ihm Sabine bedeutet. Zum Schlüsselerlebnis wird die zufällige abendliche Begegnung mit ihr an der Alster, wo sie ihm die Kernfrage stellt: »Warum hast du mich verlassen?« Bei einer universitären Veranstaltung zu Ehren eines großzügigen Spenders, der vielleicht nicht ganz unzufällig »Herr von Goethen« heißt, ist Hartmut der Festredner. Die namentliche Anspielung gilt unserem großen deutschen Dichterfürst, der bekanntlich bis zu seinem 72. Lebensjahr jungen Mädchen nachstieg (vgl. Holm-Hadulla 2008). Seine letzte große Liebe war die 17-jährige Ulrike von Levetzow. Nachdem Hartmut seine Frau in aller Öffentlichkeit mit den Worten, dass sie nun ein Verhältnis mit einem seiner Kollegen habe, vorgeführt hat, unterstellt er ihr: »Sie sucht nach einem Teil von sich, den sie vermisst hat in einer Ehe – und da werden mir viele von Ihnen beipflichten –, die unter Ermüdungserscheinungen leiden kann.« Er weist eigene Anteile also erst einmal weit von sich und fährt fort: »Also habe auch ich mich aufgemacht und Verhältnisse gesucht.« Er stellt dann seine eigenen Erfolge bei Frauen heraus, die er »mit einigem Stolz«, wie es heißt, vermeldet. Er fährt fort: »Es war einfach toll, noch einmal loszugehen und junge scharfe Frauen kennenzulernen, die sexuell keine Tabus kennen.« Und weiter: »Aber auch ich war, ohne es zu wissen, in Wahrheit auf mehr aus als auf diesen anonymen Sex mit wohlgeformten, fremden Frauen.« Er kommt aus dem narzisstischen Schwärmen für seine jugendlichen Gespielinnen also kaum heraus. Ganz zuletzt verkündet er dann: »Ich war auf der Suche nach mir, man kommt so leicht durcheinander, wenn man immer nur für zwei denkt und handelt. Man vergisst ein wenig, wo der andere aufhört und man selbst anfängt.« Ein sehr zaghafter Selbsterkenntnisprozess, der da zu guter Letzt von ihm noch thematisiert wird. Dann fordert er seine Frau auf, zu ihm zurückzukommen und beteuert ihr seine große Liebe. Alles in allem ist es ein höchst narzisstisch aufgeladener Akt der Rückeroberung Sabines und zugleich der dramatische Schlussakkord des Filmes, der gleichzeitig das Happy End für den Protagonisten ebenso wie für seine Alter Egos Robert und Jürgen verkündet. Die narzisstische Midlife-Crisis erscheint damit erfolgreich gemeistert, alle Beteiligten haben Verzicht geleistet, scheinen Größenfantasien und äußerlichen Lösungen abgeschworen und so zur depressiven Position gefunden zu haben. Der narzisstisch aufgeladene, bombastische Schluss lässt freilich Zweifel aufkommen, die final noch verstärkt werden durch die Niederschrift *seiner* Erlebnisse in Romanform, was einen narzisstisch geprägten Akt darstellt. Am Rande sei erwähnt, dass auch Goethe sein letztes amouröses Abenteuer dichterisch verarbeitet hat: Es sind die »Marienbader Elegien«.

Was, wenn die drei Frauen sich nicht mit ihrer Selbstobjektfunktion begnügen wollen? Würde Hartmut jetzt zu selbstreflexivem Verhalten und echtem Dialog in der Lage sein? Alles in allem bleibt eine große Diskrepanz zwischen der gut ausgehenden Komödie und dem, was sich da in der Tiefe der Filmfiguren abspielt, sodass zu guter Letzt nur konstatiert werden kann: »Ende gut, alles gut – denkste!« Komödien haben nun mal nur ein Ziel: Seiner Majestät dem Ich zu schmeicheln und nichts anderes.

4. Zusammenfassung

Die im Jahr 2000 für die ARD produzierte Komödie hat eine Ehekrise im mittleren Lebensalter zum Inhalt. Durch seinen neuen, lebenslustigen

Nachbarn Rudolf wird für den stets rationalisierenden Germanistik-Professor Hartmut eine Versuchungssituation geschaffen, die unbewusste Triebwünsche auf dem Boden seiner narzisstischen Grundstruktur aktiviert und so seine Ehe schwer erschüttert. Seine Identitätskrise und der Weg, den er daraus wählt, wird unter Zuhilfenahme von zwei Alter Egos, Rudolf und Jürgen, dargestellt. Der Protagonist ebenso wie seine Alter Egos finden zwar am Ende alle ihre große Liebe, machen aber im psychoanalytischen Sinne im Lauf des Filmes keine überzeugenden Reifungsschritte. Alle haben eine schwere Selbstwertproblematik und sind letztendlich auf der Suche nach einem sie stabilisierenden Selbstobjekt. Auch wenn die Geschichte an sich traurig ist, vermag diese Komödie gleichwohl das Ich des Zuschauers bei bester Laune zu halten. Das wird dadurch erreicht, dass er miterlebt, wie der Protagonist nach Kräften versucht die gesellschaftlich normierten Rollenerwartungen zu erfüllen, daran aber unerwartet scheitert. Die so immer wieder entstehende Komik befreit den Zuschauer von äußeren wie inneren Zwängen, denn der Anspruch des Über-Ichs wird immer wieder in Frage gestellt. Das Lachen gewährt dem Zuschauer – im Sinne Freuds – Triebabfuhr, was unter Einsatz primärprozesshafter Mittel wie Überraschung, Verkehrung, Pointierung, Spaltung und Projektion erreicht wird.

Literatur

Barz, Paul (2002): Er hat den Dreh raus. Welt Online, 11. August 2002. URL: www.welt.de/print-wams/article605940/Er_hat_den_Dreh_raus.html (Stand: 15.03.2009).

Baudelaire, Charles (1857): Über das Wesen des Lachens und das Komische in der plastischen Kunst im allgemeinen. In: Andres, Charles (1960): Charles Baudelaire. Aufsätze. München (Goldmann).

Das große Fischer-Lexikon in Farbe (1975): Frankfurt a.M. (Fischer-Taschenbuch-Verlag).

Freud, Sigmund (1908): Der Dichter und das Phantasieren. Studienausgabe. Band X, S. 169–179. Frankfurt a.M. (S. Fischer).

Freud, Sigmund (1905): Der Witz und seine Beziehung zum Unbewussten. GW VI.

Hesse, Hermann: Tagebuch

Holm-Hadulla, Rainer M. (2008): Leidenschaft. Goethes Weg zur Kreativität. Eine Psychobiographie. Göttingen (Vandenhoeck & Ruprecht).

Hirsch, Eike Christian (2001): Der Witzableiter oder Schule des Lachens. München (C.H. Beck).

Hirsch, Mathias (2008): »Liebe auf Abwegen« – Spielarten der Liebe im Film psychoanalytisch betrachtet. Gießen (Psychosozial-Verlag).
Lindner, Burkhardt (2008): Den »Autor« Freud entdecken. Eine Lektüre der Abhandlungen über den Witz und über das Unheimliche. In: Haubl, R. & Habermas, T. (Hg.) (2008): Freud neu entdecken. Göttingen (Vandenhoeck & Ruprecht), S. 90–116.
Matt, Peter von (2001): Literaturwissenschaft und Psychoanalyse. Stuttgart (Reclam).
Piegler, Mechtild (1998): Einstellung des Mannes zur Menopause sowie deren Zusammenhang mit dem klimakterischen Erleben seiner Partnerin. Diplomarbeit des Fachbereiches Psychologie der Universität Hamburg.
Welter-Enderlin, Rosmarie (1994): »Glut unter der Asche«. Leidenschaft und lange Weile bei Paaren in Therapie. Sonderheft – 33 Jahre Familiendynamik (2008): S. 183–201.

Der Herr der Ringe

(Regie: Peter Jackson; USA/Neuseeland 2001)

Mathias Kohrs

1. Vorbemerkung

Es handelt sich um den einleitenden Vortrag anlässlich der 56. Jahrestagung der DGPT mit dem Leitthema »Störungen der Persönlichkeit« vom 16. bis 18. September 2005 in Lindau sowie eine auszugsweise Darstellung unserer Gruppenarbeit ebenda.

Der Film *Der Herr der Ringe* wurde in einer Arbeitsgruppe anhand exemplarischer Szenen erarbeitet. Die meisten Teilnehmer kannten den Film und/oder das Buch. Ohne diese Ausschnitte und ohne Vorkenntnisse des Buches bzw. des Films ist der vorliegende Text möglicherweise nur schwer zugänglich. Ich stelle daher an dieser Stelle eine Inhaltsangabe voran, um dieser Schwierigkeit in gewissem Umfang zu begegnen.

2. Filminhalt

Die Zusammenfassung muss angesichts der Fülle und Komplexität des narrativen Materials, etwa 1.000 Buchseiten beziehungsweise zehn Stunden Film, natürlich recht knapp ausfallen. Erzählt wird die Geschichte Frodos, eines halbwüchsigen Hobbits. Er lebt bei seinem Onkel Bilbo im Auenland, einer friedvollen Gegend eines Kontinents namens Mittelerde. Frodo wird von Gandalf, einem Zauberer, auf eine lange und gefahrvolle Reise geschickt. Ziel und Aufgabe der Wanderung ist es, einen uralten magischen Ring am Ort seiner Entstehung zu vernichten. Andernfalls droht großes Unglück, da ein mächtiger Herrscher, Sauron, der Erzeuger des Ringes, ebenfalls seiner habhaft werden möchte. Frodo begibt sich mit einigen Freunden auf die Reise. Zu dieser Gruppe stoßen im Laufe der Wanderung weitere Gefährten: ein Zwerg, ein Elb und ein Mensch. Von Beginn an wird die Gemeinschaft durch die dunklen Mächte bedroht, die den Ring mit großer Gier verfolgen, denn es handelt sich um einen Ring, der unermessliche Macht verleihen kann, beispielsweise macht er den Träger unsichtbar. Eine besondere Rolle spielt in diesem Zusammenhang das Wesen Gollum. Es war ursprünglich, vor Hunderten von Jahren, selbst ein Hobbit namens Smeagol. Im Streit um den Ring erschlug er seinen Bruder und zog sich mit dem Ring in eine amphibische Höhlenexistenz zurück. Dort verwandelte er sich immer mehr in ein Wesen der Dunkelheit, das sich von Fischen und rohem Fleisch ernährte. Im völligen Rückzug von allen Lebewesen überdauerte er die Jahrhunderte, bis der Onkel Frodos, Bilbo, ihm unter dramatischen Bedingungen den Ring abnahm. Er verließ danach seine Höhle und macht es sich nun zur Lebensaufgabe, den Ring zurückzugewinnen.

Gollum begleitet Frodo auf seinem Weg, den nur er kennt. Zwischen beiden entwickelt sich eine komplizierte Beziehung, die zum Ausgang der Geschichte entscheidend beiträgt. Die Gruppe wandert durch viele Länder von Mittelerde. Auf diesen Wanderungen kommt es zu Begegnungen mit zahllosen Wesen dieser Welt, die entweder die Gruppe um Frodo unterstützen oder zum Herrscher des schwarzen Landes gehören. Die Verfolgungen und Gewalttätigkeiten nehmen zu, es kommt schließlich zum globalen Krieg zwischen Gut und Böse. Die Gruppe um Frodo zerbricht im Verlauf der Feindseligkeiten, er zieht mit seinem Freund Sam und dem Wesen Gollum weiter.

Parallel zu den immer weiter ausufernden Kriegshandlungen erreichen Frodo und seine Begleiter den magischen Berg Saurons. Unter größten Gefahren und in einer mörderischen Auseinandersetzung zwischen Frodo und Gollum fällt dieser mit dem Ring in die glühende Lava und beide, Gollum und der Ring, gehen dort unter. Dies führt augenblicklich zum Untergang der bösen Seite. Die Armeen des Sauron flüchten in alle Himmelsrichtungen und es beginnt ein glückliches Zeitalter. Abschließend kehren die Hobbits in ihr Auenland zurück. Frodo kann aber wegen seiner Erfahrungen mit dem Ring und seinen Kontakten mit dem Bösen hier nicht mehr bleiben. Er reist am Ende gemeinsam mit Gandalf und den Elben mit dem Schiff in ein mythisches Land im Westen, verlässt also Mittelerde.

3. Zum Film

Peter Jacksons Film *Der Herr der Ringe* basiert auf dem gleichnamigen dreibändigen Roman, den J.R.R. Tolkien Anfang der 1950er Jahre veröffentlichte. Er war eine Auftragsarbeit für seinen Verlag und sollte das erfolgreiche Kinderbuch *Der kleine Hobbit* fortsetzen. Es entstand ein weltweit erfolgreicher Roman, nach der Bibel das meistgelesene Buch des 20. Jahrhunderts, der heute als Ursprung der Fantasyliteratur gilt.

Tolkien, Linguistik-Professor in Oxford, hat lebenslang an der Mythologie seiner Ringwelt – *Mittelerde* – gearbeitet und noch zahlreiche andere Werke in diesem Zusammenhang veröffentlicht. Bezeichnend für sein Werk ist die Ausarbeitung einer über Jahrtausende hin angelegten mythischen Vergangenheit, einer eigenen Sprache und Schrift, dem *Elbischen,* sowie die Entwicklung erdachter Völker und Kontinente, auf deren Geschichte immer wieder Bezug genommen wird. Hauptwerk blieb *Der Herr der Ringe.*

In der Verfilmung von Peter Jackson finden sich Elemente, die den Film im Zusammenhang mit dem Tagungsthema »Störungen der Persönlichkeit« interessant erscheinen lassen. Er operiert mit extremen Darstellungen archaischer Gewalt und hasserfüllter Destruktivität und kontrastiert diese mit ebenso überhöhten Idealisierungen.

Episodisch kommt es zu Aussetzungen des Realitätsprinzips zugunsten fantastischer und magischer Vorgänge, die im Zuschauer traumartige narzisstische Zustände induzieren, erschreckende Affekte verwandeln sich abrupt in unerwartete Erlösung, traumatisierende Machtlosigkeit in grandiose Überlegenheit. Dies ist typisch für Fantasyfilme, die zumeist offenkundig archaisch-aggressive wie infantil-libidinöse Triebwünsche bedienen und sich der geschilderten Spaltungsmodi bedienen.

Jackson schildert darüber hinaus jedoch in einer für das Mainstream-Kino ungewöhnlichen Form die Entwicklung eines psychischen Konflikts in Hinblick auf massive Spaltungs- und Fragmentierungstendenzen sowie Selbstregulations- und Integrationsversuche.

4. Psychoanalytische Gedanken

In der psychoanalytischen Annäherung an filmisches Material sind unterschiedliche methodische Konzepte denkbar, wie uns Gabbard (2001, S. 5–12) zeigt. Unter den von ihm aufgeführten psychoanalytischen Zugängen, die sich seiner Meinung nach partiell immer überschneiden, kommen für das vorliegende Material vor allem folgende in Frage:

- Ein Zugang über Tolkiens Biografie (* 03.01.1892), der früh seinen Vater verlor, bei der Mutter aufwuchs und mit zwölf Jahren Vollwaise wurde. Aus seiner Lebensgeschichte sind in der Folge zahlreiche Aufenthalte in verschiedenen Heimen bekannt. Im Ersten Weltkrieg verlor er viele seiner Freunde und erlitt als Soldat schwere Traumatisierungen. Vor diesem Hintergrund wird die unentwegte Rekonstruktion einer Vergangenheit augenfällig, in der ersehnte Elternobjekte beschrieben werden, die immer wieder verloren gehen. In fortlaufenden Bewältigungsversuchen kollidiert die Sehnsucht nach den verlorenen Objekten der frühen Kindheit mit schuldhaften Triebkonflikten, die externalisiert werden müssen.
- Vom Verständnis der kulturellen Mythologie her kann der Film als »Transformation fundamentaler Konflikte oder Widersprüche verstanden werden, die in der Realität nicht gelöst werden können« (Lévi-Strauss 1975, zit.n. Gabbard 2001, S. 5).

  Tolkien schrieb den Stoff in den 40er und 50 Jahren des 20. Jahrhunderts und die Beschäftigung mit totalitärer Macht ist augenfällig. Er selbst hat sich zwar stets gewehrt gegen Deutungen seines Romans als Allegorie auf den faschistischen Terror in Deutschland und im Zweiten Weltkrieg, eine Auseinandersetzung mit Omnipotenzfantasien ist aber augenfällig.
- Man nähert sich dem Stoff, und dazu lädt das vorliegende Filmmaterial ein, wie einem Traum und wendet Freuds Verständnis der Bearbeitung unbewussten Materials an. Ziel ist dann nicht eine

endgültige Lesart, ein festes Ergebnis, sondern ein Einlassen auf die primärprozesshafte Dynamik mit ihren überdeterminierten Bildern und vielschichtigen Aussagen.

- Unterstützend in dieser Annäherung werden wir sehen, dass der Regisseur Peter Jackson in seiner technischen Aufarbeitung des Materials bewusst oder unbewusst von psychoanalytischen Konstrukten Gebrauch macht, in erster Linie von Spaltung und Projektion.

Betrachtet man Jacksons Film, werden zwei gegenläufige Bewegungen erkennbar: Einerseits der Versuch, das Objekt einer destruktiven Regression – den Ring – zu zerstören, um dessen Bann zu brechen, und andererseits die in diesem Prozess stetig anwachsende Tendenz, sich eben diesem regressiven Sog zu ergeben. Letzteren erkennen wir an der immer wiederkehrenden Verführung, absoluten Machtfantasien zu folgen und gute Objektbeziehungen zugunsten narzisstischer Verschmelzungsfantasien zu opfern.

Als Traum gesehen entspräche die erste, absichtsvolle Bewegung dem manifesten Inhalt; in der regressiven Versuchung durch das Objekt und in den verschiedenen Stadien der Seelenreise fänden wir den latenten Inhalt verbotener Wünsche und unerträglicher Erinnerungen, in denen es vor allem immer wieder um überflutende aggressive Triebabkömmlinge geht.

Lothar Bayer (2005) weist darauf hin, dass wir in der psychoanalytischen Auseinandersetzung mit künstlerischem Ausdruck unbewusstem Material begegnen, das sonst der Abwehr unterliegt. Er erinnert uns an Freuds Verständnis des Films wie auch anderer Kunstwerke als künstlerischer Bearbeitung eines Tagtraums und betont »die Produktion eines Lusteffekts«.

Mechthild Zeul (2005) versteht die Grundsituation des Kinobesuchers, der im Dunkeln in seiner Motilität teilweise eingeschränkt und visuell auf die Leinwand fixiert ist, als äußerst förderlich für regressive orale Prozesse und vergleicht sie mit der psychoanalytischen Situation. Dieser Effekt wird vom vorliegenden Film bereits zu Beginn genutzt und noch verstärkt. Zunächst wird durch eine hypnotische weibliche Stimme eine hoch suggestive Einleitung ohne Bild gegeben. In der fast völligen Dunkelheit des Kinos entsteht der regressive Raum visueller Objektlosigkeit, »am Anfang war das Wort«. Durch die Erwartung an ein Bild entsteht ein Sog, der den Zuschauer bannt und einen freien Raum für unbewusste Fantasien bietet.

Insbesondere weckt der Klang der weiblichen Stimme die Erinnerung an die Erfahrung der ungetrennten Verbindung zum Primärobjekt, der geraunte Inhalt der Mitteilungen tritt dagegen völlig in den Hintergrund. In der dann mit Bildern unterlegten Einführung entwickelt sich die Atmosphäre einer immer nur partiell verständlichen mythischen Vorvergangenheit. Wir werden zu Kindern, denen man etwas erklärt, was sie kaum verstehen können. Aber die Themen werden durchaus vermittelt: In eine ursprünglich gute Welt bricht das Böse ein. Es springt den Zuschauer regelrecht an und wird auf eine übermächtige und dämonisch-archaische Vaterfigur zurückgeführt, mit der es zu einem mörderischen Kampf kommt.

Bereits in der Darstellung dieser Frühgeschichte, den ersten Szenen des Films, werden die zentralen Konflikte mit der Technik der Traumarbeit eingeführt. Unter der Oberfläche eines Kampfes zwischen Gut und Böse wird erkennbar, dass es um den Konflikt mit dem Vater geht. Im Verlauf des dargestellten archaischen Kampfes kommt es zum Verlust eines guten Vaters, worauf der rächende Sohn einen anderen, dämonischen Vater durch Abtrennung seines Fingers des allmächtigen Ringes beraubt, also kastriert. Im mörderischen ödipalen Kampf, vielleicht auch in der Primärszene, geht der gute Vater der frühen Kindheit unter und es gilt, die Rache des allmächtigen Vaters zu fürchten, den man entmachten wollte und der nun seinerseits mit Kastration droht. Hier wird neben den geschilderten Prozessen der Verdichtung und Verschiebung auch bereits der Spaltungsmodus in Gut und Böse eingeführt, um den es fortan gehen wird und an dessen Überwindung die Protagonisten immer wieder scheitern.

Unvermittelt werden wir dann in die heile Kinderwelt des Auenlandes versetzt, aus der heraus der Protagonist Frodo aufbrechen muss. Frodo lebt bei seinem Onkel, Bilbo (*Der Kleine Hobbit* aus der Ursprungsgeschichte), da er eine Waise ist. Wir werden über die genauen Hintergründe auch hier im Unklaren gelassen, spürbar wird jedoch, dass es im Umfeld des Ringes zu erheblichen Persönlichkeitsveränderungen kommt.

Wir erleben massive aggressive Durchbrüche, die den Zuschauer völlig unvorbereitet treffen und wie in einer Übertragungs-/Gegenübertragungsdynamik traumatisieren.

Der Film erzählt im Weiteren die Geschichte des Ringes, eines magischen Objekts, das von Frodo, einem Halbwüchsigen – *Halbling* – aus dem ohnehin kleinwüchsigen Volk der Hobbits unter großen Gefahren an einen fernen und beängstigenden Ort gebracht werden soll. Hobbits sind kleine Wesen, nicht zwergenhaft, sondern eher in Größe und Gestalt von fünfjährigen Kindern. Die Geschichte schildert eine Heldenfahrt ins Ungewisse, die den Protagonisten von Beginn an überfordert. Als Halbling wird ihm von den anderen Handlungsträgern überwiegend auch nicht viel zugetraut und dieses Ringen mit der Erfahrung eigener Minderwertigkeit und Unterlegenheit gehört zu den Grundthemen der Geschichte.

Von Beginn dieser Heldenreise an kommt es in zunehmender Häufigkeit und Intensität zu dissoziativen Verschiebungen, die den Zuschauer verwirren und deren Sinn sich nur auf assoziativem Wege erschließt. Wir erfahren unmittelbar von der Macht des magischen Objekts, den Träger in Versuchung zu führen, sein Schatten fällt schon früh auf das Subjekt.

Exemplarisch lässt sich dies an folgender Szene zeigen: Frodo und drei andere Hobbits, die mit ihm aufgebrochen sind, geraten nachts in eine bedrohliche Situation. Sie werden von den Nazgûl, den Ringgeistern, in einer alten Ruine gestellt. Es entbrennt ein Kampf, in dessen Verlauf Frodo die verbotenen Macht des Ringes, seinen Träger unsichtbar zu machen, nutzt. Dadurch tritt er nun aber in die Welt der Ringgeister ein und wird von diesen schwer verwundet. Durch das Eingreifen Aragorns, eines Nachfahren des rächenden Sohnes aus der Frühszene, können die Geister mithilfe von Feuer und Schwert vertrieben werden. In abrupten Szenenwechseln sehen wir den entmachteten Zauberer Gandalf sowie den bösen Magier Saruman, der in seinen unterirdischen Gewölben menschenähnliche Wesen aus Schlamm erschafft, um aus diesen eine unbesiegbare Armee aufzustellen. Frodo wird unterdessen von Arwen, einer heilkundigen und wunderschönen Elbenfrau, vor dem erneuten Zugriff der Ringgeister gerettet, denen beide nur knapp entkommen.

Wird der Ring auf den Finger, der Finger in den Ring geschoben, geschehen also dramatische Dinge:

- Der Ring macht den Träger, der einer gefährlichen Situation entgehen möchte, für die guten Objekte seiner vertrauten Welt unsichtbar.
- Er versetzt ihn stattdessen in eine bedrohliche Welt, in der er von mörderischen, rachsüchtigen Geistern sowie Königen (und Vätern?) verfolgt wird. Auch von diesen erfahren wir, sie seien dereinst von Sauron, dem dämonischen Größenselbst, in narzisstischer Verführung zur Grandiosität betrogen worden und müssten nun eine Existenz innerer Leere führen, nicht tot und nicht lebendig, für immer auf das verlorene Objekt bezogen.

Wir erfahren weiter, dass eine Verwundung durch diese Wesen, wie im Vampirismus, dazu führe, dass der Betroffene seinem Angreifer ähnlich werde. Hirsch (2004) schreibt in diesem Zusammenhang: »Beim Extrahieren des Lebendigen steigen Erinnerungen aus dem Unbewussten des Opfers auf, die einem retraumatisierenden Flashback früherer Traumatisierungen entsprechen; Traumatisierte sind empfänglicher für neue Traumatisierungen« (S. 139).

Ich verstehe den Film vor allem als eine Darstellung dieses Prozesses: Der durch andrängende Repräsentanzen früher Traumata und überwältigender Konflikte retraumatisierte Frodo versucht, sich der immer wieder und immer destruktiver auftretenden intrapsychischen Bedrohung durch zerstörerische Introjekte zu entziehen, um gute Objektbeziehungen zu retten. Im Verlaufe dieses Prozesses, eben der Heldenfahrt, verstrickt er sich aber unvermeidlich in den Sog der Destruktivität und verfällt einer regressiven Dynamik, die wir an den Repräsentanzen früher libidinöser Positionen erkennen.

Im Zentrum steht die umfassende Idealisierung einer frühen Mutterimago, entsexualisiert, allmächtig, allwissend. Ihr *scheinbar* gegenüber steht Sauron, das gesichtslose Böse, ebenfalls omnipräsent, unentrinnbar, dargestellt als Auge, das alles sieht. Diese Szene wiederholt sich wieder und wieder, stets in der Form traumatischer Einbrüche in das manifeste Geschehen. Wenn man dieses feurige Auge allerdings genauer betrachtet, wird die Analogie zum weiblichen Genital unübersehbar. Nun bekommt die verfolgende Qualität einen ganz anderen Hintergrund, es wird auch der unentrinnbare Sog besser verständlich, ebenso lohnt es sich, über die

Unerträglichkeit, sich mit diesem »Auge« zu konfrontieren, im Sinne der Kastrationsangst nachzudenken, wie uns Freud in seiner Arbeit über *Das Unheimliche* zeigt (Freud 1919, S. 243).

Es gehören also beide Seiten einerseits zum Bereich der frühen Mutterimago, »dem Repräsentanten des narzisstischen Universums« (Grunberger 2000, S. 58), die wegen der archaischen und überflutenden Intensität, wie auch die übrige Objektwelt, in eine dämonische und eine geradezu religiös idealisierte gespalten bleibt. Andererseits stellen sie Pole eines Konflikts dar, in dem auf der einen Seite die Rückkehr zur narzisstischen frühen Dyade angestrebt wird. Auf der anderen Seite des Konfliktes stehen – ausgelöst durch die psychosexuelle Reifung – die Anerkennung der sexuellen Differenzierung, der Tatsache der Penislosigkeit der Frau mit den damit verbundenen Ängsten sowie der anstehenden ödipalen Rivalität mit dem Vater. In einer vielschichtigen, überdeterminierten Verarbeitung analog zur Traumarbeit finden sich diese Konfliktaspekte als projizierte Wünsche, Ängste sowie deren Abwehr in verdichteter Form in der Gestalt Saurons, des Bösen, den wir ja – außer als Auge – niemals zu Gesicht bekommen.

Im Anschluss an den ersten Kampf mit den Nazgul – den Ringgeistern – kommt es zur Verwundung. Frodo durchlebt eine psychotische Episode, es wird nach Gandalf, dem *guten* Vater gerufen, den wir in einem kurzen Ausschnitt hilflos depotenziert sehen. Erneut erleben wir unvermittelt eine höllenartige Szenerie, in der sich unter der Regie des *bösen* Zauberers (alle Prozesse des Films schildern diese Spaltung) eine kindliche Fortpflanzungsfantasie erfüllt, nennen wir sie eine *anale Zeugung*.

Frodo erlebt nach dieser Wunscherfüllung eine Art Marienerscheinung und wird von dieser reinen Mutter, der Elbenfrau Arwen, vor den verfolgenden Männern gerettet, die die Herausgabe des Halbwüchsigen fordern. Diese Szene lässt besonders viel Spielraum zur Deutung, ich sehe vor allem die regressive Zuflucht bei der frühen Mutter, die sich später, um mit Grunberger (2000, S. 67) zu sprechen, »als immer ungenügender erweist, um das Kind vor seinen eigenen Triebattacken zu schützen«. Übergangslos erwacht Frodo in einer kindlichen Bettszene, beschützt von einem alten Mann, in einer paradiesischen Umgebung, in der wir nun die androgynen Elben kennenlernen, von denen wir schon wissen, das sie die »reinsten aller Wesen« sind. Sie stehen jenseits aller Versuchung, Sexualität und Aggression spielen hier keine Rolle. Erkennbar stehen sie unter der Herrschaft der Mutter, die alle Gedanken liest, eine abgrenzende Individuation und Mentalisierung ist ihr gegenüber nicht möglich: »Ich nehme dasselbe wahr wie du!«

Die Elben sind durch die große Nähe zur Mutter unsterblich, alterslos, woran wir sie als narzisstische Rekonstruktion erkennen, sie stammen aus ferner Vergangenheit, nahe der seligen Einheit, und man sieht schon früh im Film ihren Auszug aus der Welt, sie ahnen, dass ihr Ende ist nah ist, in einer materiellen Realität können sie nicht bestehen. Frodo gerät hier weiter in den Bann der Mutter, beim Blick in den magischen Spiegel wird er zunächst mit Fragmenten männlicher Gewalt, dann erneut mit dem »bösen Blick«, den wir als weibliches Genital entziffert haben, konfrontiert und weicht dieser Realität zugunsten der rückwärtigen Verbindung mit einer übermächtigen allwissenden Mutter aus, der nichts verborgen bleibt, ja deren Stimme in seinem Kopf spricht.

Im Verlauf der regressiven Fahrt tritt dann ein Wesen auf, das ich einerseits als Teilpersönlichkeit des Protagonisten verstehe, andererseits sehe ich in ihm die Verkörperung des gesamten traumatischen Konflikts, um den es hier geht: Gollum. Von Beginn an haben wir immer wieder von ihm erfahren, auch im Buch *Der kleine Hobbit* tritt er auf, er hat den Besitz und Verlust des allmächtigen Objektes bereits beispielhaft durchlebt und durchlitten. Gollum ist dem Ring, dem regressiven Objekt narzisstischer Vollkommenheit, vollkommen verfallen. Wir erkennen Bollas' Verwandlungsobjekt und die von ihm beschriebene »Objektsuche, die stets von neuem eine präverbale Ich-Erinnerung inszeniert« (Bollas 1987, S. 28). Bollas spricht davon, dass »das Individuum einen tiefen subjektiven Rapport mit einem Objekt« spürt und eine »unheimliche Verschmelzung mit dem Objekt« erlebt (ebd.). Weiterhin betont er den Charakter des Unheimlichen als Erinnerung an etwas, »das man nie kognitiv erfasst, aber immer existenziell gewusst« habe (ebd.).

Dieser Zusammenhang lässt sich in mehreren Szenen nachvollziehen, in denen Gollum und seine Wirkung auf den Zuschauer besonders deutlich werden. Inhaltlich geht es in diesen Szenen zunächst um die Annäherung Gollums an Frodo und Sam. Gollum will sich das Objekt seiner Gier gewaltsam wieder aneignen. Als das misslingt, entsteht eine

Beziehung, die zunächst auf der Gefangennahme Gollums beruht, sich dann jedoch in komplexer Weise über den gesamten Film entwickelt. Dabei geht es vor allem um Gollums inneren Konflikt. Er ist hin- und hergerissen zwischen seiner Gier nach dem Verschmelzungsobjekt und seinem Wunsch, wieder eine gute Beziehung zu einem anderen, zu Frodo aufnehmen zu können. In einigen Momenten kommt es zu einem detaillierten inneren Dialog zwischen den beiden Persönlichkeitsanteilen: Smeagol, dem ursprünglichen Selbst, das der Gier erlegen war, und Gollum, dem deformierten Selbst, das durch diesen Prozess entstand. Der Zuschauer wird in diesen Konflikt hineingezogen, denn Gollum löst sehr widersprüchliche Gefühle aus: Ekel, Angst, Grauen, aber auch Mitgefühl. Dieses Wesen beeindruckt allein schon durch sein Äußeres: Es wirkt gleichzeitig säuglingshaft und doch uralt, wie ein kindlicher Greis oder ein vergreistes Kind. Es wirkt schmutzig und verwahrlost; sobald man sich von ihm abgestoßen fühlt, werden Momente traumatischer Erfahrung spürbar, die seltsam anrühren. Technisch wurde diese Wirkung durch ein neuartiges Produktionsverfahren verstärkt. Zunächst spielte ein Schauspieler die Szenen des Gollums. Danach wurden die digital abgenommenen Daten mit verschiedenen Computergrafikprogrammen überformt. Der Eindruck ist einerseits ein »echter«, man fühlt sich einem lebendigen Wesen gegenüber. Andererseits bleibt eine Differenz, die ich vielleicht eine fremdartige Vertrautheit nennen würde, wie sie oft gegenüber Objekten des Traums herrscht. Dadurch entsteht meines Erachtens der Eindruck des Unheimlichen, wie ihn Freud (1919) versteht, als Ausdruck von etwas unbewusst Vertrautem, das Angst erzeugt.

Hier liegt eine Besonderheit der Verfilmung: Peter Jackson lässt den Konflikt auch in Frodo deutlich werden, der sich zu Gollum bekennt und ihn gegenüber Sam, der ein bodenständiges Real-Ich verkörpert, in Schutz nimmt. Ich verstehe dies als einen Versuch der Wiederaneignung verleugneter Selbstaspekte, einer Versöhnung mit frühen archaischen und traumatisierenden Objektbeziehungen, die wegen ihrer unerträglichen Intensität jedoch immer wieder zu Fragmentierungen führen. Es wird schnell deutlich, dass Gollum, das gespaltene Wesen, die Gruppe führt, ohne ihn lässt sich der Weg zum Ursprung des Traumas nicht finden.

In diesen Episoden lassen sich paranoide wie schwere depressive Zustände erkennen. Erstere bestimmen ohnehin weite Strecken des Films, es wird ja unentwegt gegen projizierten Hass und destruktive Gewalt gekämpft. Die depressive Position sehe ich vor allem in den wiederkehrenden Themen des Objektverlusts und der Beschäftigung mit Fragen der Schuld, überhaupt einer wachsenden Anerkennung des Objekts und der eigenen Verwicklung in die Destruktivität, wie sie in der Beziehung zwischen Sam und Frodo deutlich wird. Auf der Reise mit Gollum wird der Totensumpf durchquert, in dem die toten Objekte wie konserviert unter der Wasseroberfläche liegen und die eine unwiderstehliche Anziehung auf Frodo ausüben – ausgerechnet Gollum rettet ihn davor, in dieser Anziehung zu ertrinken.

Ich verstehe die Allianz der Freunde Sam und Frodo mit dem Wesen Gollum auch als Beispiel für die pathologischen Abwehrformationen, wie sie z. B. von Steiner (1993) beschrieben wurden, der die Borderline-Position als eine hoch organisierte Abwehr gegen paranoide wie depressive Ängste versteht. Steiner erklärt, dass diese Formation häufig mit einer Art Bündnis mit tyrannischen oder perversen Elementen einhergeht (S. 18), die dem Schutz vor der Realität dienen, sodass »Phantasie und Omnipotenz ungeprüft weiter bestehen können und alles erlaubt ist« (S. 20). Er weist darauf hin, dass es im Zusammenhang mit dieser pathologischen Organisation »um das allgemeine Problem der Auseinandersetzung mit primitiver Destruktivität geht. Diese übt einen großen Einfluss auf das Individuum aus, gleichgültig, ob sie aus äußeren oder inneren Quellen herrührt. So führen traumatische Erfahrungen von Gewalttätigkeit oder Vernachlässigung durch die Umgebung zur Verinnerlichung gewalttätiger, gestörter Objekte, und diese wiederum dienen gleichzeitig als Empfänger für die Projektion eigener Destruktivität« (S. 21). Steiners Auffassung nach dienen diese Abwehrorganisationen dazu, »primitive Destruktivität [...] zu binden, zu neutralisieren und zu kontrollieren«. Im Film taucht dieser Vorgang in der Gestalt Gollums auf, wenn er in die traumatische Dynamik eintritt, die uns vielleicht etwas über die Entstehung der Pathologie verrät.

Wir sehen an dieser Stelle einen Ausschnitt, der für mich zu den erschütterndsten Momenten des Filmes zählt. Gollum hat Vertrauen zu Frodo gefasst und wird von diesem unwissentlich (!) an einen Offizier verraten, der ihn foltern lässt. Auch dieser Offizier ist ein ungeliebter Sohn, der später an der Beziehung zu seinem Vater zerbricht. In der hochtraumatischen Sequenz der Folter zerbricht Gollums mühsam errungene und fragile Integrität. Er fragmentiert, erkennbar wird der Triumph seines destruktiven, perversen Persönlichkeitsanteiles. Es geht also um Verrat und massive überflutende Gewalt, die zum Untergang des Selbst führen, zur Identifikation mit dem Aggressor, zur Spaltung der Selbst- und Objektrepräsentanzen und zur unauslöschlichen regressiven Bindung an das alles wiedergutmachende Objekt der Frühzeit.

Es gibt verschiedene Vorgeschichten zum Ring, die alle um Verrat kreisen, Mord, Verlust aller Beziehungen, Rückzug in die autistische Welt. Den Ringträger befällt dabei ein schleichender Verfall seiner Kräfte und seiner Vitalität. Es kommt zur Regression, wir sehen Gollum als verwahrlostes altes Kind, ein Säuglingsgreis.

In einer Vorgeschichte, der Ringfindung, wird das Objekt als analer Schatz erkennbar, um den sich zwei seltsam dumpf erscheinende Jungen wie in einer Trance streiten, einer von ihnen ist Smeagol, Gollums ursprüngliche Identität. Dabei kommt es zum Brudermord aus Gier und der regressive Persönlichkeitsabbau Smeagols zu Gollum wird im Zeitraffer dargestellt.

Meines Erachtens handelt es sich hier um eine Deckerinnerung, der Mordimpuls gilt in der geschilderten Dynamik sicher dem Vater bzw. erinnert an die Mordtat an ihm. Auch hier sei an Freuds Verständnis aus *Totem und Tabu* (1912) erinnert, der das Tabu des Brudermordes, ja die »sozialen Brudergefühle« generell auf den Versuch der Brüder zurückführt, »sich einander so das Leben [zu]zusichern« (S. 176).

In den ausführlichen Darstellungen der Regression Gollums wird erkennbar, dass es wohl um die Repräsentierung einer destruktiven Dyade geht. »Mein Schatz«, manchmal auch »Liebling« gehen einher mit äußerst hinterhältigen, gierigen und oral-einverleibenden Tendenzen. Diese Wirkung wird in projektiver Entäußerung dem Ring zugeschrieben, er führt in den Beziehungen der Betroffenen zu paranoider Zerstörung alles Guten. Hiervon sind insbesondere die Beziehungen zwischen Vätern und Söhnen betroffen, um die es im Film immer wieder geht.

In der Linie Vater-Sohn steht die Sehnsucht nach dem guten Vater neben der Enttäuschung durch einen Vater, der dem Tode verfallen ist, dem wohl auch der Tod gewünscht wird. Über alle Männergenerationen hinweg zieht sich dieses Thema: Gandalf wird von seinem Lehrer Saruman verraten, der seinerseits der narzisstischen Versuchung Saurons verfällt. Der heroische Protagonist Aragorn, dessen Status als Arathorns Sohn stets mitgenannt wird, wehrt sich nach Kräften gegen seine Mannwerdung, er fürchtet, die Schwäche seines Urvaters sei auch in ihm. Dieser (Isildur) hatte ja, dem Mythos zufolge, den Ring vom Finger Saurons geschlagen, war dann aber auch der narzisstischen Versuchung zur Macht erlegen. Man fühlt sich hier an Freuds Überlegungen in *Totem und Tabu* (Freud 1912) erinnert. Magische Rituale sollen einerseits den Vatermord der Brüderhorde am Urvater sühnen und dessen Wiederholung ebenso wie die – ambivalent ersehnte – Rückkehr des Vaters verhindern. Die ödipale Frage bleibt in diesem Spannungsfeld ungelöst, Frauen treten ausschließlich idealisiert auf. Realistische Mütter, die auch Partnerinnen des Vaters sind, gibt es nicht.

Zu welchem Ende führt nun die Reise des Helden? Nach vielen Episoden, in denen immer wieder die geschilderte Dynamik durchlebt wird, spitzt sich das Geschehen inhaltlich und atmosphärisch zu. Alles läuft auf eine finale Begegnung zwischen Gut und Böse hinaus, die Szenerie wird endzeitlich. Parallel dazu nähert sich das Dreigespann Frodo, Sam und Gollum dem Schicksalsberg, in dem die endgültige Einschmelzung des destruktiven Objektes der Begierde zur Heilung, zur Ablösung, wohl zur Selbstwerdung führen soll. Wir erfahren in dieser hoch verdichteten Episode noch einmal von dem Grauen vor dem Auge, das wir als weibliches Genital gedeutet hatten. Gleichzeitig begegnen die Repräsentanten der guten Objektbeziehungen einem Abgesandten Saurons, dem »Herrn des schwarzen Landes«. Er repräsentiert den unverhüllten Analsadismus, der triumphale Hass auf alles väterliche, objektale, individuelle wird vorgetragen. Wie alle Vertreter des »schwarzen Landes« (der Analität) hat er kein Gesicht und als Aragon diesem Wesen den Kopf abschlägt, fließt kein Blut, hinter der Rüstung ist nichts, es handelt sich erneut um ein Schattenwesen, kein Wesen mit eigenen Recht, kein Subjekt, kein Selbst. Der Ausruf des Helden: »Ich glaube es nicht, ich will es nicht glauben!«, gibt allerdings zu denken. Vordergründig, bezogen auf den zu vermutenden, scheinbar bewiesenen Untergang Frodos, sagt er damit vielleicht doch noch etwas anderes: Er leugnet die Tatsache der Penislosigkeit der Mutter und damit der eigenen Kastrationsangst.

Im Laufe seiner Annäherung an den Ursprung wird Frodo immer schwächer, er bedarf immer mehr der tragenden Fähigkeiten Sams, der auch die Erinnerung an das Auenland als Ort guter früher Erfahrungen beschwört und aufrechterhält. Es kommt zur Entscheidung. Frodo muss sich vom Objekt lösen und den Verlust anerkennen, um die Welt der Objekte und sich selbst zu retten – und scheitert. Im letzten Moment beansprucht er doch den Ring für sich und penetriert ihn mit dem Finger. Daraufhin wird er unsichtbar, der objektalen Welt entzogen, während Sam verzweifelt. Aus dem Nichts taucht Gollum auf – erneute Spaltung – und es kommt zum Kampf. Im finalen Kampf wiederholt sich die symbolische Kastration, Gollum beisst Frodo den Finger ab und erringt triumphierend das Objekt der absoluten Seligkeit zurück. Der verstümmelte Frodo stürzt sich auf Gollum und beide scheinen in die glühende Lava zu fallen. Wir sehen Gollum verglühen, Frodo kann durch die Hilfe Sams, seines Real-Ichs, überleben.

Die eine Teilpersönlichkeit, Gollum, erträgt den Selbstheilungsversuch einer Lösung vom regressiven Sog also nicht und stürzt mit dem magischen Objekt in die psychotische Verschmelzung. In dieser Vernichtung, vielleicht Aufgabe eines oral-aggressiven Anteils, scheint eine mindestens teilweise Heilung gelungen zu sein, die Symbole Saurons zerfallen, das Leben kehrt in erstorbene Regionen zurück. Die Vitalität der Mutter (Erde) kehrt zurück. Die Repräsentanten der archaischen Gewalt, der Zerstörungswut und -lust verschwinden in einem magischen Prozess, sie zerstreuen sich in alle Winde. Das narzisstische Universum geht unter. Die andere Teilpersönlichkeit, Frodo, hat Gollum bis hierher scheinbar knapp dominiert, sich seiner bedient und kehrt nun heim ins Auenland, kann aber an diesem Ort kindlicher Idylle nicht mehr heimisch werden, sondern muss mit den idealisierten Objekten, den androgynen Elben und dem omnipotenten Gandalf, die Reise in ein nebulöses Land jenseits des großen Wassers antreten.

Wie können wir dieses Ende verstehen? Ich denke, es erzählt uns von einer Defektheilung, einem narzisstischen Ausweg aus dem ödipalen Dilemma. Der eher realitätsnahe Sam als Vertreter einer tragfähigen Beziehungsfähigkeit kehrt zurück in das Idyll des Auenlandes, auch Aragorn und Arwen, die Elbenfrau, gehen ja unter Verzicht auf Unsterblichkeit und andere narzisstische Vergünstigungen eine Verbindung ein. Mir scheinen dies recht knappe und flache Andeutungen reifer Beziehungen zu sein, vielleicht im Sinne einer Ahnung, worum es in der Entwicklung noch gehen müsste. Vermutlich stellen diese sehr idealisierten Verbindungen aber auch eher das dar, was Grunberger (2001) die »narzißtische Triade« nennt, »in der das Kind auf einer triebfreien, aggressiven Ebene in das elterliche Paar eingefügt ist und damit den Ödipus und die Primärszene abwehrt« (S. 296).

Der zentrale Protagonist – Frodo – schafft es jedenfalls nicht, die Verwundungen zu heilen, die er erlitten hat und die Erfahrung der Unterlegenheit sowie Kastrationsangst zu integrieren. In einem Monolog gegen Ende heißt es: »Wie knüpft man an – an ein früheres Leben? Wie macht man weiter, wenn man tief im Herzen zu verstehen beginnt, dass man nicht mehr zurück kann? Manche Dinge kann auch die Zeit nicht heilen, manchen Schmerz, der zu tief sitzt und einen fest umklammert.«

Er hat den Abschied also nicht verarbeitet, die Ablösung und den Verlust des frühen narzisstischen Objekts nicht bewältigt. Um es mit Grunberger (2001) zu sagen, genügt es ihm nicht, »seine Allmacht wiederzugewinnen, indem es [das Kind] sie den Eltern – vor allem dem Vater – zuschreibt und so auf Umwegen an ihr teilnimmt« (S. 77). Ein Leben in der Realität objektaler Beziehungen ist ihm daher nicht möglich, er muss der Konfrontation mit seiner eigenen Triebhaftigkeit weiter ausweichen und verabschiedet sich am Ende folgerichtig gemeinsam mit den Repräsentanten der frühen, magisch-narzisstischen Epoche von den Vertretern der Realität.

Literatur

Bayer, Lothar (2005): Spiderman. Psyche – Z psychoanal 59, 169–174.
Bollas, Christopher (1987): Der Schatten des Objekts. Stuttgart (Klett-Cotta).
Freud, Sigmund (1912): Totem und Tabu. GW IX.
Freud, Sigmund (1919): Das Unheimliche. GW XII.
Gabbard, Glen O. (2001): Psychoanalysis and Film. London (Karnac Books).
Grunberger, Béla (2001): Vom Narzissmus zum Objekt. Gießen (Psychosozial-Verlag).
Grunberger, Béla & Dessuant, Pierre (2000): Narzißmus, Christentum, Antisemitismus. Eine psychoanalytische Untersuchung. Stuttgart (Klett-Cotta).
Hirsch, Mathias (2004): Über Vampirismus. Psyche – Z psychoanal 59, 127–144.
Steiner, John (1998): Orte des seelischen Rückzugs. Stuttgart (Klett-Cotta).
Zeul, Mechthild (2005): Augenmaske. Psychoanalytische Methode als Filmanalyse am Beispiel des Blicks im Film *Die barfüßige Gräfin*. Psyche – Z psychoanal 59, 431–443.

The Black Dahlia

(Regie: Brian De Palma; Deutschland/USA 2006)

Gabriele Ramin

1. Inhalt

Der Film spielt im Los Angeles der 1940er Jahre – der Blütezeit des Film Noir – und erzählt den grausamen Mordfall an dem Hollywood-Starlet Betty Short, von der Sensationspresse »Schwarze Dahlie« getauft. Die beiden Cops, Ex-Boxer mit dubioser Vergangenheit, Lee Blanchard (Aaron Eckhart) und Bucky Bleichert (Josh Hartnett) werden mit der Aufklärung des Falls betraut. Als Mr. Fire und Mr. Ice bekannt, entsprechend ihren unterschiedlichen Charakteren und Boxstilen, bilden sie ein festes Team in der »buddies«-Tradition vieler amerikanischer Polizeifilme. Mit Lees blonder Freundin Kay Lake (Scarlett Johansson), einer ehemaligen Gangsterbraut, formiert sich eine Dreierkonstellation, die im Laufe der Ermittlungen auseinanderbricht. Lee ist zunehmend vom Mordfall besessen und wird mit seiner eigenen Vergangenheit konfrontiert. Bucky verfällt dem Charme einer rätselhaften Femme fatale (Hilary Swank), die dem ermordeten Starlet sehr ähnlich sieht (http://www.satt.org).

2. Hintergründe

Der Film ist die kongeniale Umsetzung des Kriminal-Romans *Die schwarze Dahlie* von James Ellroy auf die Kinoleinwand. Der Roman selbst basiert auf einer wahren Geschichte. In unserem Fall sind der Romanautor James Ellroy, den manche als Autor des ebenfalls erfolgreich verfilmten Romans *L.A. Confidential* kennen, und der Regisseur Brian de Palma, bekannt für seine Filme *Mission: Impossible* und *Scarface – Toni, das Narbengesicht*, eine gelungene Verbindung eingegangen.

2.1. Hintergründe des Mords

Ein Jahr vor der Geburt Ellroys, 1947, wurde die wahre Elizabeth Short in Los Angeles ermordet. Um diesen Mord, der offiziell nie aufgeklärt wurde, ranken sich viele Gerüchte. Ein Mathematiker, der im US-Government tätig war und sich einen Namen als Dechiffrierer gemacht hat, bietet auf seiner Website eine akribisch recherchierte Lösungstheorie des Falles an. Ihm zufolge gab der Mörder etliche verschlüsselte Hinweise auf sich selbst und hat sich zwei Monate nach dem Mord durch Ertrinken im Pazifik suizidiert, »weil er ohne die Ermordete nicht überleben konnte«. Da das Los Angeles Police Department (LAPD) die zum Teil in die Leiche der Ermordeten eingravierten Botschaften nicht verstand und die Leiche des Mörders nie gefunden wurde, konnte der Fall nicht abgeschlossen werden.

Elizabeth Short wurde seinerzeit »Schwarze Dahlie« genannt, offenbar in Anlehnung an ein Drehbuch des bekannten Kriminalschriftstellers Raymond Chandler aus dem Jahre 1945 mit dem Titel *Die Blaue Dahlie*, das 1946 verfilmt wurde. Ellroy gab seinem Roman von 1987 analog den Titel *The Black Dahlia*. Der hier analysierte Film ist von 2006.

James Ellroy, geboren 1948, wurde selbst durch einen Mord geprägt. Er war zehn Jahre alt, als man seine Mutter drei Jahre nach ihrer Scheidung von seinem Vater ermordete. In den Begleitmaterialien zum Film erzählt er, dass sein Vater ihm sieben Monate nach dem Mord an seiner Mutter ein Buch gab, in dem alle Morde der letzten Jahre in L.A. detailliert beschrieben wurden. Man stelle sich das bei einem elfjährigen Jungen vor, der von sich sagt, bis dahin nur Kinderbücher gelesen zu haben. Diese ungeheure väterliche Aggression hat den Jungen sicher endgültig traumatisiert, er fing an, sich den Mord bildlich vorzustellen. Damals, so sagt er, »verschmolz die reale ›Schwarze Dahlie‹ mit meiner Mutter«. Nachdem er jahrelang alkohol- und drogenabhängig gewesen war, schrieb er mit 31 Jahren seinen ersten Kriminalroman und seither viele weitere. *The Black Dahlia* hat er dem Gedenken an seine Mutter gewidmet.

Es gibt noch zwei weitere Morde im Hintergrund: Fast ein Jahr vor dem Mord an der »Schwarzen Dahlie«, also 1946, wurde in Chicago schon einmal eine junge Frau ermordet und ihre Leiche ebenfalls zerteilt. Als Elizabeth Short nach Los Angeles kam, so die Website, war dieser Fall gerade in aller Munde, und sie schien ganz besessen davon zu sein, habe sich sogar als Reporterin ausgegeben, die über den Fall recherchiert, und mit ihrem zukünftigen Mörder vielleicht darüber gesprochen – dieser könnte den Mord daraufhin imitiert haben. Und noch ein vorangegangener Mord gehört dazu, der an der kleinen Schwester von Lee Blanchard, von dem wir im Film hören. Auf ihn werde ich hier nicht weiter eingehen.

Ich möchte die wesentlichen psychopathologischen Aspekte der Protagonisten herausstellen, die mir bei der tiefenpsychologischen Analyse der Schlüsselszenen auffielen, und zwar die unreifen strukturell gestörten Persönlichkeiten und die pathologische Triangulierung.

3. Die unreifen strukturell gestörten Persönlichkeiten

Ich beziehe mich auf die Operationalisierte Psychodynamische Diagnostik (OPD) von Gerd Rudolf (2004) und fasse daraus zusammen: Unreife strukturell gestörte Persönlichkeiten haben in ihrer primären dyadischen Beziehung (zur Mutter) nur eine eingeschränkte reflexive Selbstwahrnehmung lernen können. Sie sind daher kaum in der Lage, sich und andere zu erkennen, haben kein zusammenhängendes inneres Bild von sich selbst entwickelt, sind widersprüchlich, haben ein unklares oder fragmentiertes Körperselbstbild und oft keine konstante psychosexuelle Ausrichtung. Sie können ihre Affekte nicht differenziert wahrnehmen oder sie kaum tolerieren, geschweige denn eigene Impulse steuern. Sie haben wenig Selbstwert und keine Einfühlung in andere, sie spalten innerlich und äußerlich, idealisieren oder entwerten, um nur einiges zu nennen. Im Kontakt sind sie vermeidend oder bedrängend und können sich nicht mitteilen.

4. Die pathologische Dreieckskonstellation

Wir können uns vorstellen, dass auf der Grundlage solch misslungener dyadischer Beziehungen auch keine reifen triangulären Beziehungen entstehen. Die unvollständige oder gar scheiternde Triangulierung, die das Kind mit seinen Eltern erlebt, hat gravierende Folgen für die psychische Gesundheit des Individuums und seiner Familie.

Ich will die pathologischen Dreiecksbeziehungen, in die ich die Protagonisten des Films verwickelt sehe, mit den gelungenen Triangulierungsbeziehungen vergleichen, wie sie Rohde-Dachser (1986) beschreibt. Sie zählt vier Merkmale gelungener Dreieckskonstellation auf:

1. Die einzelnen Pole der Struktur sind klar voneinander differenziert (Vater, Mutter und Kind erleben sich als voneinander getrennte Individuen).
2. Zwischen allen drei Polen bestehen reziproke Beziehungen, also sowohl zwischen den beiden Eltern wie jeweils zwischen Mutter und Kind sowie Vater und Kind.
3. Alle Beteiligten billigen diese Situation, kämpfen oder intrigieren also nicht dagegen.
4. Alle drei Relationen des Dreiecks sind überwiegend positiv getönt oder tendieren doch zu diesem Zustand hin und jede der drei Relationen ist bei allen Beteiligten mental repräsentiert, d. h. man hat innerlich positive Bilder und Situationen gespeichert, die handlungsleitend sind!

   In meiner Interpretation gehe ich davon aus, dass die Filmfiguren in ihrer Kindheit wegen defizitärer oder traumatisierender Beziehungen zu primären Bezugspersonen weder die Möglichkeit hatten, in der frühen Dyade eine gut strukturierte Persönlichkeit zu entwickeln, noch in eine reife Dreieckskonstellation hineinzuwachsen und sie daher auch nicht leben können. In ihren aktuellen Beziehungen können sie ebenfalls keine korrigierenden, ihre Reifung fördernden Erfahrungen machen.

5. Handlung und tiefenpsychologische Aufarbeitung

Was macht diese grausamen Morde so abschreckend und gleichzeitig faszinierend, dass sie die Menschen nicht loslassen? Es ist wohl der Bann der Abstoßung und des Gefangenseins, der den Mörder und das Mordopfer in unentrinnbarer Verschlingung in eine Spirale von Ausweglosigkeit zieht. In der perversen Art von Morden verschmelzen wohl zwei Teilpersönlichkeiten ineinander, schlimmer als das mein Kollege Mathias Kohrs beschrieb: »Ich bin du, du bist ich.« Diese ganz unreifen, auf der Ebene der prägenitalen Borderline-Struktur verhafteten Menschen – wie George oder Ramona – stabilisieren sich durch die Bemächtigung des anderen im Mord oder in einer ambivalenten Hass-Liebe. Das Begehren richtet sich auf jenen Urzustand vor aller Trennung und Differenzierung. Der reale Mörder von Elizabeth Short hatte in seinen verschlüsselten Botschaften zwei Namen (wie die zwei Teilpersönlichkeiten von Dr. Jekyll und Mr. Hyde) benutzt. Dies gibt Hinweise darauf, wie stark Gut und Böse in diesen Menschen voneinander getrennt sind, sodass die Teilpersönlichkeiten einander kaum kennen.

Der Mörder des ersten Opfers 1946 in Chicago schrieb mit Blut an die Wand: »Please arrest me, I cannot control myself«, was die tiefe Not des haltlosen Individuums zeigt. Auch in der symbolischen Art der Zerstückelung der Leiche kommt das zum Tragen. Der Mörder sieht seine eigene innerseelische Fragmentierung in seinem Opfer, das er im Leben als liebendes Gegenüber nicht erreichen kann, er muss es daher zerstören und »zeichnet« die Leiche symbolisch auf diese Weise.

Im Film sind die Protagonisten durch die verschiedenen Erzählstränge und diverse Morde miteinander verbunden. Das wirkt oft undurchsichtig und verwirrend. In meinem Beitrag werde ich daher immer wieder kurz erklärend Handlung einblenden. Das Verwirrende, das Ellroy und De Palma kreieren wollten, ist Ausdruck der Identitätsverstrickung und Generationsverwischung, bei denen die innerpsychischen Grenzen zwischen den Protagonisten verschwommen und unklar sind. Insofern konnte ich auch die Handlung des Films in meiner Beschreibung gar nicht von der tiefenpsychologischen Betrachtung trennen. Ich bitte, mir das nachzusehen, es stellt mein Ringen mit diesem Film dar.

Die Dreiecksbeziehungen im Film sind letztendlich fatal und enden oft tödlich. In ihnen liegt eine der Ausweglosigkeiten des Films, weil die Protagonisten – vielleicht mit Ausnahme von Bleichert (Ellroy 1987, S. 433) –, an ihren Entwicklungsaufgaben scheitern, da sie nicht imstande sind, sie als solche wahrzunehmen. Auch so könnte man das Genre des »Film Noir«, des »schwarzen Films«, verstehen: dass keine Helligkeit und Entwicklung entstehen kann und es bei düsterer innerseelischer Enge bleibt.

Die Protagonisten sind im Grunde zutiefst verwirrt. Sie können sich nicht ausreichend differenziert voneinander abgrenzen und bleiben miteinander verhaftet. Von den Müttern hört man im Film fast nichts, außer von Ramona, der Mutter von Madeleine. Ich habe mir die Mütter jeweils in die vorhandenen Leerstellen hinein fantasiert.

Ellroy, so können wir vermuten, befindet sich in zwei ungelösten Dreiecksbeziehungen, der zu seiner Mutter und seinem Vater, der beide verlassen hat, und der Dreiecksbeziehung zur toten Mutter und ihrem nie gefundenen Mörder – daher wohl auch die im Film aus dem Hintergrund so eindringlich wirkenden, aber nur schemenhaft auftauchenden Gestalten von Bobby Dewitt und George Tilden.

Ellroys Mutter scheint Züge ähnlich denen Elizabeth Shorts aus den mehrfach eingeblendeten Schwarz-Weiß-Filmsequenzen gehabt zu haben. Er beschreibt sie als »rechtschaffenes kalvinistisches Mädchen, das am Sonntag über die Stränge schlug […]. Ich ertappte sie mit Männern im Bett« (Ellroy 1987, S. 475). Wir haben es bei ihr wie bei Elizabeth mit der Sexualisierung von frühkindlicher Bedürftigkeit zu tun, mit der Suche nach Schutz, Halt, Sicherheit, aber auch einem Bewältigungsmuster, um die innere Leere aufgrund des fehlenden guten inneren Objektes nicht spüren zu müssen. Die Hoffnung dieser Frauen ist, der jeweilige Mann oder gar der Sohn möge sie aus der ungelösten Objektbeziehung zur eigenen Mutter befreien, eine unlösbare Aufgabe, die sie eigentlich selbst bewältigen müssten.

Elizabeth Short, auch Betty genannt, sehen wir in den Schwarz-Weiß-Filmsequenzen als ängstliche, bedürftige, naive und allzu willige Frau, die sich für die Chance, gemocht zu werden, hergibt. Ihr defizitär idealisiertes Vaterbild – real verließ der Vater sie und ihre vier Schwestern, als sie sechs Jahre alt war – projiziert sie auf die Männer, die sie daher nicht wirklich erkennen kann. Sie ist das geborene Opfer und braucht ebenfalls abhängige Menschen, um sich vorhanden zu fühlen. Weil sie den Verlust des Vaters ebenso wenig betrauern kann wie den ihres Soldatenfreundes, muss sie von einem Mann zum andern ziehen, um das Defizit auszugleichen. Wenn sie die Einsamkeit zuließe, würde sie sich »über den Rand der Welt ergießen«, wie Jessica Benjamin (1990) über Menschen schreibt, die in ihrem frühen Leben keine haltgebenden Grenzen erhielten.

Die wichtigste Dreiecksbeziehung in Form einer pathologischen Triangulierung ist die zwischen Bucky, Kay und Lee. Die drei verbindet bald mehr als Freundschaft. Die blonde Kay Lake steht von der ersten Begegnung an als Frau zwischen den beiden Ermittlern. Sie verbindet beide, drückt im Kino ängstlich beider Hände. Es soll die perfekte Dreiecksfreundschaft sein. Weil Bucky glaubt, Lee habe ihm bei der ersten gemeinsam erlebten Schießerei das Leben gerettet, würde er Lee nie mit ihr hintergehen, »weil«, so sagt er, »dadurch die Vollkommenheit unserer Dreierbeziehung aus dem Gleichgewicht geraten wäre« (Ellroy 1987, S. 87).

Erst nach und nach erfährt man die wahren Verhältnisse und Verstrickungen. Kay macht Bucky, ihrem neuen »Dritten im Bunde«, schon in der Boxtraining-Szene klar, dass sie und Lee gar nicht miteinander schlafen. Sie haben eine Zweckbeziehung. Was sie aneinander kettet, ist eine durchaus »unheilige Allianz«, eine Komplizenschaft: Lee hat sie zwar aus den Händen ihres Drogenhändlers, Zuhälters und Quälers Bobby Dewitt gerettet – das ist der Hintergrundprotagonist, den Lee nach dessen Entlassung aus dem Gefängnis am Brunnen des Treppenhauses erschießt –, das luxuriöse und scheinbar heile Leben, das Kay und Lee leben, wird aber mit dem Geld finanziert, das Lee Dewitt bei einem verratenen Bankraub abgenommen hat, für den Dewitt Jahre im Gefängnis saß. Lee und Kay müssen also Dewitts Rache fürchten. Was Bucky bei der ersten Schießerei als geistesgegenwärtige Lebensrettung erlebt, erweist sich später als kaltblütiger Mord: Lee erschießt den doppelten Verräter Baxter Fitch einfach, weil dieser ihn erpressen will.

Der narbig entstellte George Tilden, ebenfalls geheimnisvoll im Hintergrund, bildet mit dem reichen Emmett Linscott, Madeleines Stiefvater, einem schottischen Einwanderer, und seiner tabletten- und alkoholsüchtigen Frau Ramona (Fiona Shaw), der Mutter von Madeleine, ein weiteres Dreieck – zu sehen auf dem Foto auf dem Kamin, auf dem George noch keine Narben hatte. George selbst taucht nur zweimal auf: Wir sehen ihn oben im Treppenhaus, als er Lee mit einer Drahtschlinge würgt und mit ihm gemeinsam über das Geländer in den Abgrund stürzt. Man sieht ihn – in der Rückblende – auch, als er Elizabeth Short quält, und man nimmt an, er habe sie allein umgebracht. Er ist auch der Mann hinter der Filmkamera bei den Schwarz-Weiß-Probeaufnahmen.

Erst ziemlich spät wird sichtbar, dass George und Ramona eine fatale Hass-Beziehung zu der jungen Elisabeth Short (Mia Kirshner) haben, weil sie Madeleine (Hilary Swank) so ähnlich sieht, die gar nicht die leibliche Tochter von Emmett ist, sondern aus der Beziehung von Ramona und George stammt. Daher kommt es auch zur inzestuösen Beziehung Emmetts zu seiner (Stief-)Tochter Madeleine in der Illusion, ja gar nicht mit ihr verwandt zu sein.

Auch der perverse George hat eine illusionäre »Beziehung« zu Elizabeth, die er in dem Pornofilm als verängstigte Schauspielerin darstellt und in welcher er stellvertretend seine leibliche Tochter Madeleine verklärt. George wird, ähnlich wie in der alten Stummfilmszene der »Mann, der lachte« nach einem Roman von Victor Hugo, von keiner Angebeteten mehr erhört.

Wir sehen also immer wieder die nur mäßig bis gering strukturierten Persönlichkeiten in einer pathologischen Dreiecksverstrickung. Ramona ist durch die Heirat mit Emmett nur wegen ihrer hohen Mitgift in eine Sackgasse geraten. Selbstunsicher und gekränkt spricht sie über den Ramona Boulevard, eine kleine Sackgasse im Rotlichtviertel. Sie erklärt uns vor ihrem Selbstmord auf der Galerie, wie gleichgültig ihrem Mann ihr Verhältnis mit George gewesen sei. Im Motiv des »lachenden Mannes« zeigt sie uns, wie sie zu allem gute Miene macht, also ihre unglücklichen und hasserfüllten Gefühle abspaltet und betäubt. Als abgelehnte Ehefrau ist sie voller Hass auf die Tochter und den Inzest und kann – so muss man das wohl sehen – jetzt auch die Besessenheit Georges von Elizabeth Short, die ihrer Madeleine so ähnlich sieht, nicht ertragen. Anders kann man sich nicht erklären, warum sie es ist, die Elizabeth schließlich niederschlägt und in unheilvoller Verstrickung und Drogenbetäubung mit George zusammen ermordet.

Ramona kann sich den Problemen nicht stellen und dadurch reifen, da sie keine strukturierte Identität mit lebendiger konstruktiver Aggressivität zur Verfügung hat. Zum Zeitpunkt der Wahrheit bricht die Wut nochmals aus ihr heraus, führt aber auch jetzt sofort zur diesmal eigenen Zerstörung.

Ich mache einen kleinen Exkurs: Das Motiv des »lachenden Mannes« mit dem clownhaft entstellten Gesicht, der auch uns als verwirrte Zuschauer auszulachen scheint, zieht sich wie ein roter Faden durch die tödlichen Verstrickungen. Es stammt aus dem Roman *Der lachende Mann* von Victor Hugo, in dem ein adliges Kleinkind mithilfe der eigenen Verwandtschaft entführt und grausam im Gesicht entstellt wird, sodass es immer lächeln muss. Als Gaukler Gwynplaine führt er ein einfaches, aber glückliches Leben. Als er später seine verruchten Verwandten wiederfindet und rücksichtslos anklagt, muss er mit dem Tod bezahlen.

Wir sehen das Motiv des »lachenden Mannes« zuerst in dem Stummfilm mit dem gleichen Titel, den sich Kay, Lee und Bucky anschauen. Wir sehen es im teuren Gemälde über dem Kamin im Haus der Spragues, dann als hingekleckste Kopie an der Bretterwand des Verschlages, in dem der Mord an Betty geschieht. Ihre Leiche trägt die gleichen, durch den furchtbaren Schnitt von Ohr zu Ohr unerträglich entstellten Gesichtszüge wie »der lachende Mann«. Ramona scheint die Frage »Warum diese groteske Entstellung?« zu beantworten, als sie ihren Mund auf der Galerie in obszöner Identifikation mit Gwynplaine in die Breite zieht: Es stellt die Anklage all dieser zutiefst und traumatisch abgelehnten, missbrauchten und verratenen ehemaligen Kinder dar, die – wie der Entstellte aus Hugos Roman – alle mit dieser grotesk verzerrten Maske »gute Miene zum bösen Spiel« machen müssen und daher defizitär gebunden bleiben.

Kommen wir zu den Hauptfiguren. Wegen der Begrenzung dieses Artikels ist es sinnvoll, vor allem eine Figur aus der Elterngeneration, Ramona, zu betrachten, bei den Hauptfiguren werde ich mich dann auf Madeleine und Bucky beschränken. Kay und Lee tauchen in der Besprechung der anderen auf.

Die geheimnisvollste der Hauptfiguren ist Madeleine. Äußerlich verwöhnt, von ihrem Stiefvater Emmett »meine Schöne« genannt, gelangweilt von der Scheinwelt, spielt sie die Verruchte und ist höchst doppelbödig. Narzisstisch selbstbezogen ist sie die Spinne im Netz, die versucht, an allen Fäden zu ziehen, um nicht selbst Opfer der fatalen Verstrickung zu werden. Portionsweise und erst wenn sie keine Ausreden mehr hat, bringt sie weitere Wahrheiten ans Licht. Wegen ihrer gestörten Mutter musste sie zu früh maligne progredieren und für ihren Stiefvater Emmett die Rolle der Ersatzpartnerin übernehmen. Wir sehen, dass in dieser Familie die Generationsgrenzen verwischt sind. Madeleine kann nicht reifen, weil sie in ihrer Mutter kein konstruktives weibliches Gegenüber hatte, das den Kampf um die innerseelischen Grenzen mit ihr aufgenommen hätte. Die Lüge ihrer Mutter über ihre Herkunft war bis zum elften Lebensjahr als Familiengeheimnis für sie prägend, bis ihre Abstammung von George wegen der Ähnlichkeit mit ihm nicht mehr verleugnet werden konnte und der Inzest begann. Aus all diesen Verstrickungen versucht Madeleine durch Promiskuität, Prostitution und Bisexualität zu entfliehen, »frei zu werden wie Betty«.

Für Madeleine gibt es nur Bemächtigung oder Tod – auch innerseelischen, z. B. in der Selbstaufgabe gegenüber ihrem Vater Emmett. Indem sie sich ihres Gegenübers bemächtigt, möchte sie selbst der Bemächtigung entgehen. So sagt sie zu Bucky Bleichert: »Du willst doch nur mit mir ficken!« Sie sucht dem Tod zu entgehen und fordert ihn im selben Atemzug heraus: Sie beleidigt ihren (ehemaligen) Liebhaber Bleichert tödlich, kastriert ihn förmlich, als sie sagt: »Du solltest mir danken für Lees Tod, denn ohne den hättest du nicht den Mut gehabt, sein Mädchen zu vögeln.«

Sie ist es, die Lee in der Treppenszene mit einem Messer tötet, vordergründig, weil er ihren Vater erpresst, aber im Grunde, weil Lee weiß, wie tief sie mit ihrem Alter Ego Betty Short verbunden ist. Sie fürchtet, dass sie sich innerseelisch von ihrem narzisstischen Zwilling, Betty, lösen muss, wenn Lee den Mord aufdeckt, und das kommt für sie einem unerträglichen innerseelischen Tod gleich. Deshalb hat Madeleine Bleichert auch von ihrer Beziehung zu Elizabeth Short so lange nichts sagen wollen. Sie ist unfähig, den toten unintegrierten Anteil ihrer Gefühlswelt in sich lebendig werden zu lassen, konstruktive Wut und Trauer über das erlittene Unglück zu erleben und daran zu reifen. Und ihre Angst bestätigt sich, als Bucky in der Bettszene gekränkt lacht und sie verlässt, weil er für sich real – anders als in der Fantasie – keinen Platz zwischen beiden sieht und erst recht nicht im Gegenüber zu Madeleine. Diese Szene im

Bett, in der sie Bucky von ihrer Beziehung zu Betty erzählt, liegt wie eine Folie über der ungelösten Triangulierung Madeleine – Ramona – Emmett. Dies kommt projektiv vor dem Hintergrund präödipaler Entwicklung einem Vorgang gleich, bei dem eine Tochter (hier Madeleine) für die Unterstützung ihrer Ablösung von der anderen Frau/Mutter (projiziert auf Betty) keinen Vater (hier projiziert auf Bleichert, der sie erlösen soll) zur Verfügung hat, und beide Frauen daher wie symbiotisch aneinander gebunden bleiben.

Dass Madeleine in der dichtesten Szene des Films, in der die drei wichtigsten Erzählstränge zusammenlaufen und das fatale Dreieck (George, Madeleine, Lee) seinen tödlichen Höhepunkt findet, ihren leiblichen Vater George mit in den Tod stürzen lässt, ist nur konsequent. Auch Madeleine kann mit der Wahrheit in mehrfacher Hinsicht nicht leben, nicht mit dem Bewusstsein, einen so hässlichen und tief gestörten leiblichen Vater zu haben, nicht mit der Ansicht ihrer Mutter, sie sei die Ursache für Georges »Verrücktwerden«, nicht mit der Tatsache, dass der Stiefvater Emmett, dem sie hörig ist, George in seiner Eifersucht so schwer entstellt hat, und nicht mit der ungelösten Bindung von Ramona zu George. Auf der tiefsten psychodynamischen Ebene aber könnte man diesen Mord an Lee auch interpretieren als: »Zwischen uns beiden, dir, George, und mir, Madeleine, darf es niemanden geben, wir sind bis in den Tod verbunden, also muss Lee sterben.« Und um all das loszuwerden, muss George gleich mitsterben. Spätestens in dieser hoch dramatischen, schattenhaften und hintergründigen Szene erlebte ich als Zuschauer in meiner Gegenübertragung auf das Geschehen einen Knoten im Kopf, und ein hungriges Loch im Bauch. Das ist es wohl, was alle Protagonisten im Film empfinden, tiefste Verknotung miteinander und gleichzeitig hungervolle seelische Bedürftigkeit nach Erlösung aus der beziehungslosen einsamen Verlorenheit, in der sie alle stecken.

Ich komme zur Figur von Bucky Dwight Bleichert, dem Filmerzähler. Von seiner Mutter erfahren wir gar nichts, dafür aber von seinem geistig verwirrten alten Vater, der als deutscher Migrant in den USA nie ganz Fuß fassen konnte, was man im englischen Original an seinem gebrochenen Englisch merkt. Bucky lässt sich k. o. schlagen, um seinem Vater aus den erhöhten Wettgewinnen einen Platz im Heim zu ermöglichen.

Bucky ist, so scheint es, der Gute. Er denkt nach, er versucht zu verstehen, zu kombinieren, er scheint als »Mr. Ice« kühler und besonnener als sein Gegenspieler »Mr. Fire«. Er versucht immer wieder, die Dinge korrekt anzugehen. Er versucht, in Bezug auf Kay die Grenzen einzuhalten. Seine Gefühle scheinen echt, auch wenn er von Madeleine besessen ist. Er wirkt am reifsten, ist erschüttert, als sein Kompagnon im Drogenmilieu umkommt, auch ihn wollte er eigentlich retten. Manchmal kann er sogar seine eigene Begrenzung erkennen, etwa, als er Madeleine in ihrem Haus besucht und sagt: »Es war ein Wiedersehen von Besessenen, die wussten, dass sie keinen Besseren finden würden.« In dieser sexuell ausgelebten Selbstobjektbeziehung versuchen beide, den emotionalen Hunger zu stillen, der seine Ursprünge ganz woanders hat, in ihrer zerstörten Kindheit und seinem Schicksal als Migrantenkind, der es immer besser als andere machen musste. Bleichert weiß immerhin, dass er die narzisstische Bestätigung seines mangelnden Selbstwertgefühls nicht durch Frauen finden kann. Dieses Wissen macht ihn entwicklungsfähig und offen für eine möglicherweise wahrhaftigere Beziehung, wie er sie schließlich zu Kay finden mag. Im Roman ist sie am Ende schwanger von ihm, auch wenn der Autor offen lässt, ob die Beziehung glückt. Und der Zweifel bleibt, da sein Motiv, jemanden zu retten, doch nur über seine trianguläre Verstrickung hinwegtäuscht, aus der er sich nicht lösen kann, nämlich sich narzisstisch als Retter zu bestätigen. Hier wäre es gut, etwas über die Rolle seiner Mutter in Beziehung zum Vater zu erfahren. Aber die Stellen der Mütter bleiben leer.

Und schließlich ist da doch ein Bruch: An der Stelle, wo Madeleine ihn so bitter verletzt und kastriert, kann er seine Gefühle nicht zügeln, wie man das erwarten müsste. Der kalte Hass auf die nicht zu erreichende wirkliche Liebe dieser Frau, deren Anerkennung er sich zumindest erhofft hatte, bricht durch und er ermordet sie. Hier vermischt sich Besessenheit mit Zurückweisung und erkennbarem Verrat. Er schafft den Schritt nicht, den er aus präödipaler triangulärer Verstrickung heraus hätte tun müssen. Auf der frühen Entwicklungsebene würde das dem kleinen oder dem pubertären Jungen entsprechen, der auf die angebetete Mutterfigur verzichten muss und ihre – aus seiner Sicht erlebte – »Untreue« mit dem Rivalen betrauern muss, um zu wachsen. Präödipal deswegen, weil es hier keinen eindeutigen ödipal fantasierten Rivalen gibt. Auf seiner Triangulierungsebene muss er jeden und jede, die sie ihm vorzieht, als existenziell rivalisierend erleben, sei es ihr Vater oder ihre Freier, sei es die weibliche Betty Short, weil die jeweils dritten in ihm nicht mental repräsentiert sind und er die Beziehung von Elternfiguren zueinander nicht verinnerlicht hat. Dass Madeleine ihm diesen Spiegel vorhält, bei dem er zu konstruktiver Wut angesichts der Verletzung nicht fähig ist, weil er sie innerlich schon als verloren erlebt, kann er nur mit Mord beantworten. Die männlichen Figuren, die ihn bei seelischer Verletzung stützen könnten, sein Vater oder Lee, sind, als dieser jetzt letzte Mord geschieht, längst verloren. Und Madeleine ist für ihn mit der toten Betty verschmolzen.

Als Madeleine ihn in seiner tiefsten Anhaftung und Bedürftigkeit mit den abgründigen Worten konfrontiert: »Du hast ja sonst niemanden außer der Toten«, meint er, sie durch Mord Lügen strafen zu können, weil er glaubt, er habe in Kay eine gefunden, die zu ihm hält. Das sieht auch so aus, doch letztlich wird er auf diesem Mord keine Beziehung aufbauen können. Aber vielleicht wird er fähig werden, zu trauern und zu sühnen, wer weiß? Das lässt zumindest die letzte Szene im Film, in der er zu Kay kommt, offen.

6. Zusammenfassung

Ich komme zum Schluss: James Ellroy, Brian de Palma, Sie als Zuschauer, die Protagonisten des Films und ich als Beschreibende haben versucht, die unreifen strukturell gestörten Persönlichkeiten im Film und ihre pathologischen Triangulierungsbeziehungen in den Blick zu nehmen und vielleicht zu lösen. Sie sehen, dass man damit immer unterwegs ist. Dieser Film mag dazu Anregungen geben.

Literatur

anonymus (18.07.2000) über: Der Lachende Mann von Victor Hugo. URL: http://www.ciao.de/Der_lachende_Mann_Hugo_Victor__Test_767006 (Stand: 30.12.2008).

Benjamin, Jessica (1990): Die Fesseln der Liebe. Basel, Frankfurt a. M. (Stroemfeld/Roter Stern).

Buchholz, Michael B. (1993): Dreiecksgeschichten. Göttingen (Vandenhoeck & Ruprecht).

Ellroy, James (2006): Interview in *Die Welt* vom 05.10.2006. URL: http://www.welt.de/kultur/article157518/Ich_bin_stolz_ein_Amerikaner_zu_sein.html.

Ellroy, James (2006): Die schwarze Dahlie. Berlin (Ullstein).

Ermann, Michael (1985): Die Fixierung in der frühen Triangulierung. Forum Psa. 1, 93–110.

Kohrs, Mathias: Persönliche Mitteilung, Hamburg.

Rohde-Dachser, Christa (1986): Ausformungen der ödipalen Dreieckskonstellationen bei narzisstischen und bei Borderline-Störungen. Psyche – Z psychoanal 41(9), 773–779.

Rudolf, Gerd (2004): Strukturbezogene Psychotherapie. Stuttgart (Schattauer).

Schon, Lothar (1996): Entwicklung des Beziehungsdreiecks Vater-Mutter-Kind. Stuttgart (Kohlhammer).

Webseiten über *The Black Dahlia*: URL: http://www.satt.org/film/06_10_dahlia.html und http://blackdahliasolution.org/orientation.htm (Stand: 30.12.2008).

Das Parfum – Die Geschichte eines Mörders (Regie: Tom Tykwer; Deutschland/Frankreich/Spanien/USA 2006)

Mathias Kohrs

1. Die Verfilmung des Unverfilmbaren

Patrick Süskind veröffentlichte seinen Roman *Das Parfum* 1985, er gilt als eines der erfolgreichsten deutschen Bücher der Nachkriegszeit. Bis heute wurden 15 Millionen Exemplare verkauft. Der Roman wurde in 20 Sprachen übersetzt, galt aber lange als unverfilmbar. Der deutsche Produzent Bernd Eichinger hatte sich jahrelang um die Filmrechte bemüht. Der äußerst zurückgezogen lebende und publicityscheue Süskind, von dem ein einziges Pressefoto existiert, verweigerte sich jahrzehntelang einer Verfilmung und hat Eichinger u. a. zu der boshaften Figur des skurrilen Literaten (gespielt von Joachim Król) im Film Rossini inspiriert. Seit dem Jahr 2000 ließ er sich zumindest zu Gesprächen überreden und gab 2002 endlich seine Zustimmung zur Verfilmung. Am Drehbuch wurde insgesamt fünf Jahre gearbeitet, 2006 kam der Film in die Kinos.

Im Making-of schildert Eichinger eindringlich das Problem der Visualisierung einer Welt der Gerüche. Er weist eindringlich darauf hin, wie sehr wir unser Bild des 18. Jahrhunderts romantisieren. Es sei eine Welt im Schmutz gewesen, die Straßen der Städte kniehoch voll Morast, allgegenwärtig der Geruch der Fäulnis und Verwesung. Die Menschen trugen ihre Kleidung so lange, bis sie ihnen vom Leib fiel, die Lebenserwartung betrug 35 Jahre. Es wurde eine eigene Bühnenbildabteilung für den Dreck eingerichtet, den Drehort konnte man aus 500 Metern Distanz riechen, u. a. wurden 17 Tonnen Fischeingeweide, Lehm, Stroh usw. verwendet.

Worum ging es? Die Welt der Gerüche zu evozieren, die inneren Bilder, Repräsentanzen, Zustände, Befindlichkeiten, die sich dem Wort entziehen, weil sie älter als das Wort sind. Die archaische Qualität des Geruchssinnes, seine Nähe zum Limbischen System, zu vorsprachlichen Prozessen und frühesten Erinnerungen im impliziten, episodischen Gedächtnis ist bekannt. Wenn uns ein Geruch erreicht, ein Duft, vielleicht auch ein Gestank, den wir mit einer frühen Erfahrung verbinden, hat der bewusste Wille nicht mehr viel zu wollen. Wir treten ein in die Welt des »ungedachten Bekannten«, wie Christopher Bollas (1987) es genannt hat, die Welt des Verwandlungsobjektes, dessen Anwesenheit genügt, um unser Sein momentan und unmittelbar – unvermittelt, ohne Worte, ohne Begriff, unbegreiflich – zu verändern.

Was ist damit gemeint? Der englische Psychoanalytiker Christopher Bollas bezieht sich auf die Erfahrung des Säuglings, in Gegenwart des primären Objekts, meist der Mutter, eine Verwandlung affektiver Zustände – Hunger, Schmerz, existenzielle Angst – in Halt, Bindung und Sicherheit zu erleben.

Auch das Gefühl wachsender Konsistenz eines Ich- oder Selbstgefühls ist zu nennen. All dies geschieht in Gegenwart der Mutter, aber noch ohne einen Begriff, ein Wort, einen Gedanken. Es geht hier eher um Rhythmen, Bollas spricht auch von der Ästhetik der Mutter als erster prägender Erfahrung.

Was aber geschieht, was für ein ungedachtes Bekanntes entsteht, wenn es so früh im Leben kein ausreichend schützendes primäres Objekt gab, wenn keine Verwandlung zum Guten geschah? Und das macht diesen Film für eine psychoanalytische Betrachtung so interessant. Geschildert wird die Geschichte einer Obsession, einer mörderischen Perversion, deren Entstehung uns anhand der Kindheit des Protagonisten zumindest teilweise scheinbar plausibel gemacht wird. Das Narrativ – ähnlich dem manifesten, bewusst erinnerten Trauminhalt – trägt aber deutliche Züge einer tiefer liegenden, primärprozesshaften Dynamik – analog dem latenten Traumgedanken. Insbesondere wird sehr früh die schwere psychosexuelle Beziehungsstörung des Grenouille sowie seine umfassende narzisstische Größenfantasie erkennbar. Aber handelt es sich hier nun um die konkrete – wenn auch fiktive – Geschichte eines Menschen oder um die Darstellung eines unbewussten Prozesses, ähnlich dem Traum?

Es soll hier nicht näher auf die komplexe Frage eingegangen werden, wie weit und in welcher Weise wir einen Film, etwa analog zu einem Traum, deuten dürfen, ohne in letztlich anmaßender Weise das komplexe Kunstwerk gewissermaßen zum Patienten zu machen. Einige Überlegungen dazu finden sich in meinen Ausführungen zum *Herrn der Ringe* weiter oben in diesem Buch. Ralf Zwiebel (2003) befasst sich ausführlich mit dieser Thematik.

Der vorliegende Film wirft natürlich die Frage auf, was die Darstellung drastischer Gewalttaten, exzessiver Perversionen usw. für den Zuschauer so interessant macht. Warum sind Filme wie etwa auch *Das Schweigen der Lämmer*, in dem es um einen kannibalistischen Serienmörder geht, der noch dazu latent sympathisch erscheint, so populär? Eine mögliche Antwort gibt Gabbard (2001), der in seinen Überlegungen zu verschiedenen psychoanalytischen Perspektiven auf einen Film diesen auch als Reflektionsmedium universeller Entwicklungsphasen und -krisen sieht. Als anschauliches Beispiel nennt er etwa Ridley Scotts *Alien* als entfremdete Darstellung eines paranoid-schizoiden Prozesses im Sinne Melanie Kleins.

Und was sehen wir im Parfum? Dieser Frage will ich in meinen Überlegungen nachgehen.

2. Das Narrativ

Der Film beginnt mit der Situation des zum Tode verurteilten Grenouille kurz vor seiner Hinrichtung und breitet uns seine Lebensgeschichte im Rückblick aus. Von der Mutter gleich nach der Geburt in Paris verstoßen, durchläuft er eine Kindheit im Asyl, dem Waisenhaus der Kinderhändlerin Madame Gaillard. Diese verkauft ihn als Halbwüchsigen an den sadistischen Gerber Grimal, der ihn als Sklaven ausbeutet und später an den Parfumeur Baldini weiterverkauft. Von Beginn an kann Grenouille keinen normalen altersgemäßen Kontakt zu anderen Kindern aufnehmen. Er erscheint wie ein Autist, kann mit fünf Jahren noch nicht sprechen, verfügt aber über einen ungewöhnlich gut ausgeprägten Geruchssinn, mit dem er sich die Welt erschließt. Diese Eigenheit verbindet ihn jedoch nicht mit den Menschen. Im Gegenteil, man fürchtet ihn, er ist ein Unheimlicher, der selbst keinen eigenen Geruch verströmt, man spürt seine Anwesenheit nicht. Der extreme Geruchssinn macht ihn dann später für den Parfumeur Baldini interessant, dessen Stern gesunken ist. Ohne jedes weitere Wissen ist Grenouille in der Lage, die wunderbarsten Düfte zu kreieren, die sich als machtvoll und äußerst lukrativ erweisen. Grenouille interessiert sich aber nicht für Reichtum oder Ruhm. Ihn treibt etwas anderes. Er fühlt sich magisch angezogen vom Duft der Jungfrauen. Er möchte sich diesen Duft aneignen, er möchte ihn in Besitz nehmen und nie mehr verlieren und zwingt Baldini, ihm alle Techniken zu zeigen, die ihm das ermöglichen.

Der wichtige dritte Teil des Romans, in dem auch der Film seinen Höhepunkt erreicht, spielt in Grasse, einer südfranzösischen Stadt, die für ihre Parfumeure berühmt ist. Grenouille vervollkommnet seine Fähigkeiten bei der Parfumeurin Arnulfi, die ihn die Technik der Enfleurage lehrt. So ist er jetzt imstande, sich eines Menschen olfaktorisch zu bemächtigen, seinen Geruch zu evozieren und insbesondere seine Wirkung auf andere Menschen zu kopieren.

In seiner wachsenden Besessenheit mordet Grenouille junge Frauen, ohne jede erkennbare Gefühlsregung. Er ist getrieben von dem Wunsch, ein magisches Parfum herzustellen, das ihm unbegrenzte Macht verleiht.

In der Stadt wächst die Panik mit jedem weiteren Mord. Gleichzeitig bleiben die Taten in ihrer Entsetzlichkeit unbegreiflich: Kein Motiv wird erkennbar, weder Habgier noch Sexualität begründen das Geschehen und daher gelingt es der Gemeinschaft nicht, den unsichtbaren Niemand zu ergreifen. Er begehrt Laura, die 15-jährige Tochter des mächtigen und wohlhabenden Konsuls Richis. Er begehrt sie auf seine Weise, denn er will mit ihr sein magisches Parfum vollenden. In der wechselvollen, erregenden Verfolgung seines Ziels kommt es zu einem Wettkampf mit dem Vater um das Leben des Mädchens. Ein Versuch des Vaters, durch ein Wechseln der Identität das Leben der Tochter zu retten, misslingt. Der Geruchssinn des Grenouille, der selbst keine Identität hat, ist nicht zu täuschen. Er tötet Laura und vollendet sein Parfum, wird aber gefasst und zu Folter und anschließendem Tod verurteilt.

Hier endet der Rückblick, der Film erzählt nun gewissermaßen auf der Höhe der Ereignisse. Grenouille ist immer noch im Besitz seines magischen Parfums. Als er den Duft verströmen lässt, ereignen sich seltsame Dinge. Die Folterknechte beugen das Knie, der schäbige, fast zu Tode geschundene Grenouille wird in einer prächtigen Kutsche vorgefahren, in kostbare Kleider gehüllt. Es kommt nun nicht zur Hinrichtung. In einer kompletten Umkehrung aller Verhältnisse erklärt der Henker Grenouille für unschuldig und die Menge verfällt einer geradezu religiösen Verehrung, ja Anbetung des Grenouille, der durch winzige Mengen seines Parfums immer neue Ausbrüche einer Massenhysterie bewirkt. Diese steigert sich bis zu einer Massenorgie, in der die Bürger der Stadt in eine Art kollektiven Liebeswahn geraten. Nur Richis, Lauras Vater, scheint seinem Zauber zu widerstehen, will ihn eigenhändig töten, erliegt ihm aber schließlich auch und nimmt ihn als Sohn an.

Und hier, am Ziel seines Plans, realisiert Grenouille das volle Ausmaß seiner Einsamkeit, die in seiner Unfähigkeit begründet ist, einen anderen Menschen zu lieben. Er kehrt zurück nach Paris, auf den Markt, den Ort seiner Geburt. Dort löst er durch das Parfum eine letzte, kannibalistische Orgie aus, in der ihn die Marktleute in Stücke reißen und »aus reiner Liebe« auffressen.

3. Das Objekt wird im Hass entdeckt

Der Film erzählt uns die Geschichte des Massenmörders Jean-Baptiste Grenouille von Beginn an auf der Schwelle von Leben und Tod. Die ersten Minuten, Szenen der Geburt und des Ins-Leben-weggeworfen-Werdens Grenouilles, Sohn einer Kindsmörderin, die wenig später selbst hingerichtet wird, sind kaum auszuhalten.

Sie bilden den traumatisierenden Grundakkord der Entwicklungsgeschichte und gehen in einer dissoziativen, irrealen, traumartigen Atmosphäre auf, die auch manchen Betrachter fast mit Erleichterung erfüllt. Von Beginn an bedeutet Objektbeziehung in dieser Geschichte die Benutzung des Anderen als Sache, Abfall, Produktionsmittel. Das hat in Deutschland einen ganz besonderen und ganz besonders unerträglichen Beiklang. Man ist versucht, ins Historische der Betrachtung überzugehen (»So schlimm war es damals«), dadurch entsteht Distanz. Dann würden wir uns mit einem historischen Kriminalroman befassen. Wir würden aber auch der Abwehr folgen, im Sinne eines Herunterregulierens unerträglicher Affekte, wie sie Ralf Zwiebel beschreibt (Zwiebel 2003).

Was ist so unerträglich? Es ist die Rohheit, es sind die archaischen Hassaffekte, die Gier und der Neid, die uns in der Kindheit und Jugend des Protagonisten gezeigt werden und deren Opfer er zu werden scheint.

Verstehen wir dieses Narrativ aber als die Geschichte der – pathologisch misslingenden – Entwicklung der intrapsychischen Objektbeziehung des Grenouille, kommen wir zu anderen Schlüssen. In unserem – psychoanalytischen – Sinne gibt es für ihn kein stabiles Objekt. Wir stehen vor dem, was André Green als das Werk des Negativen beschreibt, er spricht von der Desobjektalisierung. Unbewusst in integrierte Bindungsprozesse eingebettet, handelt es sich hier um die überlebenswichtige Funktion des Bedeutungsabzugs von wichtigen anderen, deren innere Repräsentanz sonst intrapsychisch übermächtig und erdrückend würde. Unmentalisiert, konkret agiert, wird die Desobjektalisierung aber zum Unheimlichsten, was es zwischen Menschen geben kann: dem anderen wird der Status des lebendigen, libidinös besetzten Gegenübers entzogen, er wird zur Sache. Wir sprechen hier nicht von heißer Wut oder Hass, eher von der eigenartigen Affektlosigkeit, die wir von Beginn an um Grenouille spüren.

Eventuell handelt es sich aber auch gar nicht um den Abzug einer Besetzung, sondern von Beginn an um eine narzisstische Fehlentwicklung, die zu einer komplexen Pathologie führt.

Wenn wir sagen, es gebe bei Grenouille kein stabiles Objekt, so verweist das auf die komplexe und für die psychoanalytische Entwicklungstheorie so zentrale Frage, wann und wie wir eine Vorstellung vom wichtigen anderen entwickeln und wie dies die Entwicklung eines gesunden Selbstgefühls beeinflusst. Viele Autoren haben sich mit diesem Problem befasst. Vor allem Melanie Klein (1962) und ihre Schüler, aber auch Winnicott (1965) und viele andere haben gezeigt, dass dieser Prozess äußerst wechselvoll und störungsanfällig verläuft. Schon im gesunden Fall muss das Kind mit erheblichen Konflikten fertig werden. Insbesondere liegt wohl eine entscheidende Entwicklungsleistung in der Bewältigung intensiver Wut- und Hassaffekte in der Entdeckung des anderen als ein vom Selbst getrenntes Wesen, von dem wir gleichwohl existenziell abhängig sind. Winnicott etwa weist darauf hin, »daß es beim Gesunden einen Kern der Persönlichkeit gibt, der dem wahren Selbst der gespaltenen Persönlichkeit entspricht [...], daß dieser Kern niemals mit der Welt wahrgenommener Objekte kommuniziert, und daß der Einzelmensch weiß, daß dieser Kern niemals mit der äußeren Realität kommunizieren oder von ihr beeinflusst werden darf« (Winnicott 2002, S. 245).

Grenouille nun entdeckt im Mirabellenmädchen etwas, das er nicht versteht, nach dem er sich aber unendlich sehnt. Er möchte es besitzen und eignet es sich im Sinne der frühen Objekteinverleibung an, gewissermaßen kannibalistisch, indem er ihren Duft aufsaugt und sie, die sich wie viele andere vor ihm fürchtet, dabei umbringt. Auch hier herrscht wieder die unheimliche affektive Stille und Kälte um diesen jungen Mann. Er tötet völlig ohne Leidenschaft.

4. Entwicklungsroman einer Perversion

Wir haben es bei Grenouilles Besessenheit unzweifelhaft mit einer Perversion zu tun. Die Perversion ersetzt im psychoanalytischen Verständnis das genitale Triebziel durch prägenitale Strebungen mit dem Ziel, den ödipalen Konflikt zu umgehen, die befürchtete Kastration im Sinne einer Bestrafung durch den Vater zu vermeiden und die infantilen Größenfantasien aufrecht zu erhalten, insbesondere unter Verleugnung der Geschlechterdifferenz und des Generationsunterschiedes. In der Literatur haben Autoren diese Dynamik insbesondere am Beispiel des Fetischismus beschrieben. So schreibt Stoller: »Wer einen anderen Menschen in seiner Gesamtheit nicht ertragen kann, zerstückelt – spaltet und entmenschlicht – jenes Objekt und hält sich damit an frühe traumatische Erfahrungen und Ausweichmanöver« (Stoller 1998, S. 171).

Zunächst aber werden wir als Zuschauer des Films in die Abwehr der Verführung verwickelt, in die Verleugnung der Feindseligkeit und die Idealisierung, die eben auch zur Perversion gehören. Wir tauchen ein in die Welt der Gerüche, der schwelgerischen Bilder. Daneben sehen wir immer wieder die unglaubliche Härte und Kälte der frühen Lebensjahre des Protagonisten. Er erträgt alles, die gefühlskalte Madame Gaillard und auch den sadistischen Ledergerber und Menschenschinder Grimal – einen archaischen sadistischen Vater, willkürlich, grausam – stoisch, wortlos, ohne Gegenwehr, in schizoidem Rückzug. Wir können den entstehenden Hass nur ahnen.

Seine eine und einzige Beziehung zur Welt besteht durch seinen – übermenschlichen, unmenschlichen – Geruchssinn, mit dem er alle Objekte, belebt und unbelebt, erfasst, eigentlich aufsaugt, aber nicht begreift.

Die erste Spaltung: die grausame äußere Realität unerträglicher Objekte einerseits und andererseits die leichte sensitive Welt der Gerüche, objektlos, auf den narzisstischen, autoerotischen Kosmos der reinen Sinneswahrnehmung reduziert. Und wieder stellt sich die Frage: Haben wir es hier mit einem konkreten äußeren Geschehen zu tun, oder nicht doch eher mit einer primärprozesshaften inneren Welt archaischer Affekte und Objektrepräsentanzen? Von Beginn an werden die Prozesse der (elterlichen) Sexualität entfremdet, verleugnet, verzerrt. Darauf komme ich später zurück. Die Geburt wirkt eher wie ein Stuhlgang, die Mutter wird unmittelbar danach hingerichtet. Überhaupt überleben seine Objekte die Trennung von Grenouille nicht. Sowohl Madame Gaillard als auch Grimal werden unmittelbar nach dem Verkauf (Verrat) Grenouilles ermordet. Ebenso ergeht es Baldini, er stirbt im Schlaf, sein Haus fällt in sich zusammen, nichts bleibt! Es besteht also keine Objektkonstanz, die die konkrete Abwesenheit übersteht. Insbesondere gibt es offenbar keine Objekte, die Grenouille idealisieren könnte. Der Hass verschlingt alles.

5. Die Perversion

Grenouille eignet sich seine Objekte also in der entkörperlichten, entleibten Form des Duftes an. Er nimmt ihnen ihre Subjektivität, ihr intimstes Selbst, bringt es auf magische, alchimistische Weise in seinen Besitz und lässt nur eine geruchlose Körperhülle zurück, die gewissermaßen verdaut ausgeschieden wird. Er interessiert sich nur für Jungfrauen, d.h., es geht inmitten einer schmutzigen Welt um das Phantasma der Reinheit. Grenouille kann die Jungfrauen also besitzen, auch wenn er infantil fixiert nicht zur genitalen Sexualität fähig ist. Auf der Suche nach dem idealen Objekt kombiniert er die Duftrepräsentanzen der zwölf Jungfrauen nach einem uralten Rezept zu dem absoluten Parfum, das ihm Identität und Macht verleihen soll. Diese Kombination des Absoluten mit dem Uralten, Verlorenen, dessen Besitz magische Kräfte verleiht, verrät uns die Herkunft des magischen Objekts. Es stammt aus der frühen Zeit, der Zeit vor der Sprache. Wenn wir uns daran erinnern, gelten die Gesetze der rationalen Tageslogik nicht mehr. Es geht um die Wünsche nach der verlorenen Einheit, von der viele Psychoanalytiker heute meinen, dass sie umso stärker sind, je traumatischer die realen Erfahrungen waren.

Wir betreten also den Bereich der narzisstischen Omnipotenz, und in deren Realisierung liegt Grenouilles höchstes Ziel. An dieser Stelle müssen wir noch einmal auf die psychoanalytische Theorie der Perversion rekurrieren. Umfänglich ist dies hier nicht möglich, aber es soll ein Aspekt herausgearbeitet werden, der uns das Narrativ des Filmes verständlich werden lässt. Die exzessive Fixierung auf die prägenitalen Bestrebungen, die Welt der Gerüche, die hasserfüllte Aneignung des begehrten Objekts verstellen nämlich im Film den Blick auf etwas ganz anderes – das Verhältnis zum Vater. In der Psychoanalyse der perversen Dynamik weisen viele Autoren (z.B. Loch 1999, S. 265) immer wieder auf die pathologische Wirkung und Bedeutung der gestörten Beziehung zum Vater und der unsicher introjizierten männlichen Imago hin.

Das Thema lässt sich auch im Parfum verfolgen. Grenouille unterwirft sich zunächst einem archaischen, sadistisch überlegenen Vater, dem Gerber Grimal. Im Sinne unserer Lesart des Films als intrapsychische Entwicklungsgeschichte gelingt es Grenouille nicht, stabile, idealisierte Aspekte des Vaters zu introjizieren. In der Beziehung zu Baldini setzt sich diese Dynamik fort. Der Meisterparfumeur wird uns als alter, impotenter Mann gezeigt, der die Zeugungskraft seiner erfolgreichen Jahre längst verloren hat. Das einzig Phallische an ihm ist seine große Nase, an der er sich ständig demonstrativ zu schaffen macht, die ihm aber den Dienst versagt. Zu ihm kommt nun der junge Grenouille, frei von jeder triebsublimierenden Symbolisierung, d.h. im Zustand idealisierter infantiler Rohheit, und was geschieht? Er übertrifft den Vater sofort und in jeder Hinsicht! Baldini weiß sich vor Erniedrigung kaum zu helfen, schließlich obsiegt seine Gier und er benutzt die Potenz des jungen Mannes, man könnte auch sagen, er missbraucht ihn. Gleichzeitig bestätigt sich Grenouille unentwegt in der infantilen Größenfantasie, dem

Vater überlegen zu sein, ihm die phallische Genitalität nicht neiden zu müssen. Dabei war er ursprünglich mit der Bitte gekommen, zu lernen »wie man Gerüche festhält«.

Hier wäre wieder zu fragen, wie die Metapher des Geruchs überhaupt zu verstehen ist. Ich denke, sie verweist zum einen auf die Analität der perversen Dynamik, wie sie von vielen Autoren in Zusammenhang mit der Perversion gebracht wird. Chasseguet-Smirgel etwa weist darauf hin, dass »sich die Idealisierung des Perversen niemals auf erwachsene Objekte« richte (1987, S. 26), sondern stets auf Partialobjekte, insbesondere solche der analsadistischen Phase.

Das Wesen der Perversion liegt ja gerade darin, die Sexualität des elterlichen Paares zu leugnen, ebenso den Generationenunterschied und die Geschlechterdifferenz. Chasseguet-Smirgel führt weiter aus: »Die Idealisierung des perversen Aktes und der Partialobjekte ist für ihn absolut zwingend. Sie muß ihm […] dabei helfen, die Wahrnehmung abzuwehren und gegenzubesetzen, daß der Vater Kräfte besitzt, die ihm fehlen, da sie sonst ein Gefühl wahrer Verlassenheit in ihm erzeugen würde« (ebd. S. 26). Wir verstehen diese Dynamik sowohl als regressive Abwehr ödipaler Krisen, die nicht bewältigt werden, wie auch als progressive Bewältigung frühkindlicher Ängste vor Objektlosigkeit, psychotischer Fusion o. Ä.

Und hier liegt die zweite Bedeutung der Geruchsmetapher. Grenouille hat kein Selbst und er hat kein stabiles Objekt. Er versucht in endloser Wiederholung einer misslingenden Introjektion eines libidinös besetzten Objekts habhaft zu werden. Daran muss er scheitern, denn die realen Objekte sind ausschließlich mit Hass besetzt und die Objekte seiner Leidenschaft verkörpern das Phantasma der reinen Jungfräulichkeit, also die Vergänglichkeit schlechthin. Außerdem verbietet ihm seine Fixierung auf das narzisstische Universum die Erkenntnis des anderen wie die des Selbst. Es gelingt Ben Whishaw, als Darsteller des Grenouille ein Glücksfall, in genialer Weise, genau dies zu vermitteln: das unendliche Begehren und die Unfähigkeit, dem anderen in die Augen zu sehen. Er verbleibt zumeist voyeuristisch im Dunklen. Als ihm dieser ungeheure Mangel bewusst wird, in der Phase der fast vollkommenen narzisstischen Eremitage in der Felsenhöhle, die ich als misslingende Pubertät des Grenouille verstehe, zerreißt es ihn fast. Die Erkenntnis treibt ihn, der in der Objektlosigkeit bleiben wollte, gegen seinen Willen hinaus zu den Menschen.

Hier klingt ein genuin psychoanalytisches Konzept an, über das viel gestritten wird: der primäre Narzissmus. Nach Auffassung Freuds und vieler Autoren wird diese ursprüngliche Position illusorischer Vollkommenheit, der narzisstische Urzustand, nur durch die Erfahrung der Hilflosigkeit aufgegeben, um diesen Zustand in der Folge auf idealisierte Objekte zu projizieren, die man sich dann wiederum durch Identifikation aneignet. Dieser Prozess wird nach psychoanalytischem Verständnis unendlich häufig durchlaufen, bis sich mehr oder weniger stabile innere Repräsentanzen des Selbst, der Objekte, der Ideale usw. gebildet haben. Und hier erkennen wir Grenouilles Beschädigung: In Ermangelung idealisierbarer Objekte dominiert der Hass oder zumindest eine unlösbare Ambivalenz. Ihm fehlt, wie Abraham (1925) in seinen Ausführungen zum Hochstapler schreibt »die Möglichkeit, den Vater zur Idealgestalt zu erheben; im Gegenteil sehen wir von früh auf den Wunsch nach einem anderen Vater dominieren« (zitiert nach Chasseguet-Smirgel, ebd. S. 111). Und so verstehe ich den tieferen Subtext des letzten, dramatischen Teils des Films, der ja gewissermaßen im Jetzt spielt. Grenouille wünscht sich zutiefst, vom Vater erlöst zu werden, ein Aspekt, der im Roman noch viel deutlicher und ganz explizit ausgeführt wird.

Auch im Film, in der meiner Meinung nach erschütterndsten Szene, wird gezeigt, wie entsetzt Grenouille reagiert, als letztendlich auch Richis, der ihn doch durchbohren wollte (und ihn so väterlich-phallisch erlösen sollte!), ihm verfällt. Er erklärt ihn zu seinem Sohn, aber auf die falsche, die perverse Weise, indem er sich ihm, dem narzisstischen Hochstapler und Betrüger, unterwirft. Daraufhin durchflutet Grenouille ein abgrundtiefer Ekel und er verzweifelt. Er erkennt seine finale Unfähigkeit zur Liebe und wirft sich in einer letzten kannibalistischen, suizidalen Orgie dem Pöbel zum Fraß vor.

Literatur

Bollas, Christopher (1987): Der Schatten des Objekts. Stuttgart (Klett-Cotta).
Chasseguet-Smirgel, Janine (1987): Das Ich-Ideal. Frankfurt a. M. (Suhrkamp).
Gabbard, Glen O. (2001): Psychoanalysis & Film. London (Karnac Books).
Green, André (2000): Geheime Verrücktheit. Gießen (Psychosozial-Verlag).
Klein, Melanie (1997): Das Seelenleben des Kleinkindes. Stuttgart (Klett-Cotta).
Loch, Wolfgang (1999): Die Krankheitslehre der Psychoanalyse. Stuttgart (Hirzel).
Stoller, Robert J. (1998): Perversion. Gießen (Psychosozial-Verlag).
Winnicott, Donald W. (2002): Reifungsprozesse und fördernde Umwelt. Gießen (Psychosozial-Verlag).
Zwiebel, Ralf (2003): Höhenschwindel. Psychoanalyse im Widerspruch 30/2003, 33–44.

Das Haus der schlafenden Schönen

(Regie: Vadim Glowna; Deutschland 2006)

Theo Piegler

> »Sterben [jedoch] ist einsam, das einsamste Ereignis im Leben. Sterben trennt einen nicht nur von anderen, sondern setzt einen einer zweiten, noch viel furchterregenderen Form von Einsamkeit aus: der Trennung von der Welt an sich«.
> *(Yalom 2008, S. 119)*

> »Knarren eines geknickten Astes
> Geknickter Ast, an Splittersträngen / Noch schaukelnd, ohne Laub, noch Rinde, / Ich seh ihn Jahr um Jahr so hängen, / Sein Knarren klagt bei jedem Winde. / So knarrt und klagt es in den Knochen / Von Menschen, die zu lang gelebt, / Man ist geknickt, noch nicht gebrochen / Man knarrt, sobald ein Windhauch bebt. / Ich lausche deinem Liede lange, / Dem fasrig trocknen, alter Ast / Verdrossen klingt's und etwas bange, / Was du gleich mir zu knarren hast«.
> *(Hermann Hesse: Erste Fassung, acht Tage vor seinem Tod, also am 01.08.1962 entstanden)*

1. Einleitung

Vadim Glowna hat 2006 die Novelle *Die schlafenden Schönen* des japanischen Literaturnobelpreisträgers Yasunari Kawabata verfilmt, wobei der zum Zeitpunkt der Dreharbeiten 65-jährige Glowna Produzent, Drehbuchschreiber, Regisseur und Hauptdarsteller in einer Person war. Die Musik zu diesem Low-Budget-Film schrieb sein Sohn Nikolaus. Im

Mittelpunkt der Novelle steht eine Art Freudenhaus für Greise, wie es das im Berlin der 1920er Jahre ebenso wie in Tokio tatsächlich gegeben haben soll (Glowna/Eichel 2006, S. 211). Glowna hat diesen Faden aufgenommen und die Handlung in unsere Zeit und in unsere Bundeshauptstadt verlegt, dabei aber die Akzente der japanischen Vorlage deutlich verschoben[1]. Die ob ihres sprachlichen Ausdrucks selbst in der deutschen Übersetzung sehr bewegende Novelle Kawabatas hat García Márquez so fasziniert, dass er den Inhalt auf südamerikanische Verhältnisse übertrug. Sein so entstandener Roman *Erinnerung an meine traurigen Huren* (2004) wurde in seiner Heimat rasch zu einem Bestseller.

Die Reaktionen der Filmkritik auf Glownas Werk waren extrem unterschiedlich. Den feministischen Standpunkt gibt am besten Michelle Tooker wieder, die schreibt:

> »Vadim Glownas *Das Haus der schlafenden Schönen* wird Sie anekeln. In dieser dritten Verfilmung der gleichnamigen Novelle von Yasunari Kawabata bringt der Regisseur Vadim Glowna die Zuschauer in ein bizarres Bordell, wo Jungfrauen narkotisiert werden, nur um alt gewordenen Kunden damit eine Freude zu bereiten. Da die Mädchen nackt ›schlafen‹, können die Männer sie streicheln, begrapschen oder in anderer Art befummeln. Sex mit ihnen verstößt gegen die Regeln und wenn die Mädchen aufwachen, können sie sich an nichts erinnern. Eine solche zu Himmel schreiende Erniedrigung von Frauen zu bloßen Objekten habe ich bisher in keinem anderen Film gesehen« (Übersetzung des Verfassers; Tooker 2008).

Anders Ulrich Kriest (2006), der schreibt:

> »Die schwerblütig-philosophischen Reflexionen über Tod und Vergänglichkeit, über Erinnerung und Erotik werden [im Film] immer wieder in den Off-Ton verlegt, weshalb das theaterhafte Agieren der Figuren häufig kontingent erscheint. Vom ersten Moment, vom ersten Ton der getragenen, jazzigen Filmmusik an, senkt sich ein bleischwerer Vorhang aus Trauer,

1 In Kawabatas Novelle gibt es keinen Unfalltod bzw. erweiterten Suizid der Ehefrau des Protagonisten, keine Kogi entsprechende Figur und der Protagonist suizidiert sich auch nicht. Im Übrigen spielt bei ihm die Scham eine zentrale Rolle: Die Vorstellung, dass sich ein zur Kopulation nicht mehr fähiger, alter Mann einer Jungfrau zuwendet, wird dort als so beschämend angesehen, dass allein dies schon die Narkotisierung der Mädchen erzwingt.

> Einsamkeit und permanenter Reflexion auf die mitunter traumhaften Bilder, die letztlich in Gustave Courbets ›Die Mitte der Welt‹ [korrekt müsste es heißen: ›Der Ursprung der Welt‹] ihren symbolhaften Fluchtpunkt finden. Das Szenario, das der Film entwirft, ist morbid, nicht frivol. Letztlich sind die schlafenden Schönen nur Stationen auf dem Weg zur Erlösung – und das Etablissement ist ein moderner Dienstleister, in dem man Unterstützung findet, will man einem guten Freund etwas Gutes tun.«

2008 schaffte es der Film, in die Vorauswahl für den deutschen Oscar-Kandidaten zu kommen.

2. Filminhalt

Der Zuschauer wird in die Geschichte eingeführt, indem er den einsamen, schwermütigen Protagonisten, Edmond (Vadim Glowna), über eine düstere, kalt und tot wirkende stählerne Brücke auf dem Weg zu seinem alten Freund Kogi (Maximilian Schell) begleitet. Aus dem »Off« sinniert Edmond, ob seine Frau und seine Tochter Kiki, die bei einem schweren Autounfall ums Leben kamen, auf diese Weise möglicherweise Selbstmord begangen haben. »ZWEIFEL« verkündet denn auch an späterer Stelle im Film wiederholt eine Leuchtreklame. Um Edmond in seiner seit diesem Unfall bestehenden, nun schon Jahre dauernden, quälenden Depression zu helfen, empfiehlt ihm Kogi, der hoch über den Dächern der Stadt wohnt, das Haus der »schlafenden Schönen« aufzusuchen. Das von »Madame« (Angela Winkler) geführte Etablissement ermöglicht alten Männern eine Nacht an der Seite einer narkotisierten, nackten jungen Frau zu verbringen. Es gibt dabei klare Regeln: keine Vergewaltigung, kein Kontakt mit den Frauen, wenn sie erwachen sowie für den Fall, dass man ihnen auf der Straße begegnen sollte, und keine Fragen. Edmond besucht den Privatclub immer häufiger, insgesamt sieben Mal, versucht mit den wechselnden schlafenden Schönen in Kontakt zu kommen, ja er spricht mit den Eingeschläferten, berührt ihre Körper, rüttelt und schüttelt sie, um sie wach zu bekommen, schmiegt sich an sie, küsst und untersucht sie, wobei viele Gedanken und Erinnerungen auftauchen. Seine Monologe handeln von früher, von seiner Mutter, einem intensiven erotischen Abenteuer mit einer Frau, die unmittelbar danach einen anderen heiratete, von seiner ersten sexuellen Begegnung mit zwei blutjungen Schwestern, von seiner Frau und seiner Tochter. Er kommt dabei dem Tod immer näher. Seine Dialoge mit »Madame« werden intensiver und seine Regelverstöße nehmen zu, was Sanktionen zur Folge hat. Mysteriöse Ereignisse erschrecken ihn. Erst hört er davon, dass ein Besucher des Etablissements verstorben sei, dann erlebt er, nun zwischen zwei jungen Mädchen liegend, wie seine Lust gegenüber einer der beiden aufflammt, während gleichzeitig das Mädchen an seiner anderen Seite verstirbt. Schließlich wird er selbst zum Opfer der Narkotika und wird entsorgt wie alle anderen vor ihm. In der Schlussszene erscheint Madame, zur Madonna verwandelt, und hält den Toten auf ihrem Schoß.

3. Psychoanalytische und kulturelle Aspekte

3.1. Pegasus und Kogi

Der einsame Gang des ob seines Schicksals lebensmüden Edmond über eine nichts Lebendiges mehr verkörpernde, stählerne Brücke – damit beginnt der Film – erinnert an die Überquerung des Styx. Die Wohnung seines alten Freundes Kogi liegt scheinbar entrückt in einer anderen Welt, jedenfalls hoch über den Dächern Berlins, dem Himmel näher als den Menschen. Durch das Fenster blickt nur ein grünlich patiniertes Flügelross mit erhobenen Schwingen: Pegasus, dieses fabelhafte Flügelross der Alten, von dem es heißt, es sei von der Medusa geboren worden, »nachdem ihr Neptun in Rossgestalt genaht war […]. Es schwang sich sofort zu der Wohnung der Götter auf und trug nun den Donner und Blitz Jupiters. […] Vom Hufschlag des Flügelrosses entstand auf dem den Musen geweihten Berge Helikon in Böotien die Hippokrene, d. i. die Rossquelle, […] und Pegasus wird daher unter die Symbole der Dichtkunst gezählt und auch Dichterross genannt« (Brockhaus 1839). Wir sind also nun in einer anderen Welt, jener der Dichter, wo Fantasie und Wirklichkeit verschwimmen. Vielleicht ist es auch ein Traum. Jedenfalls scheint es mir verfehlt, den Film als Realität zu nehmen.

Kogi verkörpert das besonnene, rationale Alter Ego des von depressivem Affekt niedergedrückten Protagonisten. Spiegelungen der beiden in den Fenstern in späteren Sequenzen des Filmes unterstreichen diese Hypothese. Und so zitiert der Besonnene denn auch – fast programmatisch – eine altchinesische Weisheit Meng Hsiäs über das Sterben:

> »Wenn Einer alt geworden ist und das Seine getan hat, steht es ihm zu, sich in der Stille mit dem Tode zu befreunden. / Nicht bedarf er der Menschen. Er kennt sie, er hat ihrer genug gesehen. Wessen er bedarf, ist Stille. / Nicht schicklich ist es, einen Solchen aufzusuchen, ihn anzureden, ihn mit Schwatzen zu quälen. / An der Pforte seiner Behausung ziemt es sich vorbeizugehen, als wäre sie Niemandes Wohnung«[2].

Im Folgenden rät Kogi dem von Zweifeln, Selbstvorwürfen und Einsamkeit gequälten Edmond zum Besuch eines sonderbaren Etablissements, in dem Sprache oder gar sexuelle Aktivitäten keine Rolle mehr spielen, es dafür aber den Besuchern, alten Männern, dem Tod näher als dem Leben, gestattet ist, sich am nackten Körper eingeschläferter Jungfrauen eine Nacht lang zu wärmen und zu erfreuen. »Weißt du«, so Kogi, »wir sind beide in einem Alter, wo es sich ziemt, sich mit dem Tod oder dem Weggehen […] zu beschäftigen. Oder ist das zu früh für dich?« Krähen, Künder des Todes, ziehen krächzend über den düsteren, von Wolken verhangenen Abendhimmel, wie noch so oft in diesem Film. Aus der Vogelperspektive immer wieder der Blick auf die nächtlichen Straßen Berlins, wo ein Auto dem anderen folgt. Alles aus großer Distanz und ohne Kontakt zu den Menschen dieser pulsierenden Stadt. All das sind Metaphern für Edmonds Todessehnsucht. Die andere Seite Edmonds, jene, die leben will, führt ihn im weiteren Fortgang des Filmes in Madames Maison. Wie verflochten aber alles ist, wird daran deutlich, dass Glowna seine Besuche dort mit den Stationen des Kreuzweges Jesu gleichsetzt (Glowna 2006, S. 212). Unter psychologischen Aspekten ist das für mich nicht stimmig und unter psychoanalytischen eine – woher auch immer kommende – Größenfantasie.

2 Diese Worte des chinesischen Meisters finden sich auch im Weihnachtsbrief 1949 Herrmann Hesses an Karlheinz Stockhausen. Darunter ist geschrieben: »Dies steht auf einem Papier an meiner Haustür in Montagnola.«

3.2. Die schlafenden Schönen

Das, was wir sehen und erleben, regt unsere Fantasie an. Bilder und Assoziationen tauchen auf, erst recht im Halbdunkel jenes geheimnisvollen, nur von rotem Licht spärlich beleuchteten Raumes, in dem die schlafenden Schönen ruhen. Edmond versucht in der ersten Nacht, die Schlafende wachzurütteln, mit ihr ins Gespräch zu kommen, aber es gelingt nicht. Gleichsam eingebettet in diesen seltsamen Kokon, setzt er sein exploratives Verhalten auf andere Weise, mit all seinen Sinnen, fort, vermeint einen Geruch von Milch wahrzunehmen und muss an seine Mutter denken. Damit hat, ohne dass er es intendiert hätte, ein merkwürdiger *innerer* Prozess seinen Anfang genommen. Mit Recht fragt Birgit Griesecke, Dozentin für Japanologie, Philosophie und Kulturwissenschaften in Berlin, in ihrer Publikation *Versäumtes Lieben, forschendes Liegen: Notizen zu Kawabatas ›Die schlafenden Schönen‹* (2006, S. 217ff.), was Eguchi im Roman bzw. im Film sein Pendant Edmond [d. Verf.], veranlasst haben könnte, dieses Etablissement immer wieder aufzusuchen, da es doch keinerlei Befriedigung triebhafter oder kommunikativer Bedürfnisse ermöglicht.

Ihre bemerkenswerte Antwort lautet, dass er unversehens in eine Selbstversuchsreihe geraten sei, die ihm zu verheißen schiene, *sich selbst* erkennen zu können. Hat er Frauen je erkannt? Was weiß er über sie, die erste unter ihnen, seine Mutter, seine Liebschaften, seine Frau, seine Tochter und seine Beziehungen zu ihnen? Es wird deutlich, dass die jungen Frauen, neben denen er ruht, kaum mehr in der Rolle von Objekten seiner erotischen Absichten und taktilen Erkundungen aufgehen, sondern ihm auf für ihn unvorhersehbare Weise Anstoß geben, über etwas nachzudenken, was ihm lange aus dem Sinn war oder ihm ohne ihre durch den Tiefschlaf befremdlich gebrochene Nähe nie in den Sinn gekommen wäre.

Mit Rückgriff auf den renommierten Experimentaltheoretiker Hans-Jörg Rheinberger sieht Griesecke in dem Etablissement eine Experimentalanordnung, in die der Protagonist unversehens involviert wird und in welcher er dennoch abseits bleibt. Rheinberger (2001, S. 18) spricht in diesem Zusammenhang von »Extimität« bzw. »intimer Exteriorität«, benutzt also Begriffe von Jacques Lacan. Dieser schreibt dazu:

»Je mehr ein Wissenschaftler lernt, mit seiner Experimentalanordnung umzugehen, desto stärker spielt sie ihre eigenen inhärenten Möglichkeiten aus. In einem gewissen Sinn macht sie sich von den Wünschen des Forschers unabhängig« (Lacan 1975, S. 239). Was Lacan so für die Humanwissenschaften formuliert hat, gilt auch hier. In der von ihm angedeuteten Möglichkeit der Transformation von »epistemischen Dingen«, also Erkenntnisgegenständen, in »technische Dinge«, also die spezifischen Objekte der Versuchsanordnung, liegt die entscheidende, immanent vorwärtstreibende Kraft von Experimentalsystemen. Konkret: Jene Objekte, die primär als Lust- und/oder Lebensspenderinnen aufgesucht werden, die schlafenden Schönen also, wandeln sich in der Begegnung mit ihnen immer wieder zu Katalysatoren in einem nicht intendierten, aber unversehens in Gang gekommenen selbstreflexiven Prozess. Edmond wird so an der Schwelle zu Alter und Sterben noch einmal die ganze Spanne der Intimität zum Thema und zum prekären Forschungsgebiet, wobei ihn die Extimität der Experimentalanordnung einholt. Er ist ausgeschlossen aus der Intimität mit den schlafenden Schönen, ja aus dem ganzen bizarren System, welches er vorfindet, nicht durchschaut, dem er sich aber gleichwohl unterwirft. Erkenntnisdrang, oder mit Lichtenbergs Begrifflichkeit ausgedrückt, sein aktiviertes exploratives motivationales System, zwingt ihn geradezu, sich weiter zu involvieren, vielleicht gerade weil ihn seine Erfahrung die Grenzen des Erzwingbaren bereits gelehrt hat. Er, der Wachende, das Subjekt des Handelns, ist, wie man in Lacans und Rheinbergers Begriffen weiter beschreiben könnte, mit den durch die Narkotisierung quasi als Objekte ausgelieferten Frauen auf eine für ihn sehr spürbare Weise »versäumt«. Hier wird eine Dimension sichtbar, in welcher sich der Experimentator selbst mit aufs Spiel setzt. Die prekäre »Verzahnung« von Experimentator, »epistemischen Dingen« und »technischen Dingen« spielt die zentrale Rolle. Eine solche Sichtweise des Ganzen ergibt sich fast zwingend, wenn man experimentelle Settings im Sinne Rheinbergers versteht. Für ihn sind derartige, durch Unbestimmtheit gekennzeichnete Systeme für die erfolgreiche empirische Forschung des 20. Jahrhunderts typisch. In seinem Buch *Experimentalsysteme und epistemische Dinge* (2001) hat er dies am Beispiel des Labors des Nobelpreisträgers Zamecnik aufgezeigt, der ursprünglich im Rahmen eines Krebsforschungsprogramms die

Wachstumsprozesse maligner Zellen der Rattenleber erkunden wollte, aber schließlich bei der Entdeckung der Proteinsynthese landete.

Nach diesen Erläuterungen kann man das im Film aufgezeigte Experimentalsystem folgendermaßen skizzieren: Das Bett im Haus der schlafenden Schönen lässt sich als Rosettenstein des Experimentalsystems verstehen, Edmond als Experimentator und die sechs Nächte mit verschiedenen Frauen als die Versuchsserie. Die Frage nach der Verteilung der »epistemischen« und »technischen Dinge« in diesem System ist nicht leicht zu beantworten, da es immer wieder zu der bereits beschriebenen Transformation kommt. Zunächst scheint Edmond Frauenkörper unter den besonderen Bedingungen vollkommener Verfügbarkeit erforschen zu wollen, bald aber sind es die Qualitäten seines eigenen Begehrens, letztlich er selbst, sein Inneres, das sich in dieser befremdlichen Experimentalanordnung offenbart.

Mit jeder weiteren Nacht in Madames Etablissement wird deutlicher, dass Edmond, einerlei, ob die Frauen »erfahren« oder »noch in der Ausbildung« sind, dieser wechselnden Partnerinnen im Liegen bedarf, um seine Gedanken, Gefühle und Erinnerungen auf für ihn unkalkulierbare Weise zum Ablauf zu bringen. Allmählich wird Edmond dabei gewahr, dass eine jede durch ihr individuelles Gebaren im Schlaf nicht weniger als durch ihr Aussehen ihn auf die unterschiedlichsten Gefühls- und Gedankenspuren zu bringen vermag: Zärtlichkeit, Lust, väterliche Fürsorge oder Gewaltfantasien. Nicht herrscht hier allein, wie es anfangs aussieht, die narkotisierte Verfügbarkeit, sondern es sind die narkotisierten Frauen, die mehr und mehr über ihn verfügen. Sie spielen gleichsam selbst im tiefsten Schlaf ihre eigenen Möglichkeiten aus und gehen mit ihm, dem »Selbst-Experimentator«, ein Verhältnis »intimer Exteriorität« bzw. »Extimität« ein, d. h., hier passieren Dinge auf selbstläufige, schlafwandlerische Weise, die auch er, der Wache, nicht länger in der Hand hat. Genau dies scheint Edmond (letzt)endlich erfahren zu wollen: Aufschlüsse über Verschüttetes, nicht Geklärtes, nicht Eingestandenes – ein selbstexperimenteller, durchaus psychoanalytisch anmutender Prozess. Gleichzeitig beunruhigt ihn sein »Ausschluss«. Sosehr ihm diese besondere, künstlich-käufliche Situation seiner Seelenerkundung ein offenbar nicht länger aufzuschiebendes Anliegen ist, sosehr quält sie ihn als eine unkontrollierbare Seelenarbeit, die seine Sehnsucht nach Schlaf und Vergessen ebenso wie seine Fantasie nach erlösender Vereinigung im Tod befördert.

Immer wieder überlegt Edmond, ob er nicht versuchen sollte, von der Frau des Hauses dasselbe Mittel zu bekommen wie die Mädchen: »Schlafen wie ein Toter.« Immer stärker spürt er die Verführung, neben einer todähnlich Schlafenden in Todesschlaf zu fallen. An einem Morgen wendet er sich mit folgenden Worten an Madame: »Haben Sie mich heute Nacht nicht rufen gehört? Ich hätte gern das gleiche Mittel gehabt, was die Mädchen bekommen. Ich möchte es einmal ausprobieren, schlafen wie sie.« »Das ist nicht erlaubt. Das habe ich ihnen schon gesagt. Vor allem, weil es gefährlich ist für alte Leute.« »Wenn ich nie wieder erwachte, ich würde es nicht einmal bedauern.« »Jetzt sind Sie erst das dritte Mal hier gewesen, und schon fangen Sie an, solche launenhafte Reden zu führen.« Er: »Und wo wäre die Grenzen dessen, was Sie an Launenhaftigkeit in diesem Haus zuließen?« »Alter Lüstling! Was denken Sie?« Die Frau betrachtet Edmond mit einem abschätzigen Blick.

Die Grenzen sind noch nicht ausgelotet. Und Edmond kann von der Erkundung von Grenzen nicht lassen; denn das *Haus der schlafenden Schönen,* dieses raffinierte Experimentalsystem, verspricht Antworten auf Fragen, die er bis dahin noch nicht zu stellen in der Lage war. Also sucht er das Etablissement wieder und wieder auf. Am Ende überschreitet er die letzte Grenze und besiegelt sein Leben mit dem Tod. Auf die christliche Ikonografie, die Glowna in diesem Zusammenhang ins Spiel bringt, gehe ich an anderer Stelle ein. Der Originalroman freilich endet nicht mit dem Tod des Protagonisten. Aber auch dort findet sich ein seltsamer Bruch, den Griesecke folgendermaßen beschreibt:

> »Ist das Experimentalsystem, in dem sich Eguchi selbst, als Erkunder seines gelebten Lebens und möglichen Sterbens, aufs Spiel hat setzen wollen, wirklich nur halb zusammengebrochen? Wir erfahren es nicht mehr. Der ›Dornröschenschlaf‹ – der Originaltitel des Buches ›Nemureru bijo‹ erinnert an ›Nemureru mori no bijo‹, das ›japanische‹ Dornröschen – nimmt kein gutes, sondern ein jähes Ende. Das unterscheidet eine riskante Versuchsreihe von einem Grimm'schen Märchen und Kawabatas Roman über einen, den im Lieben und Liegen das Denken, das Wissen-Wollen einholt, von all jenen Altmännerfantasien, in denen es einer bloß noch einmal wissen will« (Griesecke 2006, S. 228).

3.3. Die Frauen

Von der seltsamen Faszination, die von den schlafenden Schönen ausgeht, ergriffen, und von Edmonds und Madames grenzenloser Beziehungslosigkeit und morbider Todesnähe abgestoßen, muss man, Odysseus gleich, sich an den Mast psychoanalytischer Theoriebildung sicher binden, um nicht für das Eigentliche blind zu sein. Dreh- und Angelpunkt in diesem Film sind nämlich *nicht* die Titel gebenden schlafenden Schönen, sondern *alle* Frauen dieser Verfilmung. Analysiert man deren Eigenschaften, wird schnell deutlich, dass wir es mit Zuschreibungen zu tun haben, die Edmond direkt vornimmt (Projektionen) oder auf welche man aus seinem Verhalten indirekt rückschließen kann.

Die eingangs erwähnte Gegenübertragung ist Ausdruck panischer Fluchtgedanken vor Thanatos, die den Zuschauer, Edmond gleich, zu den schlafenden Schönen treiben, verkörpern sie doch noch am ehesten Freuds Eros und damit das Leben. Auf die innige Verbindung zwischen Thanatos und Eros werde ich noch eingehen.

Die erste Frau, die Erwähnung findet, ist Edmonds Ehefrau, der dieser vorwirft, ihn durch einen als schweren Unfall getarnten Selbstmord im Stich gelassen zu haben und ihn auf diese Weise auch noch seiner über alles geliebten Tochter beraubt zu haben. Dann erinnert sich Kogi, das Alter Ego des Protagonisten, an eine Begegnung mit Edmonds Tochter. Er will sie streicheln, aber sie beißt ihn. Kommen wir nun zu Madame: Sie lässt sich auf keinen echten Dialog mit Edmond ein, lüpft einmal verführerisch den Rock, um sich aber ebenso schnell wieder abzuwenden. Sie gibt den Ton an und bestimmt die Regeln. Sie ist es, die junge Mädchen in unverantwortlicher Weise, deren Tod als Kollateralschaden hinnehmend, narkotisiert und alten Männern schutzlos ausliefert. Eine Frau, mit der Edmond eine orgastische Nacht verbringt, verlässt ihn nach diesem höchst befriedigenden erotischen Abenteuer, um einen anderen zu heiraten. Seine ersten sexuellen Erlebnisse hat er ganz unerwartet mit zwei Schwestern, beide blutjung, die ungezügelt über ihn herfallen. Und Edmonds Mutter? Sie schreckt nicht davor zurück, ihrem Sohn die Haare vom Kopf zu essen, um selbst zu überleben. Wie mir scheint, ist dies eine Metapher für die Benutzung ihres Sohnes. Ihre Grenzenlosigkeit wird noch an einer weiteren Stelle deutlich: Gemeinsam mit ihrem heranwachsenden Sohn präsentiert sie sich nackt vor dem Spiegel und als dieser sie später auf ihre Brust küsst, errichtet sie keine klare Grenze, sondern äußert eher kokett, dass er doch nicht ihr Mann sei. Kogis Haushälterin lässt ihn vor der Tür stehen und ist ebenfalls alles andere als freundlich. Und die Frau seines Chauffeurs rät diesem gar, ihn, Edmond, zu ermorden und auszurauben. Über die Narkotisierten macht sich Edmond unterschiedliche Gedanken. Einmal sind es für ihn junge Mädchen, die doch nichts als billige Nutten sind und dann wiederum solche, die einen alten Mann wie ihn im Wachzustand ohnehin keines Blickes würdigen würden. Frauen werden also als dominant, herrisch, unberechenbar, kalt, egoistisch, triebhaft, selbstsüchtig und rücksichtslos bis verbrecherisch geschildert. Wesen also, die Edmond allenfalls in seiner Nähe dulden kann, wenn sie Untergebene sind, wie das bei seiner Sekretärin der Fall ist. Das ist ihre eine Seite. Auf der anderen Seite erhofft Edmond von Frauen Befreiung aus seiner Einsamkeit (»Warum hast du mich verlassen?«), Rettung in höchster Not, wie als Kind, als die Mutter den hoch Fiebernden emotional so tief berührte, dass er überlebte, unbeschwerte und uneingeschränkte Zuneigung wie einst durch seine Tochter und Wärme, wie sie ihm die schlafenden Schönen bieten. Und er stilisiert sie zu Madonnen, was sich im Sinne christlicher Ikonografie zum Pietà-Schlussbild des Films verdichtet. Edmonds Frauenbild ist also extrem gespalten: Auf der einen Seite ist die Frau für ihn die zur Madonna idealisierte Mutter und auf der anderen Seite die zu allem fähige, selbstsüchtige Hure (vgl. Freud 1912, S. 79). Edmond, abhängig von und angewiesen auf ein mütterliches Selbstobjekt, hat solche Angst vor Frauen, dass er sich ihnen nur dann nähern kann, wenn sie ihm nicht gefährlich werden können: als untergebene Sekretärin, als bezahlte Bordellwirtin oder als unschädlich gemachtes schlafendes Mädchen, wobei im letzteren Fall eine doppelte Abwehr notwendig ist, da die große Intimität mit diesen attraktiven, nackten jungen Frauen große Angst auslöst. Doppelte Abwehr in dem Sinne, dass er nicht Kontakt mit ebenbürtigen Partnerinnen wählt, sondern heranwachsende junge Frauen aufsucht, die er dann in seinen Monologen auch noch zu Kindern oder Nutten degradiert, womit er sich über sie zu stellen intendiert, wobei er auch dann sich ihnen nur im narkotisiertem Zustand, also unschädlich gemacht, zu nähern wagt. Dahinter wird immer wieder seine Sehnsucht nach dem Paradiesisch-

Mütterlichen spürbar, auch als er einem der Mädchen im Wachzustand nachjagt oder fasziniert Courbets Bild *L'Origine du monde*[3] betrachtet. Seine Fantasie, eines der Mädchen im Schlaf zu erwürgen oder sie mit in den eigenen Tod zu reißen, ist Ausdruck seiner grenzenlosen Wut auf diese Wesen, die ihm in seinem Leben nicht das gegeben haben, was er sich von ihnen wünschte. Letztlich gilt diese mörderische Aggression seiner Mutter, im Film durch »Madame« verkörpert, die ihm als Kind nicht das zukommen ließ oder vielleicht auch kriegsbedingt nicht geben konnte, dessen er so dringend bedurfte hätte …

3.4. Edmond

Edmond, der es auf der wirtschaftlichen Erfolgsschiene des Lebens bis zum Unternehmer gebracht hat, ist nach dem Unfalltod von Frau und Tochter unfähig, Trauerarbeit zu leisten und zutiefst depressiv, sodass er sich dem Leben nicht mehr zuwenden kann. So ambivalent, wie er einst – so muss man vermuten – an seine Mutter gebunden war, so ambivalent war auch das Verhältnis zu seiner Frau, mit Streit und Trennungswünschen auf der einen Seite, aber immer wieder symbiotischen Wünschen auf der anderen Seite, was er in Abwehr seiner eigenen Bedürftigkeit auf seine Frau projizierte. Als diese verunfallt, erfüllen sich in seiner vor- oder unbewussten Sicht der Dinge seine Mordfantasien seiner Frau gegenüber. Oder wollte sie, so wähnt er, gar selbst den eigenen Tod? Eine ent- und zugleich belastende Fantasie, denn in jedem Fall wäre die unbefriedigende, von Ambivalenz geprägte Partnerbeziehung, an der er seinen Anteil hat, der Grund. Der Zweifel, wer der Mörder ist, nagt in ihm. Seine depressive Verfassung und seine suizidalen Gedanken sind eine Art Selbstbestrafung für seine aggressiven Fantasien, die er so gegen sich

3 Im 19. Jahrhundert schockierte Courbet mit seinem Bild *L'Origine du monde* (1866) die Bourgeoisie. Und selbst der Auftraggeber des Bildes, Khalil Bey – damals Botschafter des Osmanischen Reichs in Frankreich –, verbarg diese großformatige Frontalansicht einer Vulva ständig hinter einem Vorhang. Mehrfach wechselte das Bild den Besitzer und landete schließlich in den 50er Jahren des 20. Jahrhunderts, gut versteckt in einem Rahmen mit doppeltem Boden, bei dem berühmten französischen Psychoanalytiker Jacques Lacan. Mittlerweile ist das Bild im Musée d'Orsay in Paris ausgestellt.

wendet. Er wird das ambivalent besetzte – letztlich mütterliche – Introjekt nicht los. Die Fantasie, in der Nähe von gerade zum Leben erblühenden Frauen zum Leben zurückfinden zu können, ist für Männer nicht ganz ungewöhnlich, wenn auch viel zu konkretistisch und unrealistisch, als dass sie je von Erfolg gekrönt sein könnte. Und das erst recht in einer Situation, in der diese armen Wesen, um sie ganz unschädlich zu machen, narkotisiert sein müssen. Damit lädt Edmond, zumindest unbewusst, neue Schuld auf sich. Erst recht, da jede dieser jungen Frauen seine Tochter sein könnte. Ähnlich wie seine Mutter ihn als Knaben benutzte, um zu überleben, benutzt er nun diese Menschenkinder bei Madame, um zum Leben zurückzufinden. Aber das Gegenteil ist der Fall. Mit jedem neuen, um seinetwillen narkotisierten jungen Mädchen wächst sein Schuldkonto. Zuletzt liegt er zwischen zwei Mädchen, deren eine seine Libido weckt, während die andere, Thanatos verkörpernd, gleichzeitig stirbt. Seine schuldhafte Verstrickung ist nun nicht mehr zu verdrängen, seine Abwehr bricht zusammen und er sucht den Tod – im Film vermittels seines Alter Egos Kogi, das Madame veranlasst, ihn zu vergiften.

Der Film bedient sich hier der christlichen Ikonografie von Christus, der die Schuld der Menschen auf sich lädt und sich ans Kreuz schlagen lässt. Nach Vinnai (1999, S. 57) kann man die Kreuzigung als eine symbolische Kastration interpretieren, die von einem göttlichen Vater auferlegt worden ist. Durch sie wird gleichzeitig auch jedem künftigen Inzestwunsch durch eine engere Bindung an den Vater begegnet (ebd., S. 98). Der Opfertod führt Christus zunächst in die Arme der frühen Mutter, wie das im Bild der Pietà zum Ausdruck kommt. Edmonds Ende wird in der nämlichen Weise dargestellt. Durch die im Suizid zum Ausdruck kommende Selbstkastration reinigt er sich einerseits von der ödipalen Schuld seines inzestuösen Begehrens im Glauben, so mit der Mutter für immer verschmelzen zu können und andererseits von der Schuld seiner aggressiven Fantasien gegenüber einer mitunter als verschlingend erlebten frühen Mutter.

Wo aber ist sein Vater? In dem ganzen Film wird er nicht sichtbar. Von ihm wird nur gesagt, dass er im Krieg war und dort sein Opfer fürs Vaterland brachte. Als triangulierendes Objekt aber hat er aufgrund seiner Abwesenheit versagt und so das präödipale Drama Edmonds mit heraufbeschworen. Im Traum irrt Edmond blind durch die Nacht und erscheint so wie einst Ödipus als Geblendeter. Hier blitzt eine archaische Dimension menschlichen Seins auf. Archaische Elemente tauchen im Film noch an anderer Stelle auf. Darauf soll später noch näher eingegangen werden.

3.5. Einsamkeit des Todes

Madame sinniert, als ihr Gast das Etablissement verlassen hat: »Das ist kein Mann, der in Frieden mit sich lebt, eher ein Geschlagener – oder fürchtet er sich vielleicht vor dem nahen Tod […]?« Edmond selbst äußert an anderer Stelle Selbstmordgedanken, auch solche an einen erweiterten Suizid mit einem der Mädchen, und endet, an Madame gewandt, mit den Worten: »Und wenn die Einsamkeit so groß wäre, dass sogar ein Selbstmord nicht ausreichen würde, sie zu vertreiben?« Man kann mit Recht davon ausgehen, dass sich Edmond als dem Tode nahe erlebt und die damit verbundene Einsamkeit fürchtet – eine Angst, die so alt ist wie unser Menschengeschlecht. Psychoanalytisch betrachtet, aktivieren Einsamkeitsgefühle und Angst vor dem Tod in massiver Weise das Bindungssystem. Dies treibt – unter dem Aspekt der Bindungstheorie gesehen – Edmond immer wieder zu den schlafenden Schönen.

Menschen haben viele verschiedene Versuche unternommen, die Isolation des Sterbens zu lindern. Selbstmordpakte wurden geschlossen, Monarchen befahlen in vielen Kulturen, dass man ihnen lebendige Sklaven mit ins Grab geben sollte. Der erste chinesische Kaiser, Qin Shihuang, u. a. bekannt ob seiner Todesangst und seiner Terrakotta-Armee, ließ alle seine Konkubinen, die ihm (noch) keine Kinder geboren hatten, lebendig in sein Mausoleum einmauern, in Indien verlangte die Praxis des Sati, dass sich die Witwe auf dem Scheiterhaufen ihres Mannes opferte. Man denke auch an die Vorstellung von Auferstehung und himmlischer Vereinigung mit allen anderen Gläubigen in vielen Religionen. Als letztes Beispiel sei noch eines aus der chinesischen Bauernkultur genannt. Dort war es üblich, dass Eltern mit einem ledig gestorbenen Sohn vom Totengräber eine tote, noch nicht verweste Frau erstanden, um dann beide, sie und den Sohn, gemeinsam als Paar zu begraben (Yardley 2006).

3.6. Eros und Thanatos

In diesem Kapitel will ich zwei Aspekte von Eros und Thanatos behandeln. Während der Erstere ganz psychoanalytischer Natur ist, umfasst der zweite auch kulturelle Anteile. Der erste betrifft eine Abwehrstrategie Edmonds gegenüber dem Tod. Das Aufsuchen des merkwürdigen Bordells und seine erotischen Fantasien vermögen, zumindest vorübergehend, den Tod von der Bühne seiner Gedankenwelt zu vertreiben. Yalom pointiert dies in seinem Buch über den Umgang mit Todesangst folgendermaßen: »Sex, die vitale Kraft des Lebens, hebt [...] Gedanken an den Tod auf«[4] (Yalom 2008, S. 203).

Zum zweiten Aspekt folgendes: Die Bipolarität von Leben und Tod verdichtet Freud zu Eros und Thanatos. Diese Bipolarität ist der archaische Hintergrund des Films. In der Diktion Glownas: »Erotik und Sterben liegen dicht beieinander, den Orgasmus nennt man ja auch ›den kleinen Tod‹« (Glowna 2006, S. 211). Thanatos ist benannt nach dem griechischen Gott des Todes, übrigens einem Zwillingsbruder von Hypnos, dem Gott des Schlafes. Den Gegenspieler von Thanatos, welchen Freud mit dem Todestrieb gleichsetzt, verkörpert für ihn Eros, der Lebenstrieb. In der griechischen Mythologie gibt es eine Geschichte, in der beide Seiten – ähnlich wie im Film die beiden Seiten bei Edmond – miteinander kämpfen. Es ist der Demeter-Mythos: Demeter war im

4 Ein zeitgenössisches Beispiel ist der Künstler Jörg Immendorff, bei dem 52-jährig 1997 Symptome einer amyotrophen Lateralsklerose festgestellt wurden. Es handelt sich dabei um eine langsam progrediente, bis heute nicht heilbare Erkrankung, die bei vollem Bewusstsein zu kompletter Lähmung der gesamten Körpermuskulatur führt. Im Jahre 2000 heiratete er in zweiter Ehe die 30 Jahre jüngere bulgarische Künstlerin Oda Jaune. Ab 2001 »feierte« er laut Pressemitteilungen wiederholt »Sex- und Drogenorgien (Kokain)« im Düsseldorfer Nobelhotel »Steigenberger«. Als er im Jahr 2003 mit neun Prostituierten zusammen war, flog das Ganze bei einer Polizeirazzia auf und es kam nachfolgend zur Verurteilung des Künstlers. Verzweifelte alternative Heilungsversuche, die ihn bis nach China führten, schlugen (erwartungsgemäß) fehl. 2005 erfolgte wegen Schwäche der Atemmuskulatur ein Luftröhrenschnitt zur maschinellen Beatmung. 2007 war die Lähmung so weit vorangeschritten, dass er – bei bewusstem Verzicht auf lebenserhaltende Maßnahmen – verstarb. An der Charité in Berlin hat er eine »ALS-Intitiative« mit einem »Stipendium zur Erforschung von Ursache und Therapie der ALS« auf den Weg gebracht.

griechisch-kleinasiatischen Raum eine dreifache Muttergottheit[5] und Symbol von Generativität und Fruchtbarkeit. Hades, Gott der Unterwelt und eng mit dem Tod assoziiert, war eines Tages auf der Suche nach einer Partnerin. Seine Wahl fiel auf Demeters Tochter Persephone. Er entführte sie gegen ihren Willen, aber mit Duldung des Göttervaters Zeus, in sein Reich. Demeter, die nicht wusste, was geschehen war, suchte ihre Tochter in großer Verzweiflung überall, konnte sie aber nirgends finden. Sie war so traurig, dass sie den Pflanzen verbot zu wachsen, den Bäumen, Früchte zu tragen und den Tieren, sich zu vermehren. Als schließlich auch die Menschen zu sterben begannen, wurde Hades von den Göttern des Olymps gezwungen, Persephone zu ihrer Mutter zu lassen. Demeter ließ aus Freude und Dankbarkeit über die Rückkehr ihrer Tochter die Erde wieder fruchtbar werden. Sechs Monate jedes Jahres darf Persephone mit ihrer Mutter auf der Erde verbringen. Die andere Hälfte des Jahres aber darf sie zurück in die Unterwelt zu Hades, ihrem Gemahl. In den jüngeren Versionen der Geschichte wurde Persephone nicht mehr als Todesgöttin, sondern als schöne Jungfrau dargestellt. In dem Demeter-Mythos begegnen uns des Lebens Gegenspieler als Jungfrau und Mann, in der Renaissance taucht das Motiv wieder auf, etwa im Bild *Der Tod und das Mädchen* (1517) des Malers Hans Baldung Grien, dann in den Totentanzabbildungen der Pestzeit. Auch in der folgenden Zeit wird es immer wieder aufgegriffen, insbesondere im 19. Jahrhundert. 1824 komponierte Franz Schubert sein Streichquartett Nr. 14 d-Moll *Der Tod und das Mädchen* nach einem gleichnamigen Gedicht von Matthias Claudius. Bis heute ist dieser Stoff Thema aller Kunstrichtungen. Die zeitüberdauernde Beschäftigung damit zeugt von der zentralen Bedeutung. Die Mädchen sind dabei oftmals Opfer der Projektionen einer patriarchalen Welt, während dem Mann die machtvolle Rolle des Gevatter Hein zugeschrieben wird. Es gibt zahlreiche Variationen des Themas. Ich denke dabei an Heinrich Heines *Lied von der Loreley* (1824), in welchem eine schöne Jungfrau auf dem nach ihr benannten Felsen hoch über dem Rhein zur Todbringerin für einen vorbeifahrenden Schiffer wird oder auch an Almodóvars Film *Sprich mit ihr* (2002), in dem ein Krankenpfleger sich

5 »Dreifache Muttergottheit« meint, dass sie sich in verschiedener Gestalt manifestieren kann: als Jungfrau, Mutter oder alte Frau.

in eine ins Wachkoma gefallene, todgeweihte junge Frau, die er auf der Intensivstation betreut, verliebt und schwängert und sie so ins Leben zurückholt. Infolge der Vergewaltigung angeklagt, suizidiert er sich. In diesem Film findet sich noch eine weitere Variante des Themas in Form eines Schwarz-Weiß-Stummfilmes verschachtelt, den der Krankpfleger sich im Kino angesehen hat und von dem er seiner Geliebten erzählt. Der Titel dieses Streifens: *Der geschrumpfte Liebhaber*. Der geschrumpfte Protagonist sucht zielstrebig den Weg in die Vagina seiner Geliebten, wo er auf Nimmerwiedersehen verschwindet. Das verbildlicht Freuds These, nach der sich der Mann – zumindest der ödipal fixierte – in den Mutterleib zurückwünscht, wo er für immer mit seiner Mutter vereint ist. Rank geht noch einen Schritt weiter, wenn er behauptet, dass *jeder* Mensch bei seiner Geburt das größte Trauma überhaupt erleide und in Folge ein Leben lang versuche, dies auf jedmögliche Art zu überwinden, stets mit der unbewussten Sehnsucht, in den Mutterleib zurückzukehren (Rank 1924). Genau diese Art von Sehnsucht, letztlich Sehnsucht nach dem Paradies – oder anders ausgedrückt: nach Verschmelzung mit dem Mütterlichen, aus Gründen intrapsychischer Abwehr vermittelt über das unverfänglichere Bindeglied der Jungfrauen – ist, wie ausgeführt, Thema in Glownas Film, wobei die mit dieser Thematik verbundene Schuld im Film zur tödlichen Wendung gegen den Protagonisten führt. Bei Ödipus war es »nur« Blendung …

3.7. Selene und Endymion

Kawabatas schlafende Schöne haben ein uraltes Pendant in der griechischen Mythologie. Wenn die Dinge dort auch anders liegen, haben beide Geschichten doch ein gemeinsames Grundmuster: Eros und Unsterblichkeit spielen ebenso eine Rolle wie Schlaf und Traum. Es ist die Geschichte von Selene und Endymion:

> »Selene, d.i. die Glänzende, war die Göttin des Mondes […], Schwester des Helios und der Eos […]. Dargestellt findet sich Selene […] ganz bekleidet, mit einem über dem Haupte sich bogenförmig wölbenden Schleier, den Halbmond über dem Haupt. […] Obgleich sie [im Grunde] eine jungfräu-

> liche keusche Göttin ist, lässt das Märchen sie doch mit Zeus die Pandeia [sowie mit anderen Göttern weitere Kinder] erzeugen. [...] Am berühmtesten [...] ist ihre Liebe zu Endymion, [einem Sterblichen,] welcher in Elis [in Kleinasien] einheimisch gewesen und [...] nach Karien zu dem Berge Latmos ausgewandert sein soll. [...] Mit der Göttin Selene zeugte er fünfzig Töchter, erzählten die Elier, und hatten dieses erdichtet, indem sie die fünfzig Monate, welche zwischen der Wiederkehr der Olympischen Spiele (welche abwechselnd nach 50 und dann nach 49 Monaten wiederkehrten) verliefen, Töchter der Selene nannten« (Schwenck 1855, S. 192f.).
>
> Jede Nacht, so der Mythos, »wenn der große Kreis voll ist, dann erscheint Selene, nachdem sie ihren schönen Leib in den Fluten des Okeanos gebadet und strahlende Gewänder angelegt hat, schirrt die starknackigen, schimmernden Rosse an und treibt das Gespann vorwärts, ein Wunder und ein Zeichen den Sterblichen. So singt der Dichter im Homerischen Hymnos. [...] [Endymion] jagte beim nächtlichen Schein des Mondes in den Wäldern, bis er ermüdet entschlummerte. Schlummernd erblickte ihn einst Selene, als sie, mit ihrer Fackel die Nacht erleuchtend, am Himmel wandelte. Alles war einsam und still; sie hielt die Rosse vor ihrem Wagen an und senkte sich langsam aus der Höhe bis zu der Lippe des Schlummerers nieder, die sie zum ersten Mal mit heißer Liebe küsste. [...] [Fortan] senkte sich nun [...] der Schlummer auf Endymions Augenlider, der schlafend des Glücks genoss, das Göttern und Menschen noch nie zu teil ward« (Moritz 1861, S. 45f.).

Allnächtlich sucht seitdem Selene den schlafenden Geliebten auf, verweilt bei ihm und küsst ihn inniglich. Über seinen steten Schlummer schwankt die Sage in der Angabe des Grundes, »die Einen dichteten [...], Zeus habe ihm eine Bitte zugestanden, da habe er Unsterblichkeit, ewige Jugend und ewigen Schlaf erbeten, und wieder Andere, Selene versenkte ihn in Schlaf, um ihn insgeheim [und auf ewig nächtens] küssen zu können« (Schwenck 1855, S. 192f.).

Die Darstellung der Göttin bei ihrem Besuch des schlafenden Jünglings ist seit der Antike auf Sarkophagen üblich, verkörpert der Mythos doch allegorisch eine über den Tod hinausreichende, ewig liebende Verbindung. Selene – oder anders ausgedrückt: der Mond – ist seit Menschengedenken nicht nur eng mit dem Tod, sondern auch mit der Liebe und dem Traum verbunden. So dichtet Arnold Schloenbach (1817–1866): »Holdes Mondlicht! Mildes Leuchten! Wunderbares Zauberbild! Sag, was ist das für ein Zauber, der aus deinen Strahlen quillt? Deute mir das bange

Sehnen, das dein Bild in uns erschließt, jenes weiche, trunkne Träumen, Das dein Glanz in uns ergießt!« Ende des 15. Jahrhunderts wurde der Selene-Endymion-Mythos zum beliebten Motiv in der bildenden Kunst (z. B. Gerard de Lairesse 1678 oder Moritz von Schwind 1831) und bis heute inspiriert er Schriftsteller und Dichter (z. B. Oscar Wilde 1881 oder Dan Simmons 1995).

Unter psychoanalytischem Aspekt weist der Mythos alle Zeichen einer frühen Mutter-Kind-Symbiose auf: Die bergende Höhle, in der Endymion ruht, erinnert an einen Uterus, das Küssen basiert auf dem Akt des Fütterns, auch die geschilderte jungfräuliche Liebe einer an sich in Liebesdingen bewanderten Frau weist auf die Mutter und als Göttin mag dem Kleinkind die Mutter erscheinen. So verstanden symbolisiert der Mythos – gleich welcher Deutung der Herkunft des Schlafes man zuneigt – eine maternale, ebenso wie auch filiale sehr frühe und innige Beziehung, wobei beide in geradezu symbiotischer Weise miteinander auf immer verstrickt erscheinen. Das triangulierende Objekt scheint im Mythos zu fehlen – aber ist da nicht der Todesschlaf, in den der Göttervater Zeus Endymion höchst persönlich versetzt hat? Nur im Traum sind Verweilen im oder Rückkehr ins Paradies möglich. Paradoxerweise ist es aber gerade unsere Vergänglichkeit mit dem Tod als Schlusspunkt, die uns das Bewusstsein vermittelt, lebendig zu sein. Die Verbindung zu Glownas Film ist da zu sehen, wo es um die Sehnsucht nach einer »unio aeterna« mit einer Mutterfigur geht. Diese ist, folgt man Ranks Ausführungen, genderunabhängig. Im Film ist es auch eine der schlafenden Schönen, die ihre Sehnsucht nach ihrer Mutter hervorstammelt. In nicht neurotischer Form begegnet uns dieser Wunsch als eine jedem Menschen eigene Sehnsucht nach (seiner) Heimat.

3.8. Glowna und Kawabata

Bekanntlich besteht ein – mehr oder weniger bewusster oder auch unbewusster – Zusammenhang zwischen der Wahl einer Literaturvorlage zur Verfilmung und dem Drehbuchschreiber. Im Fall von Glownas Film noch viel mehr, da er Produzent, Drehbuchschreiber – innerhalb von nur fünf Tagen hatte er die erste Fassung des Drehbuchs zu Papier gebracht –, Regisseur und Hauptdarsteller in einer Person war und ihm von der Filmkritik einhellig bescheinigt wurde, dass er in diesem Film mehr als jeder andere Schauspieler persönlich und körperlich bis an seine Grenzen gegangen sei.

Gleiches gilt natürlich auch für einen Autor. Oft genug finden sich autobiografische Spuren, die die Beschäftigung mit einem bestimmten Stoff verständlicher machen.[6] Deshalb will ich im Folgenden einige Angaben zu den beiden Personen, also Regisseur und Schriftsteller, machen: Glowna wurde 1941 in Eutin geboren. In seinen Memoiren beginnt er das Kapitel über seine Kindheit folgendermaßen: »Jeder Mensch hat irgendein Wesen, dem er sich anvertrauen kann, mit dem er spricht, das ihn sofort und vor allem richtig versteht, das ihn beruhigt, das ihm die Angst nimm, ihn tröstet, nichts von ihm will, ihm ohne Misstrauen und Hintergedanken, Zweifel und Kritik zuhört, keine Vorwürfe macht, immer Zeit hat.« Wer nun glaubt, es wäre hier von seiner Mutter die Rede, der irrt. Glowna fährt nämlich fort: »Dieses ›Wesen‹ war für mich ›Davos‹. ›Davos‹ war für mich ein Schlitten, der in unserer Küche stand« (Glowna 2006, S. 11). Nach Trennung seiner Eltern wuchs er als Schlüsselkind im kriegszerstörten Hamburg an der Reeperbahn auf. Das Familienleben war nicht fürsorglich, zumal die Mutter einen eigenen Blumenladen bewirtschaftete. Glowna riss in jugendlichem Alter mehrfach aus und blieb tagelang weg, ohne eine Nachricht zu hinterlassen. Das begonnene Abitur auf einem Theologiegymnasium am Timmendorfer Strand brach er kurzerhand ab, als dies für ihn keinen Sinn mehr ergab. Er schlug sich als Seemann, Hotelpage, Taxifahrer, Schlagzeuger und Journalist durch, bis er durch einen Statistenjob schließlich auf die Idee kam, eine Schauspielschule zu besuchen. Gustaf Gründgens engagierte ihn direkt nach der Schauspielerausbildung für das Ensemble des Hamburger Schauspielhauses.

Es war der Beginn einer Karriere als Schauspieler, Regisseur, Drehbuchautor und Produzent für Kino, TV und auf der Theaterbühne. Bereits 1980 gründete Glowna mit seiner damaligen Frau Vera Tschechowa,

6 L. Jekels weist schon 1926 darauf hin, dass wir der Psychoanalyse reiche Einsichten in die Psychologie der Tragödie verdanken würden. Die von der Ästhetik postulierte »tragische Schuld« des Helden sei gemäß S. Freuds Erkenntnissen letztlich von den verdrängten Ödipus-Wünschen des Dichters abzuleiten (Jekels 1926, S. 328).

mit der er 23 Jahre verheiratet war, die Produktionsfirma Atossa-Film. Während ihre jeweils mit in die Ehe gebrachten Kinder aufwuchsen, wohnten sie jahrelang im ererbten Vorstadthaus mit Garten in München. Später fand Vadim Glowna seine Wahlheimat in Berlin, wo er bis heute lebt (vgl. Glowna/Eichel 2006).

Gibt es einen Zusammenhang zwischen seinem Film und seiner bewegten Biografie? Lassen Sie mich dazu noch eine Anekdote im Zusammenhang mit den Dreharbeiten erzählen: Glowna hatte sich kurz zuvor bei einem Filmfestival in San Francisco eine Blase am Fuß gelaufen. Als er aufgrund der anstehenden Dreharbeiten erst nach 14 Tagen einen Arzt aufsuchte, war die Entzündung so weit vorangeschritten, dass dieser eine Fußamputation in Erwägung ziehen musste. Zum Glück kam Glowna zu guter Letzt mit der Amputation der großen Zehe davon.

Psychodynamisch betrachtet muss man annehmen, dass Glowna mit Kawabatas Romanverfilmung, in die er bis zur symbolischen Selbstkastration involviert war, unbewusst sein eigenes autobiografisch begründetes Lebensthema mangelnder bzw. ambivalent erfahrener frühkindlicher mütterlicher Zuwendung zu bearbeiten versucht hat, also »seine« Edmond-Geschichte. Die Parallele reicht über das Scheitern der Beziehung zu seiner ersten Frau bis hin zum primär fehlenden (väterlichen) triangulierenden Objekt, dem er erst in der Person eines Stiefvaters und später in Gestalt von Gustaf Gründgens begegnete. Den persönlichen Akzent, den er seiner Verfilmung gegeben hat, indem er Edmond als unschuldiges Opfer – Christus gleich – sterben lässt, kann man als Hinweis auf seine eigenen traumatischen Kindheitserfahrungen verstehen. Als Kind war er das unschuldige Opfer, wobei er (im Film) final dessen emotional existenzielle Not zu Grandiostität wandelt. Dem liegt ein psychischer Abwehrmechanismus zugrunde, der den Namen »Wendung ins Gegenteil« trägt und den intrapsychisch verankerten Mangel aushaltbarer machen soll.

Nun zum Verfasser des dem Film zugrunde liegenden Dramas: Yasunari Kawabata. Er wurde am 11. Juni 1899 in Osaka in Japan geboren. Als Kawabata drei Jahre alt war, starb sein Vater, im darauf folgenden Jahr seine Mutter. Kawabata kam zu seinen Großeltern, wobei seine Großmutter verstarb, als er acht Jahre alt war; der Großvater folgte ihr sieben Jahre später, also 1914. Noch am Abend dieses Todes schrieb Kawabata sein *Tagebuch eines Sechzehnjährigen*, das er 1925 veröffentlichte. Bereits in ihm versucht er schreibend dem Tod, der bis dahin seine Entwicklung stetig bestimmt hatte, entgegenzutreten. Sein weiterer Weg führte ihn über die Malerei letztlich wieder zurück zu seiner schriftstellerischen Tätigkeit. 1960/61 verfasste er seine Novelle *Die schlafenden Schönen*. 1968 erhielt er den Literaturnobelpreis und am 16. April 1972 suizidierte er sich in seinem Haus in Zushi durch Gas. Er hat keinen Abschiedsbrief hinterlassen.

Auch hier kann man deutliche autobiografische Bezüge erkennen. Unter psychodynamischen Gesichtspunkten erweisen sich für Kawabata alle verinnerlichten frühen »Objektbeziehungen« als nicht dauerhaft tragend, sondern sowohl als lebensspendend als auch – wenig später schon – todbringend. Die schlafenden Schönen verkörpern diese hochambivalent besetzten Objekte. Sein Roman ist sein unbewusster Versuch, sich mit ihnen auseinanderzusetzen, wobei er bereits in seiner Adoleszenz das Schreiben als eine Möglichkeit entdeckte, seine sequenziell traumatisierenden Verlusterlebnisse wenigstens ansatzweise zu verarbeiten. Seinen Suizid könnte man symbolhaft als finalen Versuch nach Reparation seines Lebenstraumas durch Verschmelzung mit den elterlichen »Objekten«, die ihn so früh »verlassen« haben, verstehen.

4. Zusammenfassung

Im Film spiegelt sich das archaische Thema von Eros und Thanatos wider, wie es als Selene-Endymion-Mythos aus der Antike bekannt ist. Unter psychoanalytischen Aspekten ist der Film folgendermaßen zu verstehen: Der Protagonist, der mit seiner Mutter präödipal und in Folge auch ödipal verstrickt war, hat diese ungelöste Thematik in seine Ehe getragen. In dieser fühlte er sich einerseits von seiner Frau im Sinne eines Selbstobjektes völlig abhängig, andererseits wurde die Beziehung aber aufgrund von Autonomiewünschen immer wieder in Frage gestellt. Ein schwerer Verkehrsunfall bringt Frau und Tochter den Tod. Den Protagonisten, der unfähig zu trauern ist, plagt fortan der Zweifel, ob es nicht doch Selbstmord war. Schuldgefühle zermartern den immer depressiver und suizidaler Werdenden. In dieser Situation, dem Tod näher als dem Leben, sucht er das Haus der schlafenden Schönen auf, um so zum Leben zurückzufinden. Aber das Gegenteil ist der Fall. Er gerät in ein Experimentalsystem mit ungewissem Ausgang. Seine Schuld wächst und seine nächtlichen Reflexionen an der Seite der Jungfrauen festigen seinen Entschluss, seinem Leben ein Ende zu setzen, um so – unbewusst – für seine Schuld zu sühnen und gleichzeitig für immer mit dem mütterlichen Objekt (im Tod) vereint zu sein. Das Ganze muss als Traum verstanden werden. Autobiografische Widerspiegelungen, sowohl den Regisseur als auch den Autor der dem Film zugrunde liegenden Novelle betreffend, sind unübersehbar.

Literatur

Bilder-Conversations-Lexikon für das deutsche Volk. In vier Bänden. Leipzig (F.A. Brockhaus), 1839.

Freud, Sigmund (1912): Über die allgemeinste Erniedrigung des Liebeslebens. GW VIII, S. 79.

García Márquez, Gabriel (2006): Erinnerung an meine traurigen Huren. *Frankfurt a. M.* (Fischer).

Glowna, Vadim & Eichel, Christine (2006): Der Geschichtenerzähler. Erinnerungen. Berlin (Ullstein).

Griesecke, Birgit (2006): Versäumtes Lieben, forschendes Liegen. Notizen zu Kawabatas »Die schlafenden Schönen«. In: Marinelli, Lyria: Die Couch. München (Prestel), S. 217–229.

Hesse, Hermann (2006): Die Gedichte 1892–1962. Frankfurt a. M. (Suhrkamp).

Jekels, Ludwig (1926): Zur Psychologie der Komödie. Imago 12, 328–335.

Kawabata, Yasunari (2005): Die schlafenden Schönen. *Frankfurt a. M.* (Suhrkamp).

Kriest, Ulrich (2006): Das Haus der schlafenden Schönen. Film-Dienst, 26.10.2006. URL: www.filmzentrale.com/rezis/hausderschlafendenschoenenuk.htm (Stand: 17.01.2009).

Lacan, Jacques (1975): Die Wissenschaft und die Wahrheit. Schriften II. Freiburg i.Br. (Walter), S. 239.

Moritz, Karl Philipp (1861): Götterlehre oder mythologische Dichtungen der Alten. Berlin (F.A. Herbig).

Rank, Otto (2007): Das Trauma der Geburt und seine Bedeutung für die Psychoanalyse. Gießen (Psychosozial-Verlag).

Rheinberger, Hans-Jörg (2001): Experimentalsysteme und epistemische Dinge. Eine Geschichte der Proteinsynthese im Reagenzglas. Göttingen (Wallenstein).

Schwenck, Konrad (1855): Mythologie der Griechen, Römer, Ägypter, Semiten, Perser, Germanen, und Slaven. Erster Band: Die Mythologie der Griechen. *Frankfurt a. M.* (J.D. Sauerländer).

Tooker, Michelle (2008): House of sleeping beauties. Feminist Review, 09.12.2008. URL: feministreview.blogspot.com/2008/12/house-of-sleeping-beauties.html (Stand:17.01.2009).

Vinnai, Gerhard (1999): Jesus und Ödipus. Zur Psychoanalyse der Religion. Frankfurt a.M. (Fischer).

Yalom, Irvin (2008): In die Sonne schauen. München (btb).

Yardley, Jonathan (2006): Dead Bachelors in Remote China Still Find Wives. New York Times. 05.10.2006. URL: www.nytimes.com/2006/10/05/world/asia/05china.html?_r=1 (Stand: 30.12.2008).

Autorinnen und Autoren

Klaus Augustin, Dr. med., geb. 1957, Facharzt für Psychiatrie, Psychosomatik und Psychotherapie, Psychoanalytiker (DGPT). Tätig in eigener Praxis in Hamburg. Geschäftsführer der Akademie für Psychotherapie und Psychoanalyse in Hamburg (APH). Dozent, Supervisor und Lehrtherapeut für Psychotherapie und Lehr- und Kontrollanalytiker für Psychoanalyse (DGPT). Interessen: Fragen der Tiefenpsychologischen und Psychoanalytischen Behandlungstechnik, Relationale Psychoanalyse und Anwendung der Psychoanalytischen Methode auf kulturelle Themen.

Karl-Heinz Borns, Diplom-Psychologe, Psychoanalytiker DGPT in eigener Praxis, Dozent und Supervisor der Fachgruppe Tiefenpsychologisch fundierte Psychotherapie bei Kindern und Jugendlichen der »Arbeitsgemeinschaft für integrative Psychoanalyse, Psychotherapie und Psychosomatik Hamburg e. V.« (APH), Supervisor im Weiterbildungsverbund für Psychiatrie und Psychotherapie des Kindes- und Jugendalters Hamburg.

Gabriele Hohage-Staudt, Diplom-Psychologin, geb. 1956, Psychologische Psychotherapeutin, ausgebildet in Gestalttherapie und tiefenpsychologisch fundierter Psychotherapie. Seit 1983 in Hamburg als Einzel-, Paar- und Gruppentherapeutin in freier Praxis arbeitend. Dozentin und Supervisorin für tiefenpsychologische Psychotherapie bei der APH, Lehrtherapeutin Gestalttherapie.

Susanne Kaut, Diplom-Psychologin, geb. 1957, Psychologische Psychotherapeutin. Ausgebildet in tiefenpsychologisch fundierter Psychotherapie. Seit 1985 in freier Praxis in Hamburg niedergelassen. Dozentin für tiefenpsychologische Psychotherapie an der APH, Dozentin, Supervisorin und Lehrtherapeutin am Institut für Psychotherapie der Akademie der Ärztekammer Schleswig-Holstein. Mitglied im Fortbildungsbeirat der APH.

Mathias Kohrs, Diplom-Psychologe, geb. 1955, Psychologischer Psychotherapeut, Psychoanalytiker DGPT, ist seit 1986 in freier Praxis in Hamburg niedergelassen. Seit 2000 Lehrtherapeut, Supervisor und Dozent am Institut für Psychotherapie der Akademie der Ärztekammer Schleswig-Holstein, seit 2003 auch an der »Arbeitsgemeinschaft für integrative Psychoanalyse, Psychotherapie und Psychosomatik Hamburg e. V.« (APH). Seit einigen Jahren gilt sein Interesse im Rahmen der Fort- und Weiterbildung dem Einsatz filmpsychoanalytischer Methoden zur Vermittlung psychodynamischer Konzepte.

Theo Piegler, Dr. med., geb. 1944, Arzt für Psychiatrie, Psychotherapie, Neurologie und Psychotherapeutische Medizin, war von 1988 bis 2009 als Chefarzt der Abteilung für Psychiatrie und Psychotherapie des Bethesda-Allgemeines Krankenhaus gGmbH Bergedorf in Hamburg tätig. Seit 2010 arbeitet er als Arzt für Psychotherapeutische Medizin in eigener Praxis. Sein Interesse gilt der psychodynamischen Psychiatrie. Hierzu gibt es von ihm eine Reihe einschlägiger Publikationen. Er ist Mitbegründer der »Norddeutschen Arbeitsgemeinschaft für psychodynamische Psychiatrie« (NAPP) sowie Dozent und Lehrtherapeut der »Arbeitsgemeinschaft für integrative Psychoanalyse, Psychotherapie und Psychosomatik Hamburg e. V.« (APH) und Vorstandmitglied des regionalen psychosozialen Trägervereins »Der Begleiter e. V.« und des »Fördervereins des Therapiezentrums für Selbstmordgefährdete e. V.« (TZS) am Universitätsklinikum Hamburg.

Gabriele Ramin, Dr. med., Fachärztin für Psychotherapeutische Medizin (DGPM), in eigener Praxis in Hamburg seit 1986 tätig. Bis 1979 als Fachärztin f. Kinderheilkunde und Kindertherapeutin tätig. Mehrjährige

Arbeit mit Drogenabhängigen und in einer psychosomatisch-psychiatrischen Klinik. Seit 25 Jahren Seminare u.a. zu den Themen »Kindertherapie«, »Sprachentwicklung und Sprachstörungen«, »Essstörungen« und »Sexueller Missbrauch«. Gestaltpsychotherapeutische Ausbildungen am Fritz-Perls-Institut und in den USA bei E. und M. Polster. Tiefenpsychologisch fundierte Weiterbildung bei dem Weiterbildungskreis Bad Wildungen. Fortbildung in neoreichianischer Körpertherapie und Psychoanalyse. Lehrtherapeutin am Fritz-Perls-Institut. Supervisorin (DGSv), Dozentin an der APH (Arbeitsgemeinschaft für Integrative Psychoanalyse, Psychotherapie und Psychosomatik Hamburg) und am IfP (Institut für Psychotherapie der Universität Hamburg). Veröffentlichungen: *Schulen der Kindertherapie*, Junfermann 1987 (Hg. mit H. Petzold), *Inzest und Sexueller Missbrauch – ein Handbuch*, Junfermann, Paderborn 1994 sowie div. Artikel in Zeitschriften. Die Autorin hat schon als Kind viel Zeit im nahe gelegenen UFA-Kino bei Märchenfilmen oder *Dick & Doof* verbracht. Die Auseinandersetzung mit der Filmwelt hat sie bis heute nicht aufgegeben.

Andreas Jacke

Stanley Kubrick

2009 · 359 Seiten · Broschur
ISBN 978-3-89806-856-7

Stanley Kubrick (1928–1999) gehört zweifellos zu den wichtigsten Regisseuren der zweiten Hälfte des 20. Jahrhunderts. Doch sind seine Filme voller Rätsel: Was bedeutet der Monolith in »2001: A Space Odyssey« (1968)? Warum stürzt eine Blutwelle aus der Fahrstuhltür in den Flur eines Hotels in »The Shining« (1980)? Weshalb erschlägt Alex in »A Clockwork Orange« (1971) eine Frau mit einem riesigen Plastik-Phallus? Was hat der Arzt Bill Hartford in »Eyes Wide Shut« (1999) nachts maskiert bei einer dekadenten Sex-Orgie verloren? Das Buch möchte versuchen, diese Fragen zu beantworten, und beschreibt das gesamte Werk eines Mannes, dem es gelungen ist, zwischen Kunst und Kommerz, zwischen Arthaus-Kino und Hollywood über Jahrzehnte hinweg immer wieder perfekte Filme zu drehen, die einen ganz eigenen Ausdruck haben.

Theo Piegler

Mit Freud im Kino

2008 · 262 Seiten · Broschur
ISBN 978-3-89806-876-5

Das Buch lädt den Leser ein, Filme Seite an Seite mit dem Begründer der Psychoanalyse zu erleben und zu genießen. Diese Perspektive ist in besonderer Weise geeignet, den ganzen Reichtum von Filmen zu erfassen. Neben einer Darstellung der Beziehung von Film und Psychoanalyse werden internationale Filme der letzten fünf Jahrzehnte aus psychoanalytischem Blickwinkel betrachtet. Beiträge des Stuttgarter Psychoanalytikers Peter Kutter und des Berliner Filmemachers Christian Schidlowski runden das Buch ab.

Der Text verbindet in gut verständlicher Form Film und Psychoanalyse und kann so nicht nur als Einstieg in die Psychoanalyse, sondern auch als psychoanalytische Interpretationshilfe beim Betrachten von Filmen genutzt werden.

Mathias Hirsch

»Liebe auf Abwegen«

2008 · 198 Seiten · Broschur
ISBN 978-3-89806-842-0

In den vergangenen Jahren ist das Kino immer mehr ins Interesse der Psychoanalytiker gerückt. Der Zuschauer kann sich berühren lassen und den Film als verschlüsselte Narration des eigenen Unbewussten verstehen. Er kann aber auch beruhigt das Eigene als Fremdes auf der Leinwand belassen. Dies ist ein Sinn des Voyeurismus. Der Film wird den unbewussten Motiven, Begierden, auch den Ängsten des Zuschauers entsprechen, ihn aber nicht dauerhaft verändern. Insofern ist Guattaris Spruch, das Kino sei »die Couch der Armen«, nicht mehr als ein witziges Bonmot.

Alle Filme, die in diesem Buch vorgestellt werden, führen uns in die Abgründe und Abwege der Liebe, die auch in uns als menschliche Möglichkeiten enthalten sind: Der Weg geht von der Mutterliebe, dem Inzest, der einen oder anderen Form der Perversion, der Ehe und der Selbstliebe bis hin zur Liebe in der Psychotherapie.

Parfen Laszig, Gerhard Schneider (Hg.)

Film und Psychoanalyse

2008 · 262 Seiten · Broschur
ISBN 978-3-89806-807-9

In den letzten Jahren ist eine Reihe psychoanalytischer Filminterpretationen erschienen, in denen die Filme als Indikatoren soziokultureller Befindlichkeiten verstanden werden. Das legt den Versuch nahe, der kulturpsychoanalytischen Perspektive in der Filmpsychoanalyse einen Ort einzuräumen und die Betrachtungsweise Siegfried Kracauers aufzunehmen. Er verstand Filme als »Spiegelbild« jener »Tiefenschichten einer Kollektivgesinnung, die mehr oder minder unterhalb der Bewusstseinsschwelle liegen«, und konnte so eine Geschichte der Befindlichkeiten der Weimarer Zeit schreiben. Analog dazu werden im vorliegenden Buch Gegenwartsfilme als Oberflächenphänomene vor- und unbewusster soziokultureller Befindlichkeiten der sich globalisierenden spätkapitalistischen Welt aufgefasst.

Anna Koellreuter (Hg.)

»Wie benimmt sich der Prof. Freud eigentlich?«

Ein neu entdecktes Tagebuch von 1921 historisch und analytisch kommentiert

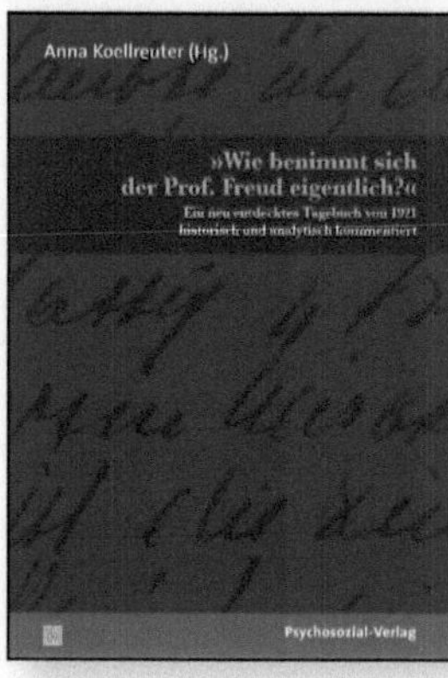

2009 · 320 Seiten · Broschur
ISBN 978-3-89806-897-0

Eine junge Ärztin begibt sich 1921 zu Freud in Analyse. In einem Tagebuch hält sie fest, was sie bewegt. Inspiriert von diesen Aufzeichnungen machen sich PsychoanalytikerInnen und GeschichtsforscherInnen Gedanken zu Freud und seiner Arbeitsweise.

»Dieser Fund kommt für die Wissenschaftsgeschichte einer kleinen Sensation gleich.« (*Ernst Falzeder in:* DIE ZEIT).

Wolf-Detlef Rost

Eliza im Netz

Aus der Werkstatt eines Psychotherapeuten

2009 · 206 Seiten · Gebunden
ISBN 978-3-8379-2031-4

»Eliza im Netz« erzählt den bizarren Fall des Rainer Somberg im Stil einer literarischen Therapiegeschichte. Somberg ist ein scheinbar gefestigter Familienvater, der seine Traumfrau erst im mittleren Alter kennengelernt hat. Als er sie auf einer pornografischen Laienwebsite entdeckt, bricht sein Weltbild wie ein Kartenhaus zusammen. Erstmals lässt er sich auf die Hilfe eines Psychoanalytikers ein. In der Auseinandersetzung mit diesem verdeutlicht Somberg sich sukzessive seine Projektionen, Idealisierungen und narzisstischen Züge, um über die Aufarbeitung bisheriger Beziehungen schließlich ein gereifteres Verhältnis zu seiner Frau zu entwickeln.

www.ingramcontent.com/pod-product-compliance
Ingram Content Group UK Ltd.
Pitfield, Milton Keynes, MK11 3LW, UK
UKHW040024200726
13854UKWH00001B/345

9 783837 920345